AF550104

Pierre Loti

Nach Isfahan

Goethe & Hafis

Zur Abbildung auf der Titelseite:
Handgewebter Teppich, das Motiv wurde von Chayyam‘s Vierzeilengedicht übernommen und zeigt „Chayyams Feier“.

www.goethehafis-verlag.de

Druck: KN Digital Printforce GmbH Stuttgart
Printed in Germany.

ISBN 978-3-940762-25-2

Editorische Vorbemerkungen

Mit dem vorliegenden Reisebericht »Nach Isfahan« beginnt der Goethe & Hafis Verlag eine Reihe von Nachdrucken von Berichten westlicher Orient-Reisender.

Über den Autor

Louis Marie Julien Viaud (1850-1923), dessen schriftstellerisches Werk unter seinem Künstlernamen Pierre Loti erschienen ist, war Seeoffizier der französischen Marine und zugleich ein überaus erfolgreicher Roman- und Reiseschriftsteller, der 1891 in die Académie française gewählt worden ist.

Bild: Henri Rousseau | Porträt von Pierre Loti (1891), Kunsthaus Zürich

Über das vorliegende Buch

Auf der Rückreise von Indien, wo er ein Kommando gehabt hatte, ging Louis Marie Julien Viaud in der am Persischen Golf gelegenen Hafenstadt Bandar Bushehr an Land und trat am 17. April 1900 mit einer Begleitkarawane eine Reise zu Pferd durch das vormoderne Persien zur Zeit der Herrschaft von Muzaffar ad-Din Schah (1896–1907) an. Die Reise führte ihn über Shiraz, Isfahan – ab hier in einer Kutsche – und Teheran bis nach Bandar Anzali am Kaspischen Meer, wo er am 6. Juni desselben Jahres eintraf.

Seine vielen Wahrnehmungen und Erlebnisse auf dieser fast sechswöchigen Reise hat er getreulich festgehalten und diese in seinem Buch «Vers Ispahan» (»Nach Isfahan«) verarbeitet, das 1904 erschienen ist und das er mit den folgenden Worten einleitet: »Wer mit mir kommen und die Zeit der Rosenblüte in Ispahan sehen will, der entschließe sich, langsam in Etappen an meiner Seite zu wandeln, so wie im Mittelalter.«

Das vorliegende Buch ist ein Nachdruck der 1925 unter dem Titel »Reise durch Persien« bei der Deutschen Buchgemeinschaft erschienenen deutschsprachigen Ausgabe, die deren Übersetzer ins Deutsche leider nicht nennt.

Um die Lektüre des Buches zu erleichtern, werden im Folgenden die vom französischen Autor verwendeten Ortsbezeichnungen, die der Übersetzer ins Deutsche offensichtlich übernommen hat, unter Angabe der Seite, den aktuellen Bezeichnungen (in Klammern) gegenübergestellt. Die Ortsnamen werden dabei so wiedergegeben, wie sie in iranischen Landkarten, Straßenschildern und Fahrplänen erscheinen, wobei »Teheran« und »Isfahan« eine Ausnahme bilden, deren Namen im Deutschen fest eingeführt sind.

Jörn Steinberg
Bonn, im Juli 2015

Ortsbezeichnungen in der Reihenfolge von deren Nennung

ERSTER TEIL

VORSPIEL

Wer mit mir kommen und die Zeit der Rosenblüte in Ispahan sehen will, der entschließe sich, langsam in Etappen an meiner Seite zu wandeln, so wie im Mittelalter.

Wer mit mir kommen und die Zeit der Rosenblüte in Ispahan sehen will, der mache sich gefaßt auf die Gefahren eines Rittes über unwegsame Pfade auf stürzenden Pferden und auf das Gewirre der Karawansereien, wo man übereinander geschichtet in einer Nische aus gestampftem Lehm zwischen Mücken und Ungeziefer schläft.

Wer mit mir kommen und in ihrer trübseligen Oase, inmitten ihrer Felder von weißem Mohn und ihrer Gärten von roten Rosen die alte Stadt der Ruinen und der Mysterien, mit allen ihren kleinen Kuppeln, ihren blauen Minaretts von unwandelbarer Glasur aufsteigen sehen will, wer mit mir kommen und Ispahan unter dem schönen Maienhimmel sehen will, der bereite sich vor auf lange Märsche, in der sengenden Sonne, bei den rauhen kalten Winden der höchsten Regionen, über diese Hochländer Asiens, die hochgelegensten und ausgedehntesten der Welt, die einst die Wiege der Menschheit waren, heute aber in Wüsten verwandelt sind.

Wir reiten vorüber an Phantomen von Palästen aus mausgrauem Kiesel, dessen Gestein dauerhafter und feiner ist als das des Marmors. Dort wohnten einstmals die Herren der Erde, und an ihrem Eingang wachen seit mehr als zweitausend Jahren Kolosse mit großen Flügeln, von der Gestalt eines Stieres, dem Antlitz eines Menschen und der Tiara eines Königs. Wir reiten vorüber, aber hinfort sehen wir nichts als das unendliche Schweigen der blühenden Gräser und der grünenden Gerste.

Wer mit mir kommen und die Zeit der Rosenblüte in Ispahan sehen will, der mache sich gefaßt auf unermeßliche Ebenen, so hoch gelegen wie die Gipfel der Alpen, bekleidet mit niedrigen Kräutern und seltsamen bleichen Blüten, wo nur hin und wieder ein aus taubengrauem Lehm erbautes Dorf auftaucht, mit seiner kleinen baufälligen Moschee, deren Dom von entzückenderem Blau ist, als das eines Türkis, wer mir folgen will, der füge sich in eine lange Reihe von Tagen, deren Einsamkeit und Eintönigkeit nur von Luftspiegelungen unterbrochen wird.

UNTERWEGS

Dienstag, 17. April.

In der Dämmerung liegt unser Nomadengepäck ausgebreitet auf der Erde, durchnäßt von dem Sprühregen, trostlos anzuschauen. Der Wind fegt unter den sich hochauftürmenden drohenden Wolken dahin. Die weiten Sandflächen, in die wir uns jetzt auf gut Glück hineinstürzen sollen, heben sich hell vom Horizont ab; die Wüste ist weniger dunkel als der Himmel.

Eine große Segelbark, die wir in Bender-Bouchir geheuert haben, wirft uns hier an der Schwelle der Einsamkeiten aus, auf das glühende Ufer des Persischen Golfes, wo Menschen aus unserem Klima die fiebergeschwängerte Luft kaum atmen können. Und hier ist der Ausgangspunkt, wo sich gewöhnlich die Karawanen bilden, die nach Chiraz und Mittel-Persien aufsteigen sollen.

Wir waren vor ungefähr drei Wochen auf einem Schiff von Indien fortgefahren, das uns jetzt langsam an der Küste entlang vorwärts trägt, indem es sich auf den schweren und heißen Gewässern dahinschleppt. Und seit mehreren Tagen sehen wir am nördlichen Horizont eine Art endloser Mauer, die, bald blau, bald rosa, uns zu folgen scheint, und die auch an diesem Abend sich vor uns aufgetürmt hat. Der Rand Persiens, das Ziel unserer Reise, das, zwei- oder dreitausend Meter über dem Meeresspiegel, in den ungeheuren Höheflächen Asiens ruht.

Der erste Empfang auf persischem Boden war für uns kein freundlicher: Als wir von Bombay ankamen, wo die Pest wütete, mußten mein französischer Diener und ich dort fünf Tage in Quarantäne liegen, allein auf einer sumpfigen kleinen Insel; eine Barke brachte uns jeden Abend die nötigen Lebensmittel, die uns vor dem Hungertode schützen sollten. In einer Backofenhitze, inmitten der Qualen des heißen Sandes, den uns das benachbarte Arabien sandte, inmitten der rätselhaften Winde, mußten wir lange dort leiden. Tagsüber von der Sonne zu Boden gedrückt, mit Bremsen und giftigen Fliegen bedeckt, nachts die Beute ungezählten Ungeziefers, das das Gras verpestete.

Als wir endlich in Bender-Bouchir, der Stadt der Trauer und des Todes, mit ihren verfallenen Mauern, mit ihrem unheilvollen Himmel, einziehen durften, trafen wir in aller Eile unsere Vorbereitungen, kauften Lagergegenstände, mieteten Pferde, Maultiere, Maultiertreiber, die, um wieder mit uns zusammenzutreffen, heute morgen aufbrechen mußten; sie hatten eine Bucht zu umschreiten, wir aber schnitten zu Wasser eine ganze Ecke ab, um auf diese Weise einen Marsch in der glühenden Sonnenhitze zu vermeiden.

So haben wir uns also an der Schwelle der Wüste niedergelassen, gegenüber einem ganz verfallenen Dorf, wo die Leute in Lumpen gehüllt auf Mauertrümmern hocken und rauchen und unserem Treiben zuschauen.

Lange Unterredungen mit unseren halbnackten Schiffern, die uns auf ihren triefenden Schultern ans Land getragen haben, denn die Barke mußte wegen der

Sandbänke ungefähr hundert Meter vom Ufer entfernt liegen bleiben. Lange Unterredungen mit dem Ortsvorsteher, der von dem Gouverneur von Bouchir den Befehl erhalten hat, mir eine berittene Begleitmannschaft zu stellen, und schließlich mit einem „Tcharvadar" (dem Anführer meiner Karawane), dessen Pferde und Maultiere hier sein sollten, die aber nicht ankommen.

Von allen Seiten der weite Raum, den der Wind bewegt, der Raum der Wüste oder des Meeres. Und wir befinden uns ohne Schutz, unser Gepäck liegt zerstreut auf dem Boden. Und der Tag erlischt langsam über unserer Verwirrung.

Einige Tropfen Regen. Aber in diesem Lande achtet man nicht darauf; man weiß, daß es nicht regnen wird, daß es nicht regnen kann. Die Leute, die rauchend auf den Ruinen saßen, haben soeben ihr Moghreb Gebet gesprochen, und die Nacht sinkt herab, Unheil verkündend.

Wir warten auf unsere Tiere, die noch immer nicht kommen. In der Dunkelheit tönen von Zeit zu Zeit die Glöckchen zu einem Glockenspiel zusammen, und jedesmal flößen sie uns Hoffnung ein. Aber nein, es ist irgendeine fremde Karawane, die vorüberzieht; zu zwanzig oder dreißig, die Maultiere streifen uns; um sie daran zu verhindern, unser Gepäck und uns selbst zu zertrampeln, schreien unsere Leute — und alsbald verschwinden sie, dem fernen Nebel entgegen. (Wir sind hier am Eingang zu der Straße von Bouchir nach Ispahan, einer jener großen Straßen Persiens, und dieser kleine, verfallene Hafen ist ein sehr besuchter Durchgang.)

Endlich kommen sie an, die Unsrigen, auch sie mit lauttönenden Glöckchen.

Eine Nacht, die immer dichter wird, unter einem niedrigen, unruhigen Himmel.

Alles liegt auf der Erde durcheinander geworfen. Die Tiere machen Sprünge, schlagen hinten aus — und die Zeit schreitet fort, wir sollten uns eigentlich schon längst auf dem Marsche befinden. Zuweilen hat man im nächtlichen Alpdruck ähnliche unlösbare Schwierigkeiten zu überwinden gehabt, hat vor diesen unentwirrbaren Hindernissen, inmitten wachsender Nebel gestanden. Wirklich, es erscheint unmöglich, wie so viele verschiedene Dinge, Waffen, Decken, Geschirre, die in aller Eile in Bouchir gekauft und nicht eingepackt wurden, und die jetzt hier im Sande verstreut liegen, in einer solchen Nacht wie der heutigen so schnell auf glöckchenbehangenen Maultieren verladen werden können, die dann in einer langen Reihe, eins hinter dem anderen in der schwarzen Wüste untertauchen.

Indessen, man geht an die Arbeit, indem man von Zeit zu Zeit innehält, um Gebete zu sprechen.

Die Gegenstände in große Karawanensäcke von buntbemalter Wolle verstauen, dieselben zuschnüren, umwinden, wägen, das Gewicht jedes Tieres abmessen — das alles geht unter dem Scheine zweier kleiner, jämmerlich anzuschauender Laternen, inmitten des unruhvollen Dunkels vor sich. Kein Stern, keine Öffnung dort oben, durch die der geringste Strahl fällt. Die Windstöße wirbeln mit klagendem Geheul den Sand auf. Und während der ganzen Zeit ertönt hinter der Szene das Geläute der Schellen und Glöckchen; unbekannte Karawanen ziehen vorüber. Jetzt führt mir der Ortsvorsteher drei Soldaten zu, die mit meinen Dienern und meinen Maultiertreibern diese Nacht meine Wache ausmachen sollen. Die beiden kleinen Laternen, die man auf die Erde gestellt hat, und die die Heuschrecken anziehen, zeigen mir von unten in unbestimmtem Licht die beiden Ankömmlinge: hohe schwarze Hüte über feinen Gesichtern, lange Haare und lange Bärte, weite Kleider mit einem Einschnitt in der Taille und mit Ärmeln, die wie Flügel herunterhängen...

Endlich gelingt es dem Mond, dem Freund der Nomaden, das schwarze Chaos zu entwirren. In einem jähen Riß, am Rande des Horizontes geht er riesenhaft und rot auf und enthüllt im selben Augenblick die noch nahen Gewässer, auf denen sein Widerschein sich zu einem blutigen Tuch verlängert (eine Ecke des Persischen Golfes), enthüllt auch die Berge dort unten, die er zu einer Silhouette ausschneidet (die große Kette, die wir morgen besteigen müssen). Sein wohltuendes Licht ergießt sich über die Wüste, macht den Unmöglichkeiten des Alpdrucks ein Ende, befreit uns von den unlösbaren Verwirrungen, zeigt uns einander, Gestalten, die sich von dem weißen Sand in schwarzer Zeichnung abheben, und vor allen Dingen, sondert uns ab, uns die Gruppen, die für dieselbe Karawane bestimmt sind, von anderen gleichgültigen Gruppen oder Wegelagerern, die hier und dort Aufstellung genommen haben und deren Gegenwart uns überall beunruhigte.

Neuneinhalb Uhr. Der Wind legt sich. Es teilen sich die Wolken, die Sterne kommen zum Vorschein. Alles ist eingepackt, verladen. Meine drei Soldaten sitzen im Sattel und halten ihre langen Gewehre gerade vor sich hin. Man führt uns unsere Pferde zu, auch wir sitzen auf. Unter fröhlichem Geläute setzt meine kleine Karawane sich in Bewegung, ein kleiner unordentlicher Haufe, aber schließlich schlägt sie durch die grenzenlose Ebene eine bestimmte Richtung ein.

Eine Ebene von grauem Schlamm, der gleich nach dem Sande beginnt, eine Ebene von Schlamm, den die Sonne getrocknet hat, und der mit Eindrücken übersät ist: Wege von hellerem Grau, die unzählige Fußtritte im Laufe der Jahre getreten haben, das sind die Pfade, die uns führen, und die sich vor uns in dem unendlichen Raum verlieren.

Sie befindet sich auf dem Marsch, meine Karawane. Und sechs Stunden Weges liegen vor uns, dann werden wir unser Quartier um drei oder vier Uhr morgens erreichen.

Trotz des entmutigenden Aufbruchs, der niemals ein Ende zu nehmen schien, befindet sie sich auf dem Marsch, ziemlich schnell, ziemlich leicht und behend zieht sie dahin, durch den unbestimmten Raum, dessen Ausdehnung durch keinen Merkstein begrenzt wird.

Noch nie zuvor war ich früher in tiefer Nacht durch die Wüste gereist. In Marokko, Syrien, in Arabien schlug man stets noch vor der Stunde des Moghreb sein Lager auf. Aber hier ist die Sonne so vernichtend, daß weder Menschen noch Tiere eine Reise am hellen Tage aushalten könnten: diese Wege kennen nur nächtliches Leben.

Der Mond geht am Himmel auf, schwere Wolken, die noch nicht verschwunden sind, hüllen ihn von Zeit zu Zeit in geheimnisvolle Nebel.

Meine Begleitung bilden lauter Fremde, Silhouetten, deren Umrisse echt persisch erscheinen; die Gesichter sind alle neu für mich, diese Kleidung, diese Rüstungen sehe ich zum erstenmal.

Unter eintönig harmonischem Geläute dringen wir allmählich in der Wüste vor: Große Glocken mit ernstem Ton, die unter den Bäuchen der Maultiere hängen, kleine Glöckchen und Schellen, die sich in einem Kranz um ihren Hals winden. Und ich höre auch die Leute meines Gefolges, wie sie in den hohen Tönen des Muselmanns ganz leise singen, als träumten sie.

Meine Karawane ist schon ein abgeschlossenes Ganzes geworden. Ein abgeschlossenes Ganzes, das sich zuweilen in einer langen Reihe ausdehnt, dessen einzelne Glieder unter dem Mond, in der grauen Unendlichkeit weiten Abstand voneinander nehmen, aber das sich dann unwillkürlich wieder schließt, das sich von neuem zu einem geschlossenen Körper formt, so eng, daß man sich gegenseitig mit den Beinen streift. Und man faßt Zutrauen zu diesem instinktiven Zusammenhang, so daß man nach und nach die Tiere laufen läßt, wie es ihnen beliebt.

Allmählich klärt sich der Himmel auf; mit einer Geschwindigkeit, die diesen Zonen eigen ist, zerteilen sich die Wolken dort oben, die so schwer erschienen, ohne Regen zu spenden.

Und in dieser Einöde strahlt jetzt der Vollmond, wunderbar und einsam. Die ganze heiße Atmosphäre ist gebadet in seinen Strahlen, die ganze sichtbare Ausdehnung ist überflutet von einer weißen Klarheit.

Es kommt zuweilen vor, daß irgendein launenhaftes Maultier sich hinterlistig entfernt, daß es, man weiß nicht warum, eine verkehrte Richtung einschlägt; aber es ist leicht zu erkennen, da es sich mit seiner Last, die wie ein großer buckliger Rücken aussieht, schwarz inmitten dieser ruhigen, hellen Fernen abhebt, wo weder ein Felsen noch ein Grasbüschel die gerade Fläche unterbricht; einer unserer Leute läuft ihm nach und führt es zurück, indem er mit geschlossenem Mund den langen Schrei ausstößt, der hier der Ruf der Maultiertreiber ist.

Und die leise Musik unserer Reiseglocken fährt fort, uns mit ihrer süßen Eintönigkeit einzuwiegen; das unaufhörliche Glockenspiel in dem unaufhörlichen Schweigen schläfert uns ein. Einige der Leute schlafen jetzt ganz; ausgestreckt liegen sie wie tot auf dem Halse ihres Maultieres, den sie mechanisch mit beiden Armen umschlingen. Ihr bewußtloser Körper ist durch ein Nichts aus dem Sattel zu werfen, und ihre langen nackten Beine baumeln herunter. Andere sitzen noch aufrecht und singen ohne Unterbrechung zu dem Geläute der hängenden Glocken, aber vielleicht schlafen auch sie.

Wir haben jetzt die Zonen des rosa Sandes erreicht, mit einer seltsamen Regelmäßigkeit ist er gezeichnet, auf dem getrockneten Schlamm des Bodens zieht er sich in zebraartigen Streifen dahin, und die weite Wüste gleicht einem großgemusterten Teppich. Und vor uns am Horizont, aber noch weit entfernt, liegt die Gebirgskette mit ihrer senkrechten Mauer, die die erstickenden Regionen hier unten begrenzt und die den Rand der weiten Hochebene Asiens bildet, den Rand des wirklichen Persiens, den Rand von Persien, Chiraz und Ispahan: dort oben, zwei- oder dreitausend Meter über den todbringenden Ebenen, ist das Ziel unserer Reise, das Land, das wir ersehnen, aber das so schwer zu erklimmen ist, das Land, wo unsere Mühen ein Ende haben werden.

Mitternacht. Etwas, das einem erfrischenden Windhauch ähnlich ist und uns nach der Backofenhitze des Tages erquickend erscheint, wirkt plötzlich wie befreiend auf uns. Über die rosa und grau gemusterte unendliche Ebene ziehen wir wie hypnotisiert dahin.

Ein Uhr, zwei Uhr morgens. Wie auf dem Meere in Nächten, wenn man Wache geht, alles bei schönem Wetter leicht erscheint, und man nur das Schiff gleiten zu lassen braucht, so auch hier. Man verliert das Bewußtsein von der Dauer der Zeit, bald erscheinen die Minuten lang wie Stunden, bald sind die Stunden kurz wie Minuten. Übrigens ist auch hier nicht mehr zu sehen als auf dem ruhigen Meer, nichts hebt sich in der Wüste ab, das uns den zurückgelegten Weg angeben könnte.

Ich schlafe sicher, denn das kann nur ein Traum sein! ... Ganz in meiner Nähe reitet ein junges Mädchen auf einem Esel, der Mond enthüllt mir ihre wunderbare Schönheit. Sie trägt einen Schleier und einen Madonnenscheitel. Um Schritt zu halten, bewegt der Esel seine kleinen Beine in leisem Trab vorwärts ...

Aber nein, sie ist wirklich von Fleisch und Blut, meine hübsche Reisebegleiterin, und ich, ich wache! ... Und dann kommt mir in dem ersten Augenblick der Verwirrung der Gedanke, daß mein Pferd meinen Halbschlaf benutzt hat, um mich davonzutragen und sich irgendeiner fremden Karawane anzuschließen.

Indessen erkenne ich zwei Schritt von mir entfernt einen der Soldaten meiner Begleitmannschaft, und dieser Reiter vor mir ist ja mein Tcharvadar, der sich im Sattel umdreht und mich mit seinem ruhigsten Lächeln begrüßt... Rechts und links von uns reiten andere Frauen auf anderen kleinen Eseln; es ist ganz einfach eine Schar Perser und Perserinnen, die von Bender-Bouchir zurückgekehrt sind und jetzt der Sicherheit wegen um die Erlaubnis gebeten haben, mit uns diese eine Nacht reisen zu dürfen.

Drei Uhr morgens. Auf der hellen Ebene zeichnet sich vor uns ein dunkler Fleck ab und nimmt an Größe zu. Die Palmen, das Grün der Oase, unser Marschquartier, und wir sind angelangt.

Vor einem Dorfe, vor schlafenden Hütten steige ich mechanisch ab, ich schlafe stehend, von einer guten, gesunden Müdigkeit heimgesucht. Unter einer Art Scheune, die mit Stroh bedeckt ist und in die die Mondstrahlen hineindringen, schlagen meine persischen Diener in aller Eile kleine Feldbetten für meinen Diener und für mich auf, nachdem sie hinter uns ein durchsichtiges, plumpes aber sicheres Gitter geschlossen haben. Ich sehe dies alles nur unbestimmt und sinke dann in einen traumlosen Schlaf.

Mittwoch, 18. April.

Vor Tagesanbruch wurde ich von Männer- und Frauenstimmen geweckt, die ganz in der Nähe und ganz leise mit meinem Dolmetscher flüsterten. Sie baten sehr bescheiden um die Erlaubnis, das Tor öffnen und hinausgehen zu dürfen.

Wie es scheint, ist das Dorf von Mauern und Schanzwerken umgeben, fast befestigt, gegen die Strolche der Nacht und gegen die Bösewichte. Und wir lagen nun

Persische Landstraße

am Eingange, am einzigen Eingange, unter dem Schutzdach des Tores. Und diese Leute, die uns mit Bedauern weckten, waren Hirten, Hirtinnen: Es ist an der Zeit, die Herden auf die Weide zu treiben, denn der Sonnenaufgang ist nah.

Sobald die Erlaubnis gegeben und die Pforte geöffnet wurde, ergoß sich ein ganzer Strom von Ziegen und schwarzen Böcklein, die sich in dem engen Gang an uns scheuerten, zwischen uns hindurch, an unseren Betten entlang; man hört ihr anhaltendes Meckern, hört das leichte Trappeln der ungezählten kleinen Hufe auf dem Boden, sie riechen nach dem Stall, nach dem Gras, nach den würzigen Düften der Wüste. Und dieser Zug ist so lang, es sind ihrer so unendlich viele, daß ich mich schließlich frage, ob ich Halluzinationen habe, ob ich träume: Ich strecke die Arme aus, um mich davon zu überzeugen, daß es wirklich ist, um den Rücken, die harte Wolle der vorüberströmenden Tiere zu befühlen. Alsbald folgt die Schar der Esel und der Füllen, auch sie scheuern sich an uns entlang, aber schon habe ich eine weniger klare Vorstellung von ihnen, denn von neuem versinke ich in die Bewußtlosigkeit des Schlafes.

Vielleicht eine Stunde später werde ich wieder geweckt; aber diesmal durch ein brennendes Gefühl an den Schläfen, es ist die blendende Sonne, die an die Stelle des Mondes getreten ist. Kaum aufgegangen, sendet sie schon ihre sengenden Strahlen auf uns herab. Unsere Hände, unsere Gesichter sind schwarz von Fliegen. Und eine Schar kleiner Babys, braun und nackend, hat sich um unsere Betten versammelt; ihre jungen, lebhaften, weit offenen Augen starren uns in höchstem Erstaunen an.

Schnell müssen wir aufstehen, um irgendwo im Schatten einen Schutz zu suchen.

Ich miete bis zum Abend ein Haus, das man für uns in aller Eile leert. Geborstene Mauern, aus Lehm, der unter dem Atem der Wüste zerbröckelt, Stämme von Palmen als Deckenbalken, Palmenblätter als Dach und eine Gittertür aus dem Gewebe der Palmen.

Kinder kommen wiederholt, um uns zu besuchen, sehr kleine Kinder, fünf oder sechs Jahre alt, ganz nackend und wunderbar schön. Sie begrüßen uns, halten Reden und ziehen sich wieder zurück. Wahrscheinlich sind es die Kinder des Hauses, die sich ein wenig als zu uns gehörig betrachten. Sogar die Hühner bestehen darauf, einzutreten, und schließlich erlauben wir es ihnen. Und um die Stunde der Mittagsruhe kommen auch die Ziegen herein, um sich in den Schatten zu legen, und wir wehren ihnen nicht.

Öffnungen in der Mauer dienen als Fenster, durch die der Windhauch wie der Atem eines Feuerschlundes streift. Sie zeigen auf der einen Seite nach der blendenden Wüste, auf der anderen nach den Kornfeldern, wo die Ernte schon begonnen hat, und nach der persischen Mauer dort unten, die sich während der Nacht sichtbar dem Himmel genähert hat. Nach dem langen nächtlichen Marsch möchte man in der Mittagsstille und der allgemeinen Müdigkeit gern schlafen. Aber ungezählte giftige Fliegen sind hier, sobald man sich nicht rührt, bedecken sie Gesicht und Hände, man wird schwarz übersät von ihnen; so viel es auch kosten mag, man muß sich bewegen, muß den Fächer in Schwingungen versetzen.

Um die Stunde, wo die Schatten der Lehmhäuser länger werden, gehen wir hinaus, um uns vor die Tür zu setzen. Und bei allen Nachbarn tut man dasselbe. Das Leben beginnt sich zu regen in diesem bescheidenen Hirtendorf; die Männer schärfen ihre Sensen, die Frauen sitzen auf Strohmatten und spinnen die Wolle ihrer Schafe; mit sehr gemalten Augen sind sie fast hübsch, diese Mädchen der Wüste, scharf heben sich ihr Profil und die reinen Linien der Rasse Irans ab.

Auf einem schweißtriefenden Pferd kommt ein hübscher junger Mann herangesprengt; die kleinen Kinder unseres Hauses, die ihm ähnlich sehen, eilen ihm entgegen, sie bringen ihm frisches Wasser, und er küßt sie; es ist ihr Bruder, der älteste Sohn der Familie.

Jetzt schreitet ein Greis mit weißem Haar auf mich zu, alle verneigen sich vor ihm, man eilt herbei und breitet den schönsten Teppich des Dorfes aus, auf den er sich setzen soll; aus Ehrfurcht ziehen die Frauen sich unter tiefen Verbeugungen zurück, und Männer, mit langen Gewehren und langen Bärten, die ihn begleiten, bilden einen schreckeneinflößenden Kreis um ihn: es ist der Häuptling der Oase; an ihn hatte ich einen Brief, mit der Bitte um Begleitmannschaft für die folgende Nacht gesandt, und er sagt mir jetzt, daß er mir vor Sonnenuntergang drei Reiter zur Verfügung stellen wird.

Sieben Uhr abends; eine durchsichtige Dämmerung hat sich herabgesenkt, es ist die Stunde, wo ich aufzubrechen gedachte. Trotz der langen Unterredungen mit meinem Tcharvadar, dem es gelungen ist, mir noch ein Maultier und einen Maultiertreiber mehr aufzudrängen, würde alles bereit sein, wenigstens würde nicht viel mehr fehlen; aber die drei Reiter, die mir versprochen waren, stellten sich nicht ein, als man sie ruft, ich habe schon meine Boten nach ihnen ausgesandt, aber auch diese kommen nicht wieder. Wie gestern, wird es auch heute dunkle Nacht, bevor wir aufbrechen können.

Bald acht Uhr. Wir warten noch immer. Desto schlimmer für die drei Reiter. Ich werde auch ohne Begleitung reisen; ich rufe nach meinem Pferd, und dann aufgesessen!... Aber plötzlich wird das kleine Dorf, wo man nichts mehr sehen kann, und das schon von meinen Leuten angefüllt ist, von einem Strom schwarzer Herden überflutet, die blökend heimkehren. Die unabsichtlichen und lustigen Püffe Tausender von Schafen, Ziegen und Geißlein trennen uns voneinander, bringen uns vollkommen in Verwirrung. Sie laufen zwischen unseren Beinen hindurch, sie bahnen sich unter den Bäuchen der Maultiere einen Weg, überall dringen sie vor, schmuggeln sich ein, und immer wieder kommen noch neue hinzu.

Und als endlich der Zug ein Ende nimmt, nachdem der Platz sich geleert hat, das Vieh zur Ruhe gegangen ist, da begegnen wir einem neuen Abenteuer: wo in aller Welt ist mein Pferd? Während der allgemeinen Verwirrung, die durch die Ziegen hervorgerufen wurde, hat der Mann, der es hielt, es laufen lassen; das Tor des Dorfes war geöffnet, und so ist es entflohen; mit dem Sattel auf dem Rücken, dem Zügel um den Hals, ist es in die freie Wüste hineingaloppiert... Zehn Männer stürzen hinterher, um es einzufangen, sie lassen alle unsere anderen Tiere los, die sofort eine heillose Verwirrung anstiften und auch im Begriff sind, auf und davon zu gehen. Wir werden niemals aufbrechen.

Acht Uhr und darüber. Endlich führt man den Flüchtling zurück. Er ist sehr aufgeregt und ungeduldig. Und wir verlassen das Dorf, indem wir uns unter den Balken bücken, die das Schirmdach des Tores bilden, hinter dem wir in der letzten Nacht geschlafen haben.

Zuerst sind wir an allen Seiten von großen Dattelbäumen umgeben, deren schwarze Federbüschel sich von dem reichen Sternhimmel abheben.

Aber bald treten sie nur spärlich auf, die großen Flächen zeigen uns von neuem ihre ruhige Kreislinie, die durch kein Hindernis unterbrochen wird. Als wir gerade im Begriff stehen, die Oase zu verlassen, pflanzen sich drei bewaffnete Reiter vor mir auf und begrüßen mich; meine drei Beschützer, denen ich schon nachgetrauert hatte. Es sind dieselben Silhouetten wie gestern, schöne Gestalten, hohe Hüte und lange Bärte. Und nachdem wir eine seichte Stelle durchwatet haben, bildet meine Karawane endlich eine geschlossene Linie, die durch den unbegrenzten Raum, durch das Ungewisse der nächtlichen Wüste zieht.

Die unebene Wüste ist heute noch ungastlicher als gestern. Der Boden ist schlecht, er flößt kein Vertrauen mehr ein. Die tückischen, schneidenden Steine machen unsere Tiere straucheln. Und ach! der Mond wird noch lange nicht aufgehen. Zwischen den fernen Sternen sendet Venus allein, die glänzend und silbern dort oben steht, ein wenig von ihrem Licht auf uns herab.

Nach zweiundeinhalb Stunden Weges erreichen wir eine andere Oase, die viel größer, viel grüner ist als die des gestrigen Tages. Wir streifen sie, ohne einzudringen, aber eine wunderbar kühle Luft weht uns hier entgegen, in der Nähe der Palmen, unter denen man Bäche fließen hört.

Elf Uhr. Endlich verkündet hinter dem Berge dort unten — es ist noch immer derselbe Berg, dem wir uns stündlich nähern, und der den Rand der Felsenküste Irans darstellt — endlich verkündet hinter dem Berge ein helles Licht, daß der Mond, der Freund der Karawanen, erscheinen wird. Er geht auf, rein und schön, sendet ein Meer von Strahlen herab und zeigt uns die Nebel, die wir bis jetzt nicht haben sehen können. Es sind nicht mehr, wie in den letzten Tagen, Schleier von Staub und Sand, es sind wirkliche köstliche Wasserdämpfe, die sich dicht über dem Boden der ganzen Oase lagern, als wollten sie in diesem kleinen bevorzugten Himmelsstrich Menschen und Pflanzen zum Leben erwecken, während überall sonst im ganzen Umkreis Trockenheit herrscht; sie haben sehr bestimmte Formen, man könnte fast sagen, gestrandete Wolken, die greifbar geworden sind; ihre Umrisse leuchten auf in demselben blassen Gold wie die luftförmigen Flocken, die dort oben nahe dem Monde hängen; und darunter tauchen die Stämme der Datteln auf, mit ihren Zweigen, die sie zu schwarzen Sträußen geordnet haben. Dies ist keine irdische Landschaft mehr, denn der Boden ist verschwunden, nein, vielmehr glaubt man es mit einem Garten der Fata Morgana zu tun haben, die sich am Himmel zeigt.

Ohne dort einzutreten streifen wir Boradjoune, das große Oasendorf, dessen weiße Häuser unter schillernden Nebeln und dunklen Palmen liegen. Zwei persische

Reisende, die gebeten hatten, sich uns anschließen zu dürfen, lassen mich wissen, daß sie hier haltzumachen gedenken, sie nehmen Abschied und verschwinden. Und wo sind meine drei Reiter, die sich mir mit einer so schönen Verbeugung vorstellten? Wer hat sie gesehen? — Niemand. Sie haben Reißaus genommen, bevor der Mond aufging, um nicht gesehen zu werden. So ist meine Karawane bis auf die allernotwendigsten Glieder zusammengeschmolzen: mein Tcharvadar, meine vier Maultiertreiber, meine zwei persischen Diener, die ich in Bouchir gemietet hatte, mein treuer Diener und ich. Zwar habe ich einen Brief an das Oberhaupt von Boradjoune bei mir, der mich berechtigt, drei neue Reiter zu fordern; aber der wird schon schlafen, es ist nach elf Uhr, und das ganze Dorf scheint zur Ruhe gegangen zu sein; wir würden unendlich viel Zeit verlieren, wenn wir die Flüchtlinge durch neue ersetzen wollten, die dann schließlich auch noch bei der ersten Biegung der Wüste das Weite suchen könnten. So Gott will, laßt uns lieber alleine ziehen, der helle Mond beschützt uns.

Und hinter uns schwindet die Oase, das ganze Blendwerk der goldenen Wolken und der schwarzen Palmen erlischt; — statt dessen eine Wüste, deren Schrecken mit jedem Schritt vorwärts größer werden, und in der man den Mut verlieren muß. Löcher, Höhlen, Spalten; ein wellenförmiges, hügeliges Land; ein Land mit großen zerklüfteten und rollenden Steinen, wo die Pfade bergauf, bergab führen, und wo unsere Tiere bei jedem Schritt straucheln. Und auf diese ganze schimmernd weiße Landschaft fällt das volle Licht des weißen Mondes.

Der frische Hauch, der von den Bäumen und den

Bächen zu uns herüberwehte, ist nicht mehr zu spüren; von neuem begegnen wir der glühenden, trockenen Hitze, die auch um Mitternacht nicht nachläßt.

Unsere aufgeregten Maultiere gehen nicht mehr in einer Reihe, einige laufen davon, verschwinden hinter den Felsen; andere, die zurückgeblieben sind, geraten plötzlich in Angst, weil sie sich verlassen sehen, sie traben, was sie nur können, um sich dem Zug anzuschließen und scheuern dabei rücksichtslos mit ihrer Last gegen unsere Beine.

Die schreckeneinflößende Felswand Persiens, die sich stets vor uns auftürmte, hat sich jetzt, wo wir ihr näher gekommen sind, um das Doppelte vergrößert. Sie zeigt sich uns in ihren Einzelheiten, zeigt mehrere aufeinander liegende Stockwerke, und den ersten Absatz werden wir bald erreichen.

Es ist gar nicht möglich, in aller Ruhe hier seinen Weg zu verfolgen und sich den Träumen hinzugeben, was sonst den Reiz der flachen, eintönigen Wüsten ausmacht; in diesem schrecklichen Durcheinander von Steinen, wo man sich verloren glaubt, muß man unaufhörlich über das Pferd, über die Maultiere, über alles wachen; — wachen, wachen, selbst wenn der unbezwingbare Schlaf uns die Augen schließt. Gegen diese Lähmung anzukämpfen, die plötzlich die Arme, die Hände kraftlos macht, so daß sie die Zügel nicht mehr halten können, gegen diese Lähmung anzukämpfen, die die Gedanken verwirrt, dies Bestreben wird schließlich zu einer wirklichen Angst. Man versucht alle Mittel, die Stellung zu wechseln, die Beine auszustrecken, oder sie nach Art der Beduinen auf den Kamelen vor dem Sattelknopf zu kreuzen. Man versucht abzusteigen, —

aber alsbald wird man bei dem schnellen Marsch durch die vielen Steine verwundet, das Pferd nimmt Reißaus, und man verliert den Anschluß in dieser großen, weißen Einöde, wo man in dem Chaos von dunklen Felsen kaum einander zu sehen vermag. So schwer es einem auch fallen mag, man muß im Sattel bleiben.

Mitternacht findet uns am Fuße der Gebirgskette Persiens, schrecklich von unten ist sie in dieser Nähe anzuschauen; eine gerade, steile Wand von dunklem Braun, deren Falten, Löcher, Höhlen, deren ganzes stummes, riesenhaftes Gewirr, der Mond rücksichtslos bloßstellt. Diese schweigenden, leblosen Felsmassen atmen uns eine schwere Hitze entgegen, die sie während des Tages von der Sonne aufgesogen haben, oder vielmehr, die sie von dem großen unterirdischen Feuer entleihen, das auch die Vulkane speist, denn sie riechen nach Schwefel, nach dem Schmelzofen und nach der Hölle.

Ein Uhr, zwei Uhr, drei Uhr, wir schleppen uns am Fuße der riesenhohen Gebirgswand dahin, die die Hälfte des Himmels über unseren Häuptern verdunkelt; rötlich braun richtet sie sich vor diesen weißen Steinfeldern auf; der Geruch von Schwefel, von faulen Eiern, den sie ausströmt, wird unerträglich, sobald man an den großen Spalten, an den großen klaffenden Höhlen vorbeikommt, die aussehen, als wenn sie bis zu den Eingeweiden der Erde reichten. Inmitten eines unendlichen Schweigens, in dem sich das Getrampel unserer bescheidenen Karawane und die mit geschlossenem Munde ausgestoßenen Schreie unserer Maultiertreiber zu verhallen, sich zu verlieren scheinen, schleppen wir uns noch immer durch die Schluchten und Spalten dieser blassen

Wüste dahin. Hin und wieder sieht man einige schwarze Gestalten, deren Schatten der Mond auf die weißen Steine zeichnet; man könnte sagen, es seien Tiere oder Menschen, die sich dort aufgestellt haben, um uns aufzulauern, aber wenn man sich ihnen nähert, ist es nur Buschwerk, verkümmertes, verkrüppeltes Gesträuch. Überall herrscht eine Backofenhitze, man erstickt, man ist durstig. Zuweilen hört man das Wasser in den Felsen der höllischen Mauer brodeln, und in der Tat sprudeln ganze Ströme daraus hervor, die man durchwaten muß; aber das Wasser ist lau, verpestet, unter den Mondstrahlen erscheint es von weißlicher Farbe, und es verbreitet einen schwefligen Gestank, den man nicht einatmen kann. In diesen Bergen müssen ungeheure, ungeahnte metallische Reichtümer liegen, die bis jetzt von keinem Menschen ausgebeutet wurden.

Zuweilen glaubt man dort unten die Palmen der ersehnten Oase zu erspähen — die sich diesmal Daliki nennen wird —, und wo man endlich seinen Durst löschen und sich zur Ruhe begeben kann. Aber nein; immer wieder sind es die traurigen Sträucher und nichts weiter. Man ist besiegt, man schläft im Sattel ein, man hat nicht mehr den Mut, vergebliche Ausschau zu halten, man vertraut sich dem Instinkt des Tieres und dem Zufall an...

Diesmal täuschen wir uns indessen nicht; vor uns liegt wirklich die Oase; diese dunklen Wände können nur die Palmenreihen, diese kleinen weißen Vierecke nur die Häuser des Dorfes sein. Und um uns von der Wirklichkeit der noch fernen Dinge zu überzeugen, um uns den Willkommsgruß entgegenzurufen, dringt jetzt das Gebell der Hunde, der natürlichen Wächter, die schon unsere Ankunft gewittert haben, dringt auch das helle Morgenständchen der Hähne durch das große Schweigen des anbrechenden Tages an unser Ohr. Es ist drei Uhr morgens.

Bald befinden wir uns auf den schmalen Wegen des Dorfes, zwischen den Stämmen der herrlichen Palmen, und endlich öffnet sich vor uns die schwere Pforte der Karawanserei, in die wir uns, wie in einen schirmenden Zufluchtsort, durcheinander hineinstürzen.

Donnerstag, 19. April.

Ich weiß nicht, ob ich wache oder schlafe... Seit einem Augenblick habe ich das unbestimmte Gefühl, als befände ich mich inmitten einer Schar von singenden Vögeln, die so dicht an mir vorüberfliegen, daß ich den Wind ihrer Flügel spüre, wenn sie mich streifen... Und in der Tat, es sind geschäftige Schwalben, die ihre Nester an den Balken meiner niedrigen Decke gebaut haben! Die Nester sind voll von Jungen. Wenn ich meine Hand ausstrecke, würde ich sie fast berühren. Durch meine Fenster — die weder Scheiben noch Läden haben, um sie zu schließen — fliegen und kommen sie mit fröhlichem Gezwitscher; und die Sonne geht auf! Jetzt kehrt die Erinnerung wieder; ich befinde mich in der Oase Daliki, ich bewohne das Ehrenzimmerchen der Karawanserei. Gestern abend bin ich auf einer an die Außenseite des Hauses angebrachten Treppe in diese kleine Wohnung geführt, die nur aus weißgekalkten Lehmwänden besteht. Meine beiden Perser Yomsouf und Yakout beeilten sich, unsere Feldbetten aufzuschlagen und unsere Decken auszubreiten, während mein Diener und ich vom Schlaf überwältigt warteten und gierig aus einem Kruge frischen Wassers tranken.

Die Hitze ist hier schon weniger schwer als am Rande des schrecklichen Golfes, und es ist so strahlend schön! Mein Zimmer, das einzige des Dorfes, das nicht im Erdgeschoß liegt und das seine Umgebung bis zu einem gewissen Grade beherrscht, ist durch seine vier kleinen Fenster den vier Winden zugänglich. Ich liege inmitten der frischen, grünen Dattelbäume, unter einem flachsblauen Himmel, der von sehr leichten Wölkchen von weißer Wolle übersät ist. Auf der einen Seite türmt sich etwas Dunkles, Riesenhaftes, etwas Rotbraunes so hoch auf, daß ich den Kopf zum Fenster hinausstecken und in die Höhe sehen muß, um sein Ende mit den Augen zu erreichen: es ist die große Kette Irans, die dort ganz in der Nähe uns fast zu überdachen scheint. Auf der anderen Seite erstreckt sich das Dorf, ganz in der Ferne schimmert ein Stückchen der Wüste durch die vielen schlanken, gleichmäßigen Stämme der Palmen hindurch. Der Schrei der Hähne, das Gezwitscher der Schwalben ertönt um die Wette. Die kleinen Lehmhäuser haben spitzbogige Türen in rein arabischem Stil, und flache, terrassenförmige Dächer, auf denen das Gras so üppig wie in den Feldern wächst. Die schönen Mädchen der Wüste treten ins Freie, um ihre Toilette unter offenem Himmel zu machen, sie sind nicht verschleiert, setzen sich auf irgendeinen Stein vor ihrer Wohnung und scheiteln ihr schwarzes Haar. Man hört die Gerätschaften der Weber klappern. Da dieser Ort sehr besucht, und da es die Ankunftsstunde der kaufmännischen Karawanen ist, die allnächtlich langsam diese Wege dahinziehen, so ertönen jetzt von allen Seiten die Glocken der Maultiere, die der Karawanserei entgegeneilen, und die mit geschlossenem Munde ausgestoßenen Rufe der Maultiertreiber; den hohen schwarzen Hut der Perser weit auf dem feinen dunklen Kopf zurückgeschoben, schreiten die Führer leichtfüßig und fröhlich heran.

Nachmittags wiederholte lange Wortstreitigkeiten mit meinem Tcharvadar. In Bouchir hatte ich nach der Karte beschlossen, den Marsch heute abend zu verdoppeln, er hatte sich geweigert, war in Aufregung geraten, war nur durch Drohungen zum Nachgeben zu bewegen gewesen, nachdem er zuvor Miene gemacht hatte, auszureißen, ohne den Kontrakt zu unterschreiben. Heute da ich mich von der Verfassung der Wege überzeugt habe, ziehe ich vor, nur 6 Stunden zu marschieren, um, so wie er es zuerst vorgeschlagen hatte, in dem Dorfe Konor-Takté ausruhen zu können — und jetzt ist er derjenige, der nicht darauf eingehen will. Schließlich, als mir die Geduld reißt, rufe ich aus: „Übrigens bleibt es so, wie ich gesagt habe, aus dem einfachen Grunde, weil ich es will, und damit ist die Unterredung beendet!“ Sein fein gemeißeltes Gesicht klärt sich plötzlich auf, und er spricht lächelnd: „Wenn du sagst: ich will, so kann ich nur antworten: es sei.“

Er stritt um zu streiten, um die Zeit totzuschlagen, einen anderen Grund hatte er nicht.

Sechs Uhr abends. Meine drei neuen Begleiter, die mir das hiesige Oberhaupt gestellt hatte, treten an; sie haben schöne geblümte Kleider aus Baumwolle und sehr alte Gewehre. Zum erstenmal seit der Abreise bricht meine Karawane noch am Tage, bei den letzten roten

Strahlen der Sonne, auf. Und wir verlassen ruhig die Oase, wo unter hohen Palmen an den Ufern der klaren Bäche zahllose, fast ausnahmslos hübsche Frauen mit ihren kleinen Kindern sich der Süße des melancholischen Abends hingeben.

Alsbald beginnt die Einsamkeit des Sandes und der Steine. Die lange persische Felsenküste, in die wir uns endlich über Nacht hereinstürzen werden, erstreckt sich, so weit das Auge reicht, bis ans Ende des unermeßlichen Horizontes; man kann sagen, sie sei von mutwilliger Hand mit grellen, schreienden Farben angestrichen, Gelb-orange oder Gelb-grün wechseln in seltsamen Streifen mit einem Rotbraun ab, das die untergehende Sonne bis zum Unmöglichen und Schreckhaften steigert, ganz in der Ferne gehen die Töne ineinander über, um als ein wunderbares Violett, der Farbe des Bischofgewandes, wieder zu erstehen.

Wie in der letzten Nacht riecht dieser ungeheure Wall Irans auch heute nach Schwefel, nach unterirdischem Feuer. Man hat den Eindruck, daß er mit giftigen Salzen, mit Stoffen gesättigt ist, die dem Leben feindlich sind; er nimmt die Farben vergifteter Dinge an, er zeigt sich in Formen, die Furcht einflößen. Außerdem hebt er sich von einem drohenden Hintergrunde ab, denn die eine Hälfte des Himmels ist schwarz, schwarz wie die Sintflut oder der Weltuntergang: wieder eins jener falschen Gewitter, die in diesem Lande heraufsteigen, als wenn sie alles vernichten wollten, aber die, man weiß nicht wie, verschwinden, ohne jemals einen Tropfen Wasser zu schenken . . . . Ein Mensch, der niemals unser Klima verlassen hat, und den man ohne irgendwelche Vorbereitung hierher führen, ihn vor eine Erscheinung von solcher Kraft und Größe stellen würde, dieser Mensch könnte sich nicht freimachen von der Angst vor dem Unbekannten, von dem Gefühl, nicht mehr auf Erden zu sein, oder von dem Schrecken des Weltunterganges...

Der wellenförmigen Wüste, durch die wir seit zwei Tagen geritten sind, folgt ein Abhang, der bis zum Fuße dieser Berge hinaufführt, die jetzt über unseren Häuptern zu hängen scheinen; von dem Punkte aus gesehen, wo wir stehen, liegt die weiße Ebene der Wüste schon unter uns; bis ins Unendliche dehnt sie sich vor unseren Augen aus, hebt sich blaß von dem drohenden Himmel ab, und zwei oder drei fernliegende Oasen sind als gar zu grüne Flecken, mit einem grellen Grün, wie man es auf chinesischen Aquarellen sieht, hineingezeichnet.

So trostlos wie die Wüste, von der wir jetzt Abschied nehmen, auch aussehen mag, so gastfreundlich und leicht zugänglich erscheint sie im Vergleich zu dieser Gebirgswand, die sich dort geheimnisvoll und drohend unter den schwarzen Wolken erhebt, als wolle sie niemandem Zutritt gewähren.

Zu der Stunde, wo die blutrote Scheibe der Sonne hinter dem Horizont der Ebenen untertaucht, öffnet sich jäh ein großer dunkler Einschnitt in der persischen Mauer, zwischen den zwei- bis dreihundert Meter hohen senkrechten Felswänden.

Wir reiten dort hinein. Eine plötzliche Dämmerung senkt sich auf uns herab, fällt von den überhängenden Felsen, als sei sie ein Schleier, in den wir ganz unerwartet eingehüllt werden. Das Schweigen, die Schallempfindlichkeit steigern sich in demselben Maße wie der Schwefelgeruch. Und die Sterne, die man noch vor kurzem nicht entdecken konnte, erscheinen alsbald, als hätte man sie alle gleichzeitig angezündet, und als würden sie aus der Tiefe eines Brunnens geschaut; sie stehen am hellen Zenit, den die Gewitterwolken noch nicht erreicht haben.

Eine ganze Stunde lang, bis es dunkle Nacht geworden, dringen wir unter großen Anstrengungen in dem Lande der geologischen Schrecken durch das Chaos der wilden, zerklüfteten Steinmassen vor; immer folgen wir demselben Spalt, derselben Kluft, die tiefer und tiefer in die Weichen des Berges einschneidet, gleich einem endlosen sich schlängelnden Geheimgang. Dort sind Löcher, Steinhaufen, steil ansteigende Wege, und dann wieder jähe Abhänge, mit scharfen Biegungen über tiefen Schlünden. Mitten in dies Gewirr hat der jahrhundertelange Durchzug der Karawanen unbestimmte Pfade gezeichnet, deren Spur unsere Tiere trotz der Dunkelheit nicht verlieren. Von Zeit zu Zeit ruft man sich, zählt man nach, zählt die Begleiter von Daliki und sich selber; man reiht sich enger aneinander, man macht halt, um Atem zu schöpfen. Durch die Nebel, die uns umgeben, hören wir die unterirdischen Wasser brodeln, hören die Donner rollen, die Wasserbäche fallen. In diesen Schlünden, wo man von allen Seiten von heißen Steinmassen eingeschlossen ist, herrscht eine Backofenhitze, und manchmal glaubt man zu ersticken, wenn man den Geruch der Schwefelgruben einatmet. Aber noch gefährlicher zu passieren sind die Wege, dort, wo Granitplatten, gleich reihenweise aufgestellten Tischen, zur Hälfte aus dem Boden hervorspringen und schmale, tiefe Zwischenräume bilden, in die das Bein eines Maultieres, wenn es unglücklicherweise dort hin-

Brunnen in der Oase

eingeraten sollte, wie in einer Falle gefangen säße. Und über diese Steine hinweg muß man in der Dunkelheit seinen Weg suchen.

Eine Stunde relativer Ruhe gewährt uns der Ritt über einen weißlichen Boden am Ufer eines schlafenden Baches entlang . . . Ein unheilvoller Fluß, der weder Baum noch Schilf noch Blumen kennt, sondern der sich geheimnisvoll und wie verwünscht dahinschleppt, so eingeschlossen, daß die Sonne niemals dort hinunter dringen wird. Jetzt spiegelt er ein kleines Stückchen Himmel mit einigen Sternen zwischen den umgekehrten Bildern der großen schwarzen Gipfel wider.

Und nun schließt sich der Weg vor uns, das Tal wird vollständig abgesperrt durch eine senkrechte, drei- bis vierhundert Meter hohe Mauer.

Wir haben uns also verirrt, das ist klar, uns bleibt nichts weiter übrig, als denselben Weg zurückzugehen, auf dem wir gekommen sind . . .

Mein Tcharvadar muß wahnsinnig sein, er schickt sich an, dort hinaufzuklettern, treibt sein Pferd eine Art Treppe hinauf, die wohl für die Ziegen berechnet sein mag, und behauptet, dies sei der Weg! . . .

Anmutig verneigen meine drei Begleiter sich vor mir und nehmen Abschied. Sie dürfen uns nicht weiter folgen. Denn, sagen sie, das hieße die Grenze ihres Gebietes überschreiten. Ich glaube, daß sie mich genau wie ihre Brüder gestern im Stich lassen. Aber weder Drohungen noch Versprechungen vermögen hier etwas auszurichten, sie machen kehrt, und wir sind uns selbst überlassen.

Und in der Tat ist diese undenkbare Treppe der richtige Weg; ich muß es ja schließlich glauben, weil alle es bestätigen. Offenbar ist dies der einzige Pfad, der dort hinaufführt nach jenem geheimnisvollen und unzugänglichen Chiraz, wo wir vielleicht nach den anstrengenden Ritten dreier weiterer Nächte uns endlich in der gesunden und erfrischenden Höhenluft ausruhen dürfen. Dies ist die weite Straße vom Persischen Golf nach Ispahan!

Wenn man einem vernünftigen Mann, der unsere europäischen Begriffe betreffs Wege und Reisen mitbringt, diesen kleinen Trupp Pferde und Maultiere zeigen würde, ihm zeigen würde, wie die Tiere sich anklammern, wie sie an der senkrechten Mauer eines solchen Berges hinaufklettern, so müßte er glauben, irgendeinem phantastischen Hexenritt nach dem Brocken beizuwohnen.

Dies mühsame Klettern, bei dem man sich die Knochen zerschlagen kann, dauert mehr als zwei lange Stunden. Schon allein das Sitzenbleiben im Sattel erfordert unaufhörlich große gymnastische Anstrengungen; unsere Tiere — die übrigens einen seltenen Instinkt und wunderbare Vorsicht an den Tag legen — tasten in der Dunkelheit mit ihren Vorderfüßen umher, tasten über ihren Kopf hinweg, suchen einen Vorsprung, an den sie sich anklammern können, als hätten sie Krallen und ziehen sich dann mit einer geschmeidigen Anstrengung der Schenkel hinauf. Und so sieht uns jede Minute ein kleines Stückchen höher über dem Abgrund schweben, der in der Tiefe gähnt. Die sogenannten Fußpfade, denen wir folgen, steigen in sehr kurzen Zickzacklinien mit scharfen Biegungen hinan, derart, daß sich der eine immer unmittelbar über dem Kopfe des anderen befindet, alle schmiegen wir uns dicht gegen die steile Felswand, und wenn einer der Vordermänner straucheln und in den Schlund hinabstürzen sollte, so würde er die anderen mit sich reißen, und viele würden gleichzeitig verunglücken. Mit all den Steinen, die sich unter unseren Füßen loslösen, und die in dem Maße, wie wir uns von dem gähnenden Schlund dort unten entfernen, immer länger werdende Kaskaden und Lawinen bilden, mit all diesen eisenbeschlagenen Hufen, die über die Steine dahinschrammen, die ausgleiten und wieder Boden fassen, tragen wir einen großen Lärm hinein in das feierliche Schweigen. Wenn in dieser Gegend Räuber auf der Lauer liegen, so müssen sie uns schon von weitem hören können. Meinen Diener, dessen Leben mir anvertraut ist, lasse ich vor mir reiten, um wenigstens sicher zu sein, daß er, so lange ich seine Silhouette sehen kann, nicht mit seinem Pferd hinter meinem Rücken in die tieferliegenden Täler gestürzt ist. Zuweilen strauchelt ein Maultier mit seiner Last und fällt zu Boden, alsbald stoßen unsere Leute lange Warnungsrufe aus, und dann rette sich wer kann: wenn es den Abhang herunterollt und im Fallen alle, die hinter ihm sind, mit fortreißt, dann würde sich eine Lawine bilden, die aus uns, unseren Maultieren und allen unseren Tieren zusammengesetzt wäre.

Die Pfade, von denen wir uns nicht entfernen dürfen, sind im Laufe der Jahrhunderte von nächtlichen Karawanen getreten, sie sind so schmal, daß man sich auf ihnen wie eingeschachtelt in einer Schlitterbahn befindet, zwischen Felsen, die den Reiter an beiden Seiten einzwängen, an denen man sich die Knie wund stößt. Wiederum hat diese schreckliche Treppe zuweilen nicht den geringsten Schutzrand, und dann sieht man lieber gar nicht hinab, denn stockdunkle Schlünde gähnen fast unmittelbar uns zu Füßen, Schlünde, deren Grund jetzt so weit entfernt ist, daß man fast sagen könnte, es sei die unendliche Leere selbst. In dem Maße wie wir vorwärts schreiten, wechselt, verändert sich das Bild unter dem unbestimmten Licht der Sterne; dort öffnen sich riesenhafte Talkessel, mit eingestürzten Seiten, dort ziehen wir an großen überhängenden Steinen vorbei, deren Formen nur undeutlich in der Nacht zu erkennen sind, sie neigen sich vor und scheinen uns zu drohen. Von Zeit zu Zeit erfüllt ein Leichengeruch die glühende, schwere Luft, während eine unbewegliche Masse uns den Weg versperrt: ein Pferd oder Maultier irgendeiner früheren Karawane hat sich das Rückgrat gebrochen, und man hat es hier verwesen lassen; wir müssen darüber hinwegreiten oder einen gefährlichen Umweg wagen.

Zum Schluß unserer zweistündigen Qual erhellt eine große Klarheit den östlichen Himmel. Gottlob, es ist der Mond, der uns aus dieser Finsternis erretten will.

Und wie soll ich die Erlösung beschreiben, die wir empfanden, als wir uns plötzlich von dem großen Schweigen umgeben, auf einem freien leichten Boden wiedersahen! In demselben Augenblick, wo man dem Schwindel der Abgründe, dem Absturz in das schwarze Nichts, wo man dem Ersticken in den Steintälern entflieht, in demselben Augenblick atmet man auch eine reinere, wunderbar frische Luft ein. Man befindet sich auf einer Ebene — einer Ebene, die tausend bis zwölfhundert Meter über dem Meeresspiegel liegt — und an Stelle der Wüste, die wir eben verlassen, erstreckt sich hier das blühende Land, erstrecken sich die Kornfelder, die ungemähten Wiesen mit ihrem wunderbaren Duft. Der Mond, der aufgegangen ist, zeigt uns überall Mohn und Gänseblümchen. Auf breiten Wegen reitet man friedlich über die weiche Erde und über das Gras dahin, begleitet von einer Wolke von Leuchtkäferchen, gleichsam eingehüllt in einen harmlosen Funkenregen. Wir befinden uns hier auf der ersten Stufe, auf der ersten Terrasse Persiens, und wenn wir eine zweite Bergwand überschritten haben werden, die sich dort hinten vom Himmel abhebt, dann haben wir endlich die Hochebene Asiens erreicht. Es ist übrigens eine Erleichterung zu sagen, daß man diese schreckliche Treppe nicht wieder hinabzusteigen braucht, wir werden nämlich auf den besuchteren nördlichen Straßen über Teheran und das Kaspische Meer zurückkehren.

Vor uns hören wir Glockengeläute, die Schellen der Maultiere: eine andere Karawane, die in entgegengesetzter Richtung reist, und die uns jetzt kreuzt. Man hält an, um Worte zu wechseln, um unter dem schönen Mond einander in Augenschein zu nehmen, und der neue Tcharvadar, der herannaht, ruft mit einem Freudenschrei den meinen mit Namen: „Abbas!“ Die beiden Männer fallen sich in die Arme und halten sich lange umschlungen: es sind Zwillingsbrüder, die auf den Fahrstraßen als Karawanenführer leben, und die sich scheinbar lange nicht begegnet waren.

Der jetzt eintönige Weg und die vollkommene Sicherheit treiben uns nach so viel gesunder Ermüdung unwiderstehlich dem Schlaf in die Arme, und in der Tat, wir schlafen auf unseren Pferden . . . Zwei Uhr morgens. Mein Tcharvadar kündet Konor-Takté, unser heutiges Nachtquartier, an.

Ein befestigtes Dorf, in einem Wald von Palmen gelegen, die Pforten der Karawanserei, die sich vor uns auftun, und sich hinter unserem Rücken schließen: das alles sehe ich undeutlich, wie im Traum . . . Und dann ist alles erloschen, wir versinken in die Ruhe der Bewußtlosigkeit . . .

Freitag, 20. April.

Ich erwache in dem weißgekalkten Zimmer der Karawanserei von Konor-Takté. Ein Kamin verkündet, daß wir die Regionen der ewigen Hitze verlassen und Gegenden erreicht haben, die sich eines Winters rühmen können.

An der Decke scheinen zahllose kleine rosa Eidechsen zu schlafen, andere spazieren harmlos und zutraulich auf unseren Decken herum. Draußen hört man die Schwalben, die vor Freude jauchzen, wie sie es bei uns zur Zeit des Nistens tun. Durch die Fenster sieht man die Sträucher unserer Gärten, rosa Oleander und blühende Granatbäume, und auch reifes Korn, Felder, die den unseren gleichen. Keine erstickende Schwüle mehr, keine Fieberdünste oder Schwärme giftiger Fliegen; man fühlt sich fast schon befreit von dem verwünschten Golf, man atmet wie in unseren Ländern an einem schönen Frühlingsmorgen.

Um fünf Uhr abends brechen wir auf, nachdem wir einen Teil des Tages geschlafen haben. Wir gebrauchen ungefähr eine Stunde, um das ländliche Gefilde zu durchschreiten, wo die Ernte reif steht, wo Männer und Frauen die Sichel in der Hand, im goldenen Korn zwischen Mohn und Rittersporn die Ähren zu Garben binden; alle Blumen Frankreichs findet man hier plötzlich, tausend Meter über dem Meeresspiegel wieder. Wie eine Leinwand, die im Hintergrunde dies Paradies begrenzt, erhebt sich senkrecht eine zweite Stufe der persischen Mauer, eine Art hoher, dunkler Umzäumung, ein Wall, auf den wir zusteuern, den wir diese Nacht überwinden wollen.

Die Sonne steht schon tief am Himmel, als wir in das Gewirr dieser neuen Mauer, durch blutrote und schwefelgelbe Felsen in einen engen Spalt, der gradeswegs in die Hölle zu führen scheint, eindringen. Und im selben Augenblick umgibt uns eine feindliche, eine wunderbar schreckensreiche Welt, eine Welt, wo keine Pflanze mehr sprießt, sondern wo sich überall große, zerklüftete Steine, von lebhaftem Gelb oder tiefem Rotbraun gefärbt, erheben. Brausend durchschneidet ein Bach diese Landschaft der Schrecken; seine milchigen Gewässer, die mit Salzen durchtränkt und von metallischem Grün gefleckt sind, scheinen ein Gemisch von Seifenschaum und Kupferoxyd. Man hat das Gefühl, daß man hier in die Geheimnisse der mineralischen Welt eindringt, daß man die verschwiegenen Zusammenstellungen erlauscht, die dem organischen Leben vorangehen und es vorbereiten.

Am Ufer dieses vergifteten Flusses, an dem wir zur Stunde des Sonnenunterganges entlang reiten, liegt ein großes, dunkles Dorf, ein Lagerplatz vielmehr, ein Haufen plumper, schwärzlicher Hütten, in deren Umgebung kein Gras, nicht einmal grüne Moose wachsen. Und Frauen treten dort heraus, kommen heran, um uns zu betrachten, sie sehen spöttisch und feindlich gesonnen aus; ein dunkler Schleier verbirgt ihr Haar, sie sind sehr schön, haben freche gemalte Augen, und sind weit brauner, von einem ganz anderen Typus als die hübschen Schnitterinnen der Oase . . . es ist dies unsere erste Begegnung mit den Nomaden, die zu Tausenden im Süden Persiens auf den Hochländern leben, sie sind nicht zu unterjochen, sind Räuber, die mit der Waffe in der Hand die seßhaften Dörfer plündern, die zuweilen stark befestigte Städte belagern.

Es ist die Stunde, wo die Herden heimzukehren pflegen, und von allen Seiten eilen sie dem Nachtlager zu, sie steigen herab aus höheren Zonen, wo man zweifellos bessere Weiden findet; durch verschiedene Spalten in den großen Felsen sehen wir Scharen von Ochsen und Ziegen senkrecht heruntergleiten, sehen sie wie schwarze Bäche hinabrollen. Alles von derselben schwarzen Farbe, die Herden der Nomaden, die Dächer ihrer traurigen Hütten, und die Kleidung ihrer Frauen. Und die Hirten, große, wilde, stolz dreinschauende Gesellen, kehren auch zurück, neben dem Hirtenstab tragen sie über der Schulter ein Gewehr und am Gürtel Säbel und Hirschfänger. In der Dämmerung, am Ufer dieses schreckeneinflößenden Flusses, in einem schmalen, von Felsen überdachten Tal, stoßen wir auf alle diese Menschen und Tiere, einen Augenblick gerät unsere Karawane in Unordnung, und eins unserer Maultiere, das ein Stier mit den Hörnern gestoßen hat, wirft sich mit seiner Last zu Boden.

Die Nacht findet uns in einer wilden Gegend wieder, sie ist noch schrecklicher als gestern, erscheint noch gefährlicher, weil sich das Chaos immer von neuem ändert. Überall sieht man frische Felsstürze, sieht man Querrisse, die sich erst kürzlich gebildet haben. Und zuweilen schweben über unseren Köpfen große Steinblöcke, von denen man annehmen kann, daß sie am Vorabend losgelöst und irgendwie im vollen Lauf aufgehalten sind; ohne ein Wort zu sagen, deutet der Tcharvadar mit erhobenem Finger darauf hin, und indem wir unseren Schritt verlangsamen und ein unwillkürliches Schweigen beobachten, reiten wir an den drohenden Gestaltungen vorbei.

Wir steigen immer weiter aufwärts an dem Lauf der Bäche, der Wasserfälle entlang, die ein Längsbett gegraben haben, zuweilen aber benützen wir auch die von den Karawanen ausgetretenen Pfade. Unaufhaltsam hören wir in der zunehmenden Dunkelheit der Nacht das Wasser unter den lärmenden Hufen unserer Tiere plätschern; und dazwischen tönt das heisere Gequake der sich anrufenden Frösche. Vergebens sucht man den Schritten des Hintermannes zu folgen, inmitten dieser gewaltigen Steine verliert man sich immer wieder aus dem Auge.

Eine Sternennacht, aber vor allem ist es die seltsam glänzende Venus, die getreulich ihr sanftes Licht auf uns herniederstrahlt. Um Mitternacht hatten wir schon eine beträchtliche Höhe erreicht, und auf unbestimmten, überhängenden Pfaden, die so glatt wie Glas sind, reiten wir unmittelbar am Saume, ganz am Rande der Abgründe dahin.

Und zum Schluß stehen wir am Fuße eines senkrechten Berges, ähnlich dem, den wir gestern kennenlernten, dieselben schrecklichen kleinen Zickzacktreppen, dieselben schwankenden Stufen. Unsere Pferde stehen auf den Hinterbeinen, klammern sich wie die Ziegen an das Gestein an, von neuem müssen wir länger als eine Stunde die schwindelnden Kletterversuche, den unwahrscheinlichen Ritt nach dem Brocken wagen, es geht mitten durch den Gestank der verwesten Maultiere hindurch, die längs der Mauer aufgeschichtet liegen.

Wie gestern haben wir auch heute die Freude der plötzlichen Ankunft auf dem Gipfel, die Freude, ganz unerwartet eine Ebene, Land und Weiden wiederzufinden. Wir sind seit der vorhergehenden Etappe ungefähr sechshundert Meter höher gestiegen, und zum erstenmal seit dem Aufbruch erquickt uns eine wirkliche Frische, eine himmlisch labende Ruhe.

Aber heute ist die Ebene nur eine lange Terrasse, am Fuße der dritten Bergstufe gelegen, die man hier ganz in der Nähe sieht; eine lange Terrasse, eigentlich nur ein Balkon, dessen Tiefe kaum mehr als eine halbe Meile beträgt; irgendein Riß, wie ihn die geologischen Stürme gebildet haben; allmählich hat sich dort Dünger angesammelt, und so ist hier im Laufe der Jahre ein hängender Garten, ein kleines von der übrigen Welt abgeschiedenes Arkadien entstanden. Wir reiten durch die Mohngefilde dahin, deren Blüten sich während der Nacht zu großen, weißseidenen Kelchen erschlossen haben, wir streifen die Kornfelder, die Sonne hat die Ähren noch nicht gereift wie dort unten, und am Tage müssen sie in wunderbarem Grün aufleuchten.

Nach einstündigem, friedlichen Ritt erscheinen Lichter zwischen den Bäumen, und in der Ferne bellen die Wachthunde: es ist Konoridjé, das Dorf, wo wir die Nacht beschließen werden; bald unterscheidet man zwischen den schönen Datteln, die es beschatten, die kleine Moschee, die vielen weißen Terrassen, die in dem Sternenlicht bläulich leuchten. Hier muß ein nächtliches

Fest gefeiert werden, denn man hört jetzt Trommeln und Pfeifen und von Zeit zu Zeit den Freudenschrei einer Frau, der ebenso gellend ist wie der Schrei der Mauren in Algier ...

Es ist mir nicht möglich zu sagen, welch ein Reiz des Orients und der Vergangenheit dies kleine einsam gelegene Land erfüllt und es jetzt um Mitternacht, wo wir uns seinen hohen Palmen nähern, mit jenen alten, kindlichen Melodien durchflutet. Aber mein Diener, ein Matrose, der keine bilderreichen Gleichnisse kennt, und der die Wörter immer nur in ihrer absoluten Bedeutung gebraucht, drückt mir sein schüchternes Entzücken in den ganz einfachen Sätzen aus: „Das Dorf hat eine Luft, ... eine verzauberte Luft!"

Sonnabend, 21. April.

Beim strahlenden Sonnenaufgang hört man das jauchzende Konzert der Schwalben, Spatzen und Lerchen. Ganz klar ist der Himmel, ganz klar liegt die weite Ferne da, in dem Dorf und in den Feldern herrscht eine paradiesische Ruhe. Man befindet sich hier fünfzehn- bis achtzehnhundert Meter über dem Meeresspiegel, in einer so reinen Luft, daß man sich wie durchflutet fühlt von neuem Leben und neuer Jugend. Und es ist wie ein Zauber aufzuwachen und ins Freie zu gehen.

Über dem Lehmschuppen, wo unsere Maultiere mit unserm Vieh zusammengepfercht stehen, haben wir in dem einzigen hohen Zimmer geschlafen — natürlich auch zwischen Lehmwänden — und heute morgen bieten uns die Dächer der Karawanserei, die wie eine Wiese mit Gras bewachsen sind, einen herrlichen Spazierplatz. Auf den benachbarten Dächern, wo gleichfalls Gras wächst, haben Männer sich niedergeworfen, um zu dieser Stunde ihr erstes Tagesgebet zu sprechen, mit ihren langen, in der Taille einschneidenden Gewändern, ihren wallenden Ärmeln und ihren tiaraförmigen Hüten, gleichen sie in ihren bescheidenen Kleidern den Silhouetten der Weisen aus dem Morgenlande. Hinter den kleinen Häusern, mit den dicken Mauern und spitzbogigen Türen, sieht man weit in die ruhige, abgeschlossene Ebene hinein, man sieht die grüne Fläche des Getreides, in die einige blühende Mohnfelder ihre weißen Linien ziehen — und immer sieht man die Bergkette Irans, die in dem Maße, wie wir steigen, sich zu vergrößern, in den Himmel zu wachsen, stets neue Steinschichten vor uns aufzutürmen scheint.

Karawanen, die die ganze Nacht gereist sind, nähern sich, sie kommen von Chiraz herab oder steigen wie wir von Bender-Bouchir auf. Das Geläute der Maultierglöckchen, das von verschiedenen Seiten ertönt, fällt in das Morgenständchen der Vögel ein. Die Hirten treiben die Herden schwarzer Ziegen dem Berge zu. Auf den Dorfstraßen galoppieren geschmeidige, bärtige Reiter, sie sind mit langen, altmodischen Steinschloßgewehren bewaffnet. Das Leben spielt sich hier ab wie in vergangenen Zeiten. Dies kleine, verlorene Land, das in erster Linie von der glühenden Wüste, dann von zwei bis drei Terrassen mit ihren Abgründen und schließlich von den wilden Bergen beschirmt ist, dies kleine Land hat sich eine glückliche Unveränderlichkeit bewahrt.

Ach! die Ruhe, die dort herrscht! Und der Gegensatz zu Indien, das wir soeben verlassen haben, zu dem armen, entweihten, geplünderten Indien mit seinem manufakturellen Betrieb, wo schon die schreckliche Ansteckung der Fabriken und der Eisenwerke wütet, wo schon die Bevölkerung der Städte kriecht und leidet unter dem Peitschenhieb dieser aufgeregten Herren des Westens, mit ihren Korkhelmen und „kakifarbenen Anzügen"!

Unter dem schönen goldenen Licht verlassen wir um die fünfte Stunde nachmittags das verzauberte Dorf, um auf die im Hintergrund gelegenen Berge zuzureiten. Wir durchschneiden die friedliche, ländliche Hochfläche, die von allen Seiten eingeschlossen erscheint.

In dem Augenblick, wo wir uns in die Schluchten begeben, um noch eine Stufe höher zu gelangen, geht die Sonne für uns unter, aber die uns umgebenden Gipfel leuchten weiter in seltsamem Rosa. Und dort, um den Eingang zu bewachen, ragt ein altes Kastell mit Mauern und Zinnen auf, und auf allen Türmen stehen Wächter in langen persischen Gewändern: es erinnert an irgendein Bild aus der Zeit der Kreuzzüge.

Weniger schroff, als in den letzten Nächten, ist diesmal der Hohlweg. Zwischen den mit Bäumen, Gras und Blumen bewachsenen Felswänden steigt unser Pfad weder zu steil noch gar zu gefährlich an.

Und so erreichen wir bald ohne große Schwierigkeiten eine ungeheure Hochfläche, deren Luft gesättigt ist von dem Duft des Heues. Bis jetzt waren wir dieser wirklichen Frische, die man hier einatmet, noch nicht begegnet, aber wir kennen sie daheim an schönen Maienabenden. Man sollte glauben, daß man sich auf diesem Weg, der seit unserem Aufbruch ununterbrochen ansteigt, in Riesenschritten dem Norden näherte. Wir reiten ganze vier Stunden durch diese Ebene, bevor wir die Etappe erreichen, und nach dem Chaos von Steinen, mit denen man sich die letzten Abende hat herumschlagen müssen, ist es jetzt eine Überraschung, bequeme Wege zu betreten, zwischen rosa blühendem Klee und Windhafer dahinzuwandeln. Als aber die Nacht vollständig hereingebrochen ist, erwacht doch allmählich das Gefühl in uns, daß wir uns in einer großen Einsamkeit befinden. In Europa gibt es keine Strecken, wo meilenweit soviel leerer Raum und soviel Schweigen herrscht, — und plötzlich fällt es uns ein, daß dieser Platz übel berüchtigt ist.

Neun Uhr abends. Unwillkürlich fühlt man nach dem Revolver: fünf mit Gewehren bewaffnete Leute, die im Gras am Grabenrand lagerten, erheben sich und umzingeln uns. Nach ihrer Aussage sind es ehrliche Wächter, die von Kazeroun, dem nächsten Dorfe, ausgeschickt sind, um die Reisenden zu beschützen. Seit längerer Zeit, so erzählen sie uns, werden die Karawanen geplündert, und sechs Maultiertreiber wurden in der vorigen Nacht an dieser Stelle überfallen. Deshalb werden sie uns jetzt auf höheren Befehl zwei bis drei Meilen weit begleiten.

Dies erscheint ein wenig verdächtig, auch leuchten die Sterne nicht genug, um ihre Gesichter erkennen zu können. Da sie aber doch mehr wie gutmütige Kerle aussehen, so nehmen wir ihr Anerbieten, uns zu begleiten, an; sie zu Fuß, wir langsam reitend zu Pferde; man raucht zu zweien dieselbe Zigarette, was hierzulande eine Höflichkeitsform bedeutet, und man schwatzt.

Anderthalb Stunden später tauchen fünf ähnlich bewaffnete Männer, die im Hinterhalt lagen, zwischen dem hohen Gras auf und gehen auf uns zu. Es sind also wirklich Wächter, und wir sollten jetzt unsere Begleitung wechseln. Die ersten fordern jeder 2 Crans* als Bezahlung, vertrauen uns der Fürsorge der anderen an und ziehen sich dann unter tiefen Verbeugungen zurück.

Von Zeit zu Zeit durchschneidet ein lustig fließendes Bächlein den unbestimmten Pfad, dem wir in dem hohen Gras zu folgen versuchen, dann hält man an, befreit die Pferde oder Maultiere von der Trense und läßt sie trinken.

Ungezählte Sterne stehen am Himmel, und überall fliegen die Leuchtkäferchen, von denen die Luft erfüllt ist, umher; so ähnlich sehen sie einem Funkenregen, daß man fast erstaunt ist, nicht das leise Knattern des Feuers zu hören.

Wir reiten in einer langen Reihe durch den weißen Mohn, dessen große Blumen uns streifen; es ist fast Mitternacht, da sehen wir ganz in der Ferne einige Lichter, später riesengroße, eingezäunte Gärten auftauchen, endlich haben wir Kazeroun erreicht. Und wir begrüßen die ersten Pappeln, deren hohe Stämme sich weithin erkennbar von dem nächtlichen Himmel abheben, sie künden uns die wirklich gemäßigten Zonen an, in denen wir jetzt atmen dürfen.

Von nun an führen die Karawansereien den Namen G a r t e n; und in diesen paradiesischen Gegenden des immer schönen Wetters sind es in der Tat G ä r t e n, die man den Reisenden bietet, um sich dort auszuruhen.

---

*) Der Cran ist ein Geldstück ungefähr von dem Wert eines Frank. Es ist das einzige gebräuchliche Geldstück in Persien, und da man mehrere Tausend davon mit sich führen muß, ist das eine der Widerwärtigkeiten und der Gefahren der Reise.

Eine große, spitzbogige Pforte gewährt uns Einlaß zu einem eingemauerten Gehölz, das für die Nacht unser Ruheplatz sein wird; es ist fast ein Wald, mit geraden Alleen aus blühenden Orangebäumen, sofort berauscht uns der starke Duft. Im Vordergrund sitzen die Karawanenreisenden in Gruppen zerstreut auf den Teppichen und kochen über einem Reisigfeuer ihren Tee, und weit im Hintergrunde verlieren sich die Alleen im Dunkel.

Der Wirt hält es indessen nicht für richtig, daß die Europäer wie die Eingeborenen im Freien unter den Orangenbäumen schlafen, er hat deshalb unsere Feldbetten in ein kleines Zimmer über dem großen Spitzbogen des Einganges bringen lassen, und dort übermannt uns sofort der Schlaf.

Sonntag, 22. April.

Das kleine Zimmer war wie alle Zimmer der Karawansereien vollständig leer, und eine unbeschreibliche Unsauberkeit herrschte dort. Die aufgehende Sonne zeigt uns die Lehmwände, die der Rauch geschwärzt hat, und die mit langen persischen Inschriften übersät sind. Den Fußboden bedeckten alte Salatblätter, Kehricht, Unflat, Eulenfedern und Schmutz. Aber durch die Risse des Daches, wo das Gras sprießt, dringen die goldenen Strahlen der Sonne, die Düfte der Orangenbäume, das Morgenständchen der Schwalben. Drum einerlei, wie auch das Lager aussehen mag, wir können sogleich hinabsteigen, können in all die Pracht hinausfliehen.

Unten strahlt das wunderbare Gehölz in hellstem Morgenschein wieder, darüber spannt sich ein unvergleichbarer Himmel, der durchzittert ist von dem jauchzenden Lied der Schwalben. Man atmet eine feuchte, belebende, schmeichelnde Luft ein. Die großen Orangenbäume mit dem dichten Laub werfen einen blau-schwarzen Schatten auf den Boden, der von ihren Blumen übersät ist. Alle Karawanenreisenden, die über Nacht in den Alleen geschlafen haben, wachen voller Wohlbehagen auf, bleiben aber noch auf ihren schönen Teppichen aus Yezd oder Chiraz liegen, denn sie werden wie wir erst bei Sonnenuntergang aufbrechen; wir sind also darauf angewiesen, in diesem wunderbar frischen Gehege, das den Gasthof darstellt, den Nachmittag zusammen zu verbringen und Bekanntschaft zu machen.

Bald kommen aus der Stadt die Bäcker und Teekocher hierher. Sie stellen ihre Samowars, ihre winzigen, vergoldeten Tassen im Schatten auf und machen sich dann daran, ihre langohrigen „Kalyans", die persischen Pfeifen, deren Rauch einen einschläfernden Duft verbreitet, in Ordnung zu bringen.

Und während unsere Pferde und Maultiere ringsumher friedlich grasen, schwindet der Tag für uns und für unsere zufälligen Reisegefährten in einer einzigen großen Ruhe dahin. Unter den schattenden Zweigen der Bäume rauchen wir, verträumen wir im Halbschlaf die Zeit, bieten wir uns gegenseitig in ganz kleinen Tassen den sehr süßen Tee, das ständige Getränk der Perser, an.

Von einem ganz eigenartigen Zauber ist der Friede, der um die Mittagsstunde herrscht, unter den Orangenbäumen wohnt auch dann noch die grüne Dämmerung, aber draußen funkelt und brennt die Sonne und überflutet mit ihrem Feuer die ausgedörrten Berge, zwischen denen Kazeroun eingeschlossen liegt.

Die Mitglieder meiner kleinen Karawane lernen sich jetzt allmählich näher kennen, mein Tcharvadar Abbas und sein Bruder Ali sind meine Kameraden geworden, die mir bei der Kalyan Gesellschaft leisten, und mit denen sich gut plaudern läßt; alles erscheint so viel leichter, das abendliche Aufladen, die Anordnungen vor dem Aufbruch, und kaum denkbar ist es, wie schnell man sich an das gesunde Wanderleben, sogar an die elenden, immer neuen Nachtquartiere gewöhnt, die man stets erst mitten in der Nacht schlaftrunken erreicht.

Um vier Uhr treffen wir in aller Ruhe unsere Vorbereitung zum Aufbruch. Zwei bis drei Männer, die auf der Erde hocken und ihre Kalyan rauchen, zwei bis drei neugierige Babys, ungezählte fröhliche Schwalben, das sind unsere Zuschauer. Der Räuber wegen stellt das Oberhaupt des Landes uns vier stark bewaffnete Männer als Schutz, sie geben uns das Geleite, und so reiten wir hintereinander in einer langen Reihe unter dem schwarzen, verfallenen Spitzbogen hindurch, der die Pforte zu diesem zauberhaften Garten bildet.

Wir müssen zuerst Kazeroun durchqueren, das wir gestern abend noch nicht gesehen haben. Eine kleine Stadt, aus alten Zeiten; umgeben von Pappeln und grünen Palmen, lebt sie unverändert weiter. Zwischen den hohen, blühenden Gräsern tummelt sich gleich am Eingang eine Schar von Kindern — ganz kleine Knaben, die schon die langen Gewänder und hohen schwarzen Hüte der Männer tragen — sie spielen mit ihren Ziegen und wälzen sich in dem Windhafer und zwischen den Gänseblümchen umher. Die Kuppeln einiger bescheidener weißer Moscheen ragen hervor. Man sieht die fest verschlossenen Häuser, auf deren Dächern und Terrassen Gras und Blumen so üppig sprießen wie in den Wiesen. Das Ganze aber wird beherrscht von den Gärten, den Orangewäldern, die von hohen, eifersüchtig schirmenden Mauern mit den alten spitzbogigen Türen umschlossen sind. Schöne bewaffnete Reiter tummeln ihre Pferde auf den Straßen. Aber die Frauen gleichen geheimnisvoll in Trauer gekleideten Schatten, der schwarze Schleier, der sowohl ihr Gesicht wie auch ihren Körper verhüllt, zeigt kaum die immer grüne oder gelbe Pluderhose, und die gleichfarbigen Strümpfe, die oft sehr stramm über den zarten Knöchel gezogen sind. Wir hatten bis dahin nur die Bäuerinnen mit den unverschleierten Gesichtern kennengelernt, es ist das erstemal, daß wir in eine Stadt gelangen, wo sich uns Städter von einem gewissen eleganten Anstrich zeigen.

Auf der Erde befinden sich noch Plätze, die keinen Rauch, keine Maschinen, keinen Dampf, keine Hast, die keine Eisenwerke kennen. Und von allen Winkeln der Welt, die die Geißel des Fortschrittes verschont hat, kann gerade Persien sich rühmen, die schönsten zu besitzen — wenigstens will es uns Europäern so scheinen —, denn die Bäume, die Pflanzen, die Vögel und der Frühling tragen dort dieselbe Gestalt wie bei uns, man glaubt kaum in der Fremde zu sein, fühlt sich vielmehr in der Zahl der Jahre zurückversetzt.

Nachdem wir die letzten Gärten Kazerouns hinter uns gelassen haben, reiten wir zwei Stunden schweigend durch eine seltsam fruchtbare und frische Ebene. Gerste, Roggen, Weizen, grüne Weiden, erinnern in ihrer Üppigkeit an „das Land der Verheißung“, und ein süßer Duft von Heu und Kräutern durchschwängert die stille Abendluft...

Wir vergessen die Höhe, in der wir uns befinden, als die Felsen sich plötzlich zu unserer Rechten auftun. Unter uns liegt eine andere weite Ebene mit einem wundervoll saphirblauen See, das Ganze wird eingeschlossen von Bergen, die weniger drohend sind, als die der letzten Tage; sie erinnern an die wildesten Partien unserer Pyrenäen.

In diesen See verliert sich der Fluß, der aus Ispahan kommt; als wolle er die Stadt der alten Herrlichkeiten noch mehr von allem Leben absondern, ergießt er sich in keinen Strom, mündet er in kein Meer, sondern erlischt hier in diesem Gewässer, das ohne Abfluß ist, dessen Ufer nicht bewohnt sind.

Von einer ziemlichen Höhe aus beherrschen wir den See und die Ebene, obgleich auch diese zweifellos ungefähr zweitausend Meter über dem Meeresspiegel gelegen sind. Und ein seltsam schwarzes Knäuel hebt sich von den Weiden ab; von hier oben aus gesehen, könnte man zuerst annehmen, daß es ein vorüberziehender Insektenschwarm sei, aber es sind Nomaden, die sich dort zu Legionen mit ihrem Vieh eingefunden haben. Wie immer, schwarze Kleider, schwarze Zelte, schwarze Herden: Tausende von Schafen und Ziegen, aus deren Wolle man die persischen Teppiche, die ungezählten Decken, Säcke, Quersäcke und Lagergegenstände webt. Jedes Jahr im April findet eine große Völkerwanderung aller Nomadenstämme nach den hochgelegenen weidenreichen Ebenen des Nordens statt, und erst im Herbst steigen die Hirten wieder zu den Ufern des Persischen Golfs hinunter. Ihre gemeinsame Bewegung hat jetzt begonnen; mein Tcharvadar kündet mir an, daß ihr Vortrab schon in den Schlünden, die nach Chiraz zu hinaufführen, uns voraufgeht, und daß wir uns darauf gefaßt machen müssen, morgen mit ihnen zusammenzustoßen: es sollen übrigens böse Gesellen sein, und übel kann man mit ihnen aneinandergeraten.

Die Nacht bricht herein, und von neuem müssen wir uns zwischen den Felsen einen Weg suchen, der uns sechs- bis achthundert Meter höher hinaufführen soll, wo die nächste Etappe gelegen ist. Von unten aus der Ebene, die heute von den vielen weidenden Tieren, den vielen wilden Hirten überflutet ist, dringt das Geräusch eines lauten primitiven Lebens zu uns herauf; man hört die Tiere blöken, brüllen, wiehern, hört die Hunde heulen, und auch die Männer senden ihre lauten Rufe und Befehle in die Nacht hinein, oder aber sie schreien nur, schreien wie Tiere, aus lauter Lebenslust und Lebensübermut, ohne Ziel und ohne Zweck. Die Luft, die in dem Maße hellklingender wird, wie die Dämmerung zunimmt, ist durchzittert von dieser furchtbaren Symphonie.

Überall werden in der Ferne, in den Biwaks der Nomaden Holzfeuer angezündet, sie verraten uns in diesen vielen Schlünden, auf diesen vielen Hochebenen die Gegenwart von Menschen, die man hier nicht vermutete. Wir ziehen mitten durch die Planetenbahn der wandernden Stämme hindurch, und als wir zum letztenmal hinabsehen, einen Blick auf die Ebene und den dunklen See werfen, da leuchten uns ungezählte Feuer entgegen, und man könnte glauben, dort unten läge eine nimmer endende Stadt.

Sobald wir aber wirklich in dem nächtlichen Engpaß vordringen, gibt es weder Lichter noch Stimmen, noch sonst etwas. Die Nomaden sind noch nicht angelangt, und wir haben unsere gewohnte Einsamkeit wiedergefunden. Über unseren Häuptern erheben sich seltsam durchlöcherte Felsen, die versteinerten Blumen, Sternkorallen oder riesenhaft großen, schwarzen Schwämmen ähneln. Und von neuem beginnt das verwegene Klettern der letzten Nächte, der fast senkrechte Aufstieg inmitten der bröckelnden Felswände. Zwei Stunden turnen unsere Pferde und Maultiere fast aufrechtstehend die Treppen über den Abgründen hinan; wieder hört man auf den sich loslösenden Steinen das Schrammen der beschädigten Hufe, die sich an jedem Vorsprung anzuklammern versuchen — und wir sind dem ewigen Stoßen, dem ewigen „Schenkelanziehen" des Tieres ausgesetzt, wenn es sich mit den Vorderfüßen hochzieht, in beständiger Angst, herabzugleiten, zurückzurollen, in den Abgrund hinunterzustürzen. Endlich, um zehn Uhr, werden wir am Eingange zu einem wiesenreichen Tal, mit seinem sanft sich neigenden Abhang von allen Strapazen erlöst. Hier liegt eine kleine, viereckige Festung, in der ein Licht scheint. Es ist der Stand für die wachhabenden Soldaten, die den Räubern und Nomaden wehren sollen. Man macht halt, und man tritt ein, besonders da hier die berittene Begleitmannschaft zu wechseln ist; wir lassen unsere vier Leute, die uns in Kazeroun gestellt wurden, zurück und ersetzen sie durch vier andere ausgeruhte und frische Kräfte.

Im Innern dieser einsamen Festung wurde ein fröhlicher Abend gefeiert. Um den kochenden Samowar gruppiert, sang man Lieder und rauchte, und sobald wir eintreten, reicht man uns in winzigen Tassen Tee. Drei Reisende, drei Reiter mit langen Gewehren, sitzen dort, sie wollen wie wir nach Chiraz, und bieten uns ihre Begleitung an, und so brechen wir in einem großen Trupp auf.

Nach dem schrecklichen Gewirr, dem wir kaum entronnen sind, ist ein Ritt in diesem neuen Tal, auf einem gleichmäßigen, mit Blumen übersäten Boden eine wahre Wohltat. Man könnte fast glauben, daß man sich auf dieser leicht ansteigenden Fläche einem verzauberten Schlosse näherte, so wunderbar ist der Weg inmitten des großen Schweigens der Nacht, er gleicht einer Allee, die man für die Promenaden der Märchenprinzessinnen gepflanzt hat, einer Allee, eingeschlossen von buntblühenden Felswänden. Es stehen auch Bäume dort, die in der Dunkelheit unseren Eichen ähnlich sehen; riesenhaft große Bäume, seit Jahrhunderten müssen sie dort wachsen. Aber bescheiden stehen sie in großen Abständen auf dem Rasen, oder bilden vereinzelte Gruppen, die in ihren Umrissen künstlerisch schön wirken. Auf dem dichten grünen Teppich hört man nicht mehr den Schritt der Karawane. Von rechts, von links, von den Wipfeln der Bäume senden die Sumpfeulen uns vereinzelte kleine Töne herab, Töne, wie sie eine Schilfflöte hervorzuzaubern vermag. Es wird kühl, immer kühler, fast ist der Temperaturwechsel zu empfindlich für uns, die wir kaum den heißen Regionen dort unten entstiegen sind, aber es erfrischt und verscheucht die Müdigkeit. Und übervoll weißblühende Sträucher durchschwängern die Luft mit ihrem süßen Duft. Aber höher als all dieses stehen die Sterne, sie feiern ein großes, schweigendes Fest und entfalten eine große, glitzernde Pracht. Und alsbald beginnt der Regen der Meteore, sie erscheinen weit leuchtender als sonst, wahrscheinlich, weil wir hier dem Himmel näher sind, und gleichen kleinen Blitzen, die eine bleibende Bahn hinterlassen, und manchmal, wenn sie vorüberschießen, glaubt man, das Geknatter von Gewehrfeuer zu hören.

Von all den Gegenden, durch die wir mitten in der Nacht geritten sind, und die wir niemals am folgenden Morgen wiedersehen, die wir uns niemals bei hellem Tageslicht vorstellen konnten, gleicht auch nicht eine der heutigen; noch nirgends sind wir einem solchen Frieden begegnet, nirgends hat das Geheimnisvolle eine ähnliche Gestalt angenommen ... Die Majestät der großen Bäume, die kein Windhauch bewegt, das nimmer endende Tal, die bläuliche Durchsichtigkeit der Nebel flüstert unserer Einbildungskraft leise einen Traum des griechischen Heidentums zu: Hier mußte die Heimat der seligen Schatten gewesen sein, und in dem Maße, wie die Stunden verrinnen, werden die elysäischen Gefilde, die finster schweigenden Wälder heraufbeschworen, in denen nur die Toten ihre Zwiegespräche halten.

Aber um Mitternacht zerreißt plötzlich der Zauber; von neuem versperren wild zerklüftete Berge unseren Weg, und ein kleines Licht, das man kaum dort oben unterscheiden kann, zeigt uns die Karawanserei, die es zu erreichen gilt. Wieder beginnt das waghalsige Klettern unter dem ohrenbetäubenden Lärm der Steine, die sich loslösen, die abbröckeln und herniederrollen, wieder muß man all die Erschütterungen, all die Stöße auf den unermüdlichen Tieren erdulden, Schritt für Schritt tasten diese sich vorwärts, gleiten oft mit allen vieren aus, aber stürzen eigentlich nie ganz zu Boden.

Steigen, immer höher steigen. Seit unserer Abreise sind wir scheinbar auch zuweilen abwärts gestiegen, denn sonst würden wir uns jetzt fünf- bis sechstausend

Meter über dem Meeresspiegel befinden, und ich schätze, daß wir höchstens dreitausend Meter erreicht haben.

Das Nachtquartier nennt sich diesmal Myan-Kotal, es ist kein Dorf, nur eine Festung, die, wie ein Adlernest auf einer einsamen Bergspitze errichtet ist; den Reisenden und deren Tieren bietet sie zwischen ihren dicken Mauern einen sicheren Schutz gegen die Räuber, das ist aber auch alles.

Wir dringen durch eine Pforte, die sich unmittelbar hinter uns schließt, in die mit Zinnen versehene Festung ein; überall liegen Pferde, Maultiere, Kamele, Karawanensäcke bunt durcheinander. Und von all den aus Lehm erbauten Nischen, die die Zimmer der Karawanserei vorstellen, ist nur noch eine einzige frei; diesmal müssen wir also mit den Leuten schlafen, wir haben nicht einmal so viel Platz, um unsere Feldbetten aufzuschlagen; übrigens ist es uns ganz gleichgültig, in aller Eile strecken wir uns der Länge nach auf der Erde aus, schieben einen Ballen unter den Kopf, decken uns warm zu, denn die Luft ist eisig, und liegen mit Ali Abbas und mit den persischen Dienern durcheinandergewürfelt zusammen. Sofort überschleicht uns eine unwiderstehbare Müdigkeit und trägt uns alle in die Bewußtlosigkeit des Schlafes hinüber.

Montag, 23. April.

In diese kleine, niedrige, von Rauch geschwärzte Grotte, wo wir wie tot daliegen, sickern schon lange die Sonnenstrahlen durch Löcher und Mauerrisse hinein, ohne daß jemand von uns sich gerührt hätte. Wie durch einen Nebel hören wir die uns schon vertrauten Laute: in dem Hof den Lärm der aufbrechenden Karawanen, die mit geschlossenem Munde ausgestoßenen Rufe der Maultiertreiber, und auf den Mauern das Morgenständchen der Schwalben, — das diesmal unzählige kleine Kehlen in jubelnder Lebensfreude in die Lüfte schmettern. Wir aber liegen an derselben Stelle, auf der wir gestern niederfielen, regungslos ausgestreckt da, eine seltsame Erstarrung hält uns gefangen.

Aber nachdem wir endlich unsere Behausung verlassen haben, erfüllt uns der erste Anblick, der sich uns bietet, mit Bestürzung und Schwindel. Wir waren ja mitten in der Nacht angekommen, und konnten deshalb etwas Derartiges nicht vermuten. Die Luftschiffer, die nach einem nächtlichen Aufstieg früh morgens erwachen, müssen eine ähnliche überwältigende und fast erschreckende Überraschung empfinden.

In unserer Umgebung ist nichts, was die unendliche Ausdehnung der Dinge unseren Blicken verbergen könnte. Wir brauchen nur die Augen zu öffnen, um uns der schwindelnden Höhe bewußt zu werden, zu der uns unser ansteigender Ritt durch die vielen Hohlwege, an den vielen Schlünden vorbei, und während so vieler Nächte, geführt hat; wir haben in einem Adlernest geschlafen, denn wir beherrschen die Erde. Zu unseren Füßen neigen sich ungezählte Gipfel — einst wurden sie alle von den kosmischen Stürmen nach ein und derselben Richtung gebeugt. Ein grelles, allbeherrschendes, ein schreckliches Licht fällt von einem Himmel herab, der sich noch nie zuvor so tief geoffenbart hat; es überflutet die vielen sich neigenden Berge, und mit der gleichen Deutlichkeit, so weit das Auge auch reicht, hebt es die einzelnen Formen der Felsen, die ungeheuren Kämme hervor. Zusammen, und von dieser Höhe aus gesehen, scheinen die scharfen und wie vom Winde gebeugten Gipfel in ein und derselben Richtung zu fliehen, sie gleichen einer riesengroßen Welle, die auf ein Meer von Steinen gehoben ist, und so täuschend ist diese Bewegung nachgeahmt, daß man sich fast von so viel Ruhe und Schweigen verwirrt fühlt. — Aber seit hundert, seit hunderttausenden von Jahren weht dieser Sturm nicht mehr, braust er nicht mehr, ist er erstarrt. — Und nirgends sieht man ein Zeichen von Leben, keine menschliche Spur, nichts, was Wald oder Gras verkünden könnte, einsam stehen die Felsen hier und herrschen, und wir schauen auf den Tod herab, aber der Tod ist voller Liebe und Glanz...

Jetzt liegt die Festung schweigend da, die andern Karawanen sind aufgebrochen, und sie erscheint fast ganz verlassen. In einem Winkel des von Mauern umgegebenen Hofes, wo nur unser Geschirr und Gepäck liegt, sitzen die Wächter der Festung, zwei Männer in langen Kleidern, sie rauchen schweigend ihre Kalyan, haben die Auge nzu Boden gesenkt und sind unempfänglich für diese erhabene Aussicht, die sie nicht mehr zu sehen vermögen. Würden die Schwalben nicht singen, man hörte in dieser großen, schallempfindlichen Leere nicht den geringsten Laut.

Alles in dieser hochgelegenen Karawanserei ist derb, rauh und verwittert; die bröckelnden Mauern sind fünf bis sechs Fuß dick, die alten gespaltenen Türen haben Eisenbeschläge und armdicke Riegel, sie erzählen von Belagerung und Verteidigungen. — Außerdem befindet sich hier eine seltsame Schwalbenstadt: an allen

Dächern, allen Gesimsen entlang bilden die sich aneinanderreihenden Nester wirkliche kleine Straßen; sie sind alle fest verschlossen und haben nur eine winzige Tür. Und da es die Jahreszeit des Ausbesserns, des Brütens ist, sind die kleinen Tiere sehr beschäftigt, jedes fliegt schnurgerade, ohne sich zu täuschen, in sein eigenes Haus, — das nicht einmal mit einer Nummer versehen ist.

Die immer tote Mittagsstunde führt uns wilde Gesellen, stark bewaffnete Reiter zu. Reisende, die im Vorübergehen in der Festung haltmachen, um sich einen Augenblick im Schatten auszuruhen und zu rauchen. Ganz in unserer Nähe unter den Steinbogen lassen sie sich mit tiefen Verbeugungen nieder. Schwarze Hüte, schwarze Bärte, dunkle assyrische Gesichter, die der Wind der Berge gebräunt hat, lange, blaue Kleider, ein Patronengürtel, der um die Hüften geschlungen ist. Sie riechen nach wilden Tieren und nach Wüstenminze. Auf wunderbare Teppiche, die sie unter den Sattel ihrer Pferde geschnallt hatten, setzen oder legen sie sich; wie sie uns erzählen, sind es die Frauen, die die Wolle also zu färben und zu weben wissen, — die Frauen dieses hochgelegenen, ein wenig phantastischen Chiraz, das wir wahrscheinlich morgen abend endlich erreichen werden...

Und bald hüllt uns der einschläfernde Rauch der Kalyans ein und steigt in die frischen reinen Lüfte der Gipfel. Mitten im Hof, in dem leeren Viereck, das die Sonne überflutet, schwirren die Schwalben hin und her, ihre kleinen schnellen Schatten zeichnen Tausende von Hieroglyphen auf den weißen Boden. Unter uns aber liegt immer noch der Schwindel der Gipfel, die riesengroße, versteinerte Welle, die noch in Bewegung zu sein, die noch zu fliehen scheint...

Um vier Uhr wollen wir aufbrechen, aber wo in aller Welt ist Abbas? Er wollte unsere Tiere holen, die zwischen den Felsen weideten, und er kommt nicht wieder zum Vorschein. Man wird unruhig, alle meine Leute suchen in den verschiedensten Richtungen den Berg ab; und ihre Rufe, ihre langen singenden Rufe, die sich Antwort geben, stören das gewöhnliche Schweigen der Gipfel. Endlich findet man ihn wieder, findet man Abbas, den Verlorenen, wieder, er kommt von weitem heran und führt ein Maultier, einen Flüchtling, mit sich. Um viereinhalb Uhr wird der Aufbruch stattfinden können.

Ich hatte zu meiner Begleitung drei Soldaten verlangt, wozu ich, nach den Anordnungen des Oberhauptes von Bouchir berechtigt war, aber da es hier in dieser Gegend keine gibt, habe ich mich statt dessen mit drei Hirten aus der Umgegend zufrieden erklärt, und jetzt führt man sie mir vor: Wilde Gesichter, bis auf die Schultern herabfallendes Haar, vollständige Räubertypen; zerlumpte Kleider aus wunderbar stilvollen alten Stoffen, lange Steinschloßgewehre, an denen ein Amulett hängt, der Gürtel gespickt von Hirschfängern.

Und in einer langen Reihe ziehen wir über Geröll, über Pfade dahin, auf denen man sich den Hals brechen kann, ständig begleitet von einer Herde Büffel, die uns fortwährend mit den Hörnern streifen. In der seltsamen Klarheit des Raumes sieht man auch in der Ferne alle Einzelheiten, das große Gewirr der Berge und der Abgründe enthüllt sich unseren Blicken, breitet sich fügsam vor uns aus. Hier und da in den Falten der großen geologischen Risse, die die Abendsonne mit ihrem Rot sanft färbt, schlafen die wunderbar blauen Flächen, die Seen. Wir beherrschen alles, unsere Augen nehmen die Unendlichkeit auf, wie es die Augen der hochkreisenden Adler tun, unsere Brust weitet sich, um immer mehr von dieser reinen Luft einzuatmen.

Nachdem wir etwa fünfhundert Meter hinabgestiegen sind, sehen wir plötzlich zur Stunde des Sonnenunterganges, eine weite, grasbewachsene Ebene vor uns liegen, die in ihrer Einförmigkeit dem Meere gleicht, und die von den senkrechten Wänden der Gebirgsketten eingeschlossen wird. Das grüne Gras ist mit schwarzen Punkten übersät, man könnte fast glauben, zahllose Mückenschwärme hätten sich hier niedergelassen: es sind die Nomaden! Ihr Geschrei dringt zu uns herauf. Zu Tausenden liegen sie dort mit ihren ungezählten schwarzen Zelten, ihren ungezählten Büffelherden, mit ihren schwarzen Rindern und ihren schwarzen Ziegen. Und wir sollen mitten durch diesen Schwarm hindurchreiten.

Wir gebrauchen anderthalb mühevolle Stunden, um diese Ebene zu durchkreuzen, wo die Hufe der Tiere in die weiche, fette Erde einsinken. Das Gras ist üppig, dicht; der Boden heimtückisch, mit Wasserlachen und Sümpfen durchzogen. Und unaufhörlich sind wir von Nomaden umringt, die Frauen eilen scharenweise herbei, um uns zu sehen, und die jungen Leute galoppieren auf Pferden, die wilden Tieren ähnlich sind, neben uns her.

So reich dieser grüne Teppich, der sich in gleicher Pracht nach allen Richtungen hin ausdehnt, auch sein mag, wie ist er nur imstande, so zahllose Parasiten zu ernähren, die ausschließlich von ihm leben, und deren Kauwerkzeuge in ungezählter Menge ihn ohne Unterbrechung scheren? Das Wasser, das diesen Pflanzenreichtum unterhält, das überfließende und tückische, zwischen Schilf und zarten Gräsern verborgene Wasser, quillt unter jedem unserer Schritte auf. Und plötzlich fällt eins der Maultiere mit seiner Last zu Boden, seine Vorderfüße sind bis zu den Knien in dem Schlamm eingesunken; sofort stürzt eine Schar junger Nomaden in schwarzen Tunikas, gleich einem Schwarm schwarzer Raben, der sich auf ein sterbendes Tier niederläßt, mit lautem Geschrei heran, — aber sie wollen uns nur zu Hilfe kommen; sehr schnell und geschickt lösen sie die Zügel, befreien das gefallene Tier von seiner Last und richten es wieder auf; ich brauche mich nur bei der ganzen Runde zu bedanken und Silbermünzen auszuteilen, die sie nicht einmal verlangt haben, und die sie nicht ohne einen gewissen Stolz in Empfang nehmen. Und doch hatte man behauptet, daß diese Leute bösartig und es gefährlich sei, ihnen zu begegnen!

Es ist fast Nacht, als wir am Ende der feuchten grünen Ebene den Fuß der himmelhohen, überhängenden Felswand erreichen, aus der ein schäumender Fluß hervorspringt, den wir durchwaten müssen; das Wasser geht den Pferden bis an die Brust. In einer Vertiefung liegt ein Dorf verborgen, eng schmiegt es sich an den steilen Berg, ein Dorf, ganz aus Steinen erbaut, mit Wällen, Zinnen und Türmen; alles Sachen, die man kaum unterscheiden könnte, — so plötzlich dunkel ist es unter dem Vorsprung dieser schreckeneinflößenden Felsen, — wenn nicht rot aufflackernde Freudenfeuer die Häuser, die Moschee, die Zinnen erleuchteten. Im Kreise um diese Feuer spielen die Dudelsäcke, schlagen die Trommeln, und man hört auch den grellen Schrei der Frauen; eine große Hochzeit wird hier gefeiert.

Jetzt müssen wir unsere Begleiter wechseln, die drei bewaffneten Hirten, die wir in Myan-Kotal aus dem Adlerhorst mitgenommen haben, werden gegen drei andere Männer vertauscht; diese aber — Leute von der Hochzeitsgesellschaft — müssen an den Haaren herbeigeschleift werden, bevor sie sich dazu bequemen, aufzusitzen. Und es ist schwarze Nacht, als wir uns endlich, wenigstens für vier Stunden Weges, in einen dunklen Wald begeben.

Hier ist es kalt, wirklich kalt, was wir nicht genügend vorgesehen hatten, und bei unserer leichten Bekleidung wird uns frieren. Zwei unserer neuen Hüter benutzen dies dunkle Dickicht, um kehrtzumachen und zu verschwinden. Ein einziger bleibt bei uns, er reitet neben mir und wird uns sicher treu bis zu der Etappe begleiten. Dieser Wald ist unheimlich, übrigens auch übel berüchtigt; unsere Leute sprechen kein Wort und sehen sich oft um: die alten, zu dieser Stunde ganz schwarzen Bäume, mit ihren verkümmerten, verkrüppelten Formen, bilden zwischen den Felsen seltsame Gruppen; bei dem unbestimmten Licht der Sterne folgen wir den schwankenden Pfaden, die sich weißlich auf dem grauen Boden abzeichnen: wir reiten durch traurige Lichtungen, und tauchen wir von neuem im Walde unter, so erscheint uns dies noch furchterweckender; überall gibt es Schlupfwinkel und manch einen günstigen Hinterhalt.

Um zehn Uhr hören wir plötzlich ein Geräusch: Reiter, die nicht zu uns gehören, traben hinter uns her und scheinen uns zu verfolgen. Wir halten an, wir fassen sie ins Auge. Und dann erkennen wir sie an der Stimme; es sind dieselben Reisenden, die gestern abend unsere Gefährten waren. Warum hatten sie sich den ganzen Tag unsichtbar gemacht, und woher tauchen sie jetzt auf? Trotzdem nehmen wir wie gestern ihre Begleitung an.

Um Mitternacht verlassen wir den Wald und reiten in eine Steppe hinein, die endlos zu sein scheint, und wo ein eisiger Wind uns entgegenweht. Etwas sehr Weißes liegt auf dem Boden ausgebreitet. Sind es steinerne Tafeln, sind es große Tücher? — Ach, es ist Schnee, überall weiß beschneite Flächen.

Endlich haben wir die Hochländer Asiens erreicht, seit sieben Tagen klettern wir zu ihnen hinan. Diese Steppe scheint in den Himmel überzugehen, der wie ein schwarzer Ballen Seide aussieht, und auf dem die großen Sterne fast ohne Strahlen glänzen, als läge zwischen ihnen und uns kaum jenes sehr luftförmige, sehr durchsichtige Etwas. Unsere Füße und Hände sind vor Kälte erstarrt, trotzdem überfällt uns nach all den vielen Anstrengungen der letzten Nächte ein unbezwingbares Schlafbedürfnis, zum erstenmal seit unserer Abreise haben wir wirkliche Leiden zu ertragen, jeden Augenblick entfallen die Zügel den erstarrten Fingern, die sich, gegen unseren Willen, als seien sie abgestorben, von selbst öffnen.

Ein Uhr morgens. Ganz empfindungslos und fast erfroren, müssen wir wohl zu Pferde geschlafen haben, denn wir sahen die Karawanserei nicht auftauchen, und trotzdem ist sie ganz nahe, ragt unmittelbar vor uns auf, ein befestigtes Schloß könnte man sie nennen, mit Türmen geschmückte Mauern, ganz verlassen in dieser öden Einsamkeit gelegen, ruft sie den Eindruck von etwas riesenhaft Phantastischem hervor. Rings umher auf der Steppe liegen Hunderte von grauen Gestalten, sie gleichen einem Wald großer Steine, aber unbestimmt hört man das Geräusch des Atmens, riecht das Leben: es sind schlafende Kamele und Kamelhüter, die sich, in Decken eingehüllt, zwischen den unzähligen Warenballen ausgestreckt haben. Zwei oder drei Karawanenstraßen kreuzen sich am Fuße dieser befestigten Karawanserei; hier ist scheinbar ein ewiges Kommen und Gehen; im Innern wird alles überfüllt sein. Indessen öffnet man uns die eisenbeschlagenen Türen, die unter den Schlägen des schweren Klopfers laut widerhallen: wir treten in den Hof ein, wo Tiere und Leute durcheinander, wie auf dem Schlachtfelde nach einer Niederlage zusammengewürfelt liegen; und noch schneller als gestern fallen wir dem Schlaf in die Arme, strecken uns ohne Rangunterschied im Hintergrunde einer Lehmhütte aus, unbekümmert um das Gewühl, den Schmutz, um das sehr wahrscheinliche Ungeziefer.

Dienstag, 24. April.

Um neun Uhr morgens bei herrlichstem Sonnenschein, beratschlagen mein Tcharvadar und ich uns in dem befestigten Schloß unter den Bogengängen des Hofes. Beendet sind die Streitigkeiten zwischen uns beiden, wir sind die besten Freunde von der Welt, und niemals zündet er seine Kalyan an, ohne mich einige Züge daraus tun zu lassen.

In diesem Hof herrscht dasselbe Gedränge wie am gestrigen Abend. Einige Maultiere liegen, andere stehen; Tausende von Karawanensäcke hat man hier aufgestellt, sie sind alle von gleicher Farbe, alle aus grauer Wolle, alle schwarz und weiß gestreift, und alle hat der Staub der Wege mit seiner rötlichen Schattierung überzogen: Das ganze trägt eine traurige, neutrale Farbe, aber zuweilen wird diese von einem wunderbaren Teppich unterbrochen, der wie etwas ganz Alltägliches unter einer Gruppe gleichgültiger Raucher ausgebreitet liegt.

Nach meiner Verabredung mit Abbas wollen wir das Schloß Kham-Simiane mitten am Tage verlassen, um die letzten zehn bis zwölf Meilen, die uns noch von Chiraz trennen, zurückzulegen. Die Luft ist kühl, die Sonne ist nicht mehr so gefährlich wie dort unten, und ich habe die nächtlichen Reisen herzlich satt.

So rüsten wir denn gleich nach der Mittags-Kalyan unsere Karawane zum Aufbruch, und kaum ist es zwei Uhr, als wir auch schon den zinnenverzierten Mauern den Rücken kehren. Alsbald breitet sich die herbe Einsamkeit vor unseren Augen aus. Traurig und unfruchtbar liegt sie in der großen Klarheit unter einem blauen Himmel da. Und die Schneeflächen gleichen weißen Tüchern, mit denen man den Boden bedeckt hat. Hoch in den Lüften kreist ein Adler. Die Sonne brennt, und der Wind ist eisig. Wir befinden uns fast dreitausend Meter über dem Meeresspiegel.

In einem Schlupfwinkel des Bodens liegt ein wilder Weiler, ungefähr zehn Hütten sind dort aus Felsblöcken erbaut, ganz niedrig sind diese Hütten, dicht schmiegen sie sich dem Erdboden an, denn man fürchtet hier die Windstöße, die über diese Hochländer dahinfegen. Am Rande stehen einige kaum belaubte ganz schlanke Weiden, der Wind hat sie gebeugt. Und das ist alles. Soweit auch das Auge reicht, nichts hebt sich hervor in dieser lichtreichen Wüste.

Nach Chiraz, wo wir gegen Abend ankommen werden, steigen wir friedlich auf einem unmerklich sich neigenden Pfade hinab; wir sind überflutet von Licht; allmählich verschwindet der Schnee, und von Stunde zu Stunde fühlen wir, wie die Kälte den lauen Lüften weicht. Wir begegnen keinem lebenden Wesen, mit Ausnahme der großen kahlen Geier, die auf der Karawanenstraße sitzen und darauf lauern, daß man ein vor Müdigkeit umsinkendes Tier ihren Klauen anvertraut; wenn wir uns ihnen nähern, fliegen sie auf, aber kaum hat man sie verscheucht, so lassen sie sich von neuem auf der Straße nieder und verfolgen uns mit den Augen. Die blassen Blümchen, die kurzgestielten Pflanzen sind auf diesen Steppen zuerst nur spärlich gesät, aber bald vermehren sie sich, reihen sich aneinander an und bilden schließlich unter unseren Schritten einen wunderbar duftenden Teppich. Und dann beginnen die Sträucher unserer Heimat, Tamarinden, knospender Weißdorn, blühender Schlehdorn. Der Kuckuck ruft, und wäre nicht der unendliche, immer weite, immer ursprüngliche Horizont, so könnte man sich nach Südfrankreich versetzt glauben. In alten Zeiten muß der Frühling Galliens einen ähnlich friedlich-schönen Anblick gewährt haben... Und jetzt stoßen wir auch auf einen Fluß, einen wunderbar durchsichtigen, einen kristallklaren Fluß. An seinem Ufer stehen vereinzelte kleine Weiden, erhebt sich eine dichte Weidenwand, aber der Fluß fließt einsam in seinem Bett über die weißen Steine dahin, und unempfänglich scheint er für all das schüchterne Grün dieser Weidengebüsche zu sein, wahrscheinlich wird er schließlich als Wasserfall in weniger hoch gelegene, in weniger reine Regionen hinabstürzen, wird er sich bei den vielen Berührungen beschmutzen; aber hier, wo er mitten durch den zeitlosen Rahmen fließt, der seit Anbeginn der Welten also gewesen sein muß, hier haftet diesem klaren Wasser, ja, wie soll ich mich ausdrücken, etwas Jungfräuliches, etwas Geheiligtes an.

Nach dreistündigem Marsch erhebt sich ganz einsam am Rande unseres Weges ein kleiner mit Zinnen versehener Turm: ein Wachtposten, wo wir zwei weitere Soldaten als Verstärkung zu erlangen hoffen; aber nichts rührt sich, und die Pforte bleibt geschlossen. Indessen kommt oben im Turm zwischen zwei Schießscharten der weißhaarige Kopf eines Greises, der den hohen Hut der Magier trägt, zum Vorschein: „Soldaten," ruft er in spöttischem Ton, „Ihr fordert Soldaten? Ja! die sind alle ausgezogen und machen Jagd auf die Räuber, die uns vier Esel gestohlen haben. Hier sind keine Soldaten, und Ihr müßt Euch ohne sie behelfen! Glückliche Reise!"

Bei Sonnenuntergang machen wir halt und verzehren unsere Abendmahlzeit auf einer der alten gastlichen Bänke vor der Tür einer Karawanserei, eines befestigten Schlosses, das wie Kham-Simiane einsam gelegen ist, und den Eingang zu einer neuen Ebene beherrscht. Und dies ist endlich die Hochebene von Chiraz, die in alten Zeiten von den Dichtern besungen wurde, dies ist das Land des Saadi, das Land der Rosen.

Von hier aus gesehen erscheint die hochgelegene Oase, die wir zur Stunde der Dämmerung erreichen werden, seltsam friedlich und üppig wild zugleich; das Gras ist dort dicht und mit Blumen übersät, die Pappeln stehen in dichten Gruppen und fast könnte man glauben, es seien Buchenhaine von weichem, tiefem Grün. Dieselben Farbentöne, die sich bei uns im April über Bäume und Wiesen senken, sieht man auch hier, aber die Luft ist von einer Klarheit, die wir nicht kennen, und über dem Paradies mit seinem jetzt schon in Schatten getauchten Grün, sind die großen, alles einschließenden Berge zu dieser Stunde in tiefem Rot gebadet, ein Anblick, der in unseren Ländern und bei unserem Klima unmöglich wäre.

Durch diese sanft sich neigende Ebene, wo die Luft allmählich ganz still geworden ist, setzen wir unseren jetzt immer leichter werdenden Ritt fort, und ungefähr vier Meilen weiter, ziehen sich in der frischen, sternenklaren Nacht zu beiden Seiten unseres Weges die langen Mauern der Gärten dahin: die Vorstädte von Chiraz! Kein Lärm, kein Licht, kein Schritt, der den Wanderer verkündet. Die Ausläufer der alten mohammedanischen Städte zeigen, sobald die Dunkelheit anbricht, immer dasselbe seltsame Schweigen, von dem wir Europäer uns gar keine Vorstellung machen können.

Die Mauern bezeichnen die Karawansereien, obgleich sie eigentlich nur einen Pappelwald einzuschließen scheinen; und dort klopfen wir zwei-, dreimal an große spitzbogige Türen an, die sich kaum öffnen, um eine Stimme antworten zu lassen, daß alles überfüllt sei.

Die hohen Gräser, die Kräuter, die Gänseblümchen überwuchern die Wege; in dieser Dunkelheit, in diesem Schweigen duftet alles nach Frühling.

Des Kampfes müde geben wir uns mit einer Karawanserei für Arme zufrieden, wo wir über den Ställen einen kleinen Winkel mit Lehmwänden finden, der sich in keiner Weise von unseren früheren elenden Herbergen unterscheidet.

Natürlich kenne ich keine lebende Seele in dieser verschlossenen Stadt, in die ich heute abend nicht eindringen kann, und die übrigens, wie ich weiß, auch keinen einzigen Gasthof besitzt. Aber in Bender-Bouchir hat man mir ein versiegeltes Zauberbuch — ein Empfehlungsschreiben an den Vorstand der Kaufmannschaft, eine gewichtige Persönlichkeit von Chiraz, mitgegeben, zweifellos wird dieser mir eine Wohnung besorgen können...

Abends, 24. April.

Der erste Abend senkt sich herab, die erste Nacht bricht herein über dem drückenden Schweigen in Chiraz. Ganz im Hintergrunde des großen, leeren, frühzeitig verschlossenen Hauses, in dem ich gefangen sitze, geht mein Zimmer auf einen jetzt dunklen Hof. Man hört nichts, nur zuweilen den Schrei eines Kauzes. Chiraz schläft in dem Geheimnis seiner dreifachen Mauern und seiner geschlossenen Wohnungen; man könnte sich weit eher von verlassenen Ruinen, als von einer Stadt umgeben glauben, in deren Schatten sechzig- bis achtzigtausend Einwohner atmen; aber den Ländern Islams haftet das Schweigen dieses tiefen Schlafes und dieser stummen Nächte an.

Ich sage zu mir selbst: „Ich bin in Chiraz“, und es liegt ein Reiz darin, diesen Satz zu wiederholen; — ein Reiz und auch ein wenig Angst, denn diese Stadt gehört, wenngleich sie auch ein Überbleibsel altehrwürdiger, unversehrter Trümmer ist, dennoch zu denjenigen menschlichen Ansiedelungen, die am wenigsten zugänglich, am abgeschiedensten liegen; man empfindet hier noch das Gefühl eines großen Verlassenseins, ein Gefühl, das den Reisenden früherer Zeiten vertraut sein mußte, das wir Nachgeborenen aber bald nicht mehr kennen werden, weil die Verkehrswege die ganze Erde mit ihrem Netz überziehen. Wie soll man von hier entkommen, von hier entfliehen, wenn plötzliches Heimweh, wenn das Bedürfnis in uns aufsteigt, vielleicht nicht einmal das Vaterland, sondern nur verwandte Menschen, nur einen Ort wiederzusehen, der wie bei uns ein wenig moderner ist. Wie soll man von hier entkommen? Durch die einsamen Gegenden des Nordens, durch Teheran und das Kaspische Meer nach zwanzig bis dreißigtägigem Karawanenritt? Oder soll ich auf dem Wege zurückkehren, der mich hergeführt hat, soll ich die schrecklichen Treppen Irans Stufe für Stufe hinabsteigen, soll ich von neuem in die Schlünde, die nur nachts passierbar sind, untertauchen, soll ich von neuem die Qualen der immer wachsenden Hitze ertragen, mich bis zu dem höllischen Schmelzofen dort unten, dem persischen Golf, vorwagen, soll ich von neuem durch den glühenden Sand waten, um Bender-Bouchir, die Stadt der Verbannung und des Fiebers zu erreichen, von wo aus irgendein Schiff mich nach Indien bringt?

Beide Wege sind mühsam und weit. Es ist wahr, man fühlt sich verlassen in diesem Chiraz, das höher gelegen ist als der Gipfel der Pyrenäen — und das zu dieser Stunde eine klare Nacht, aber eine seltsam stumme, eine eisige Nacht in ihre Fittiche hüllt...

In dieser Stadt, wo alles von Mauern eingeschlossen ist, habe ich sozusagen noch nichts gesehen, und ich frage mich, ob ich während eines verlängerten Aufenthaltes mehr sehen werde, ich bin hier ungefähr in der Art eingedrungen, wie es die Ritter der Sage zu tun pflegten, die man mit verbundenen Augen in die unterirdischen Schlösser führte.

Heute morgen trat Hadji-Abbas, der Vorstand der Kaufmannschaft, benachrichtigt durch meinen Brief, in der Karawanserei an. Einige Honoratioren begleiteten ihn, lauter zeremonielle, höfliche Leute in langen Kleidern, mit plumpen, runden Brillen und sehr hohen Astrachanmützen. Wir setzen uns vor meinem dunklen Zimmer auf die Terrasse, die mit Gras und blühendem Mohn bewachsen ist: Nach vielen schönen Komplimenten in türkischer Sprache entspann sich eine Unterhaltung über die Schwierigkeiten der Reise!

„Ach!" sagten sie mit einem leisen Anflug von Spott, — „leider haben wir noch nicht Ihre Eisenbahnen!" Und als ich sie dazu beglückwünschte, zeigte mir ihr Lächeln, wie sehr wir betreffs der Wohltaten dieser Erfindung der gleichen Meinung waren...

Pappeln und blühende Obstbäume bildeten eine so dichte Wand, daß wir von der Stadt auch nicht das geringste zu erblicken vermochten, aber die Gärten, Wiesen, die grünen Felder lagen vor uns, eine ganze Ecke des glücklichen Chiraz, das kaum mit der übrigen Welt in Verbindung steht, und wo das Leben in dem gleichen Rahmen dahinfließt, wie vor tausend Jahren. Auf allen Zweigen stimmten die Vögel ihr fröhliches Brutlied an. Unten im Hofe, wo unsere Tiere sich ausruhten, standen einige Burschen aus dem Volk, sie sahen vergnügt und gesund aus, ihre Wangen hatte die freie Luft goldig gefärbt, und nachlässig rauchten sie in der Sonne, wie nur Leute es tun, die Zeit haben, zu leben, oder sie spielten mit Kugeln, und ihr Lachen drang zu uns herauf. Und ich verglich das schwarze Gelände unserer großen Städte, unserer Bahnhöfe, Fabriken, das ewige Pfeifen und den Lärm der Eisenwerke mit diesem allen, verglich auch unsere Arbeiter, blaß sind sie unter dem Kohlenstaub, und aus ihren Augen spricht die Nüchternheit und das Leiden...

Beim Abschiednehmen bot mir der Vorstand der Kaufmannschaft eines seiner zahlreichen Häuser in Chiraz, ein ganz neues Haus an. Er wollte mir den Schlüssel sofort übersenden, und ich begann zu warten, rauchte auf meiner Terrasse eine Kalyan nach der anderen und wartete, ohne daß der Schlüssel erschien: die Orientalen, jedermann weiß es ja, kennen gar keine Zeitberechnung.

Endlich, vier Uhr nachmittags, wurde der Schlüssel mir überreicht. (Er war einen Fuß zwei Zoll lang.) Und dann mußte ich meinen Tcharvadar und alle seine Leute verabschieden, mußte mit ihnen abrechnen, mit ihnen alle die Silbermünzen nachzählen. Wir tauschten viele Wünsche und manchen Händedruck aus, und dann bestellte ich eine Anzahl Träger (Juden mit langen Haaren), ließ unser Gepäck auf ihren Rücken laden, und wanderte hinter ihnen der Stadt zu, die ganz in der Nähe liegen mußte, die man aber immer noch nicht sehen konnte.

Wir trabten melancholisch zwischen den hohen aus grauen Steinen und Lehm erbauten Mauern dahin, in weiten Abständen nur zeigten sie eine vergitterte Öffnung oder eine versteckte Tür.

Und schließlich bildeten diese immer enger werdenden Mauern über unseren Köpfen ein Gewölbe, und eine plötzliche Dunkelheit hüllte uns ein, mitten durch die schmalen Gänge flossen kleine schmutzige Bäche über Abfall, Schmutz und Kot hinweg, es roch nach Abgußwasser und toten Mäusen, wir hatten Chiraz erreicht.

In einem noch größeren Dunkel machten wir vor einer alten, eisenbeschlagenen Tür mit einem großen Klopfer hat: das war meine Wohnung. Zuerst stießen wir durch einen dunklen Gang auf das staubige, baufällige Hauptgebäude, dann aber überraschte uns ein sonnenbeschienener Hof, mit schönen blühenden Orangenbäumen, um einen fließenden Fischteich, und im Hintergrunde lag das zweistöckige, ganz neue, weiße Häuschen, in dem ich jetzt eingeschlossen sitze — und ich weiß nicht einmal, auf wie lange, — „denn es ist leichter in Chiraz einzudringen, als hinauszukommen", sagt ein persisches Sprichwort.

ZWEITER TEIL

Mittwoch, 25. April.

Die Sonne neigte sich ihrem Untergange zu, als wir in aller Eile unseren ersten Ausflug in die Stadt, in die Basare machten, um Kissen und Teppiche zu kaufen. (Denn in Hadji-Abbas' Haus zeigen die Zimmer natürlich nichts als ihre vier Wände.)

Man streicht in dieser Stadt umher, wie in einem unterirdischen Labyrinth. Die Gäßchen sind bedeckt, übersät mit Unrat, mit verfaultem Abfall, sie winden und kreuzen sich mit einer Laune, die jeden irreführt; an einigen Stellen sind sie so eng, daß man sich mit beiden Schultern gegen die Mauer drücken muß, will man nicht von einem Reiter oder sogar von einem kleinen Esel gestoßen werden; die Männer, in langen, dunklen Kleidern mit hohen Astrachanmützen, fassen uns scharf, doch ohne Mißtrauen, ins Auge. Die Frauen gleiten dahin und verschwinden wie schweigende Geister, von Kopf zu Fuß sind sie in einen langen schwarzen Schleier gehüllt, und das Gesicht verdeckt eine weiße Maske, die nur zwei runde Löcher für die Augen frei läßt; aber die kleinen Mädchen, die man noch nicht verschleiert, sind alle geschminkt, ihre Haare mit Henna gefärbt, und faßt alle erscheinen sie von wunderbar feiner lächelnder Schönheit; sogar die Ärmsten, die barfuß und nachlässig gekleidet gehen, sind anmutig unter ihren reizvollen Lumpen. In den toten, langen Mauerreihen aus grauem Stein oder grauem Lehm öffnet sich nie ein Fenster. Hier gibt es nur Türen, und um diese zu verbergen, sie zu schirmen, ist außerdem noch eine zweite Mauer hinter der ersten errichtet. Einige Türen sind eingerahmt von alten kostbaren Fayencen, die Iriszweige und Rosenzweige darstellen, und deren Kolorit, belebt durch den Gegensatz zu dem vielen Grau der Umgebung, inmitten von den Ruinen und Trümmern, doppelt frisch hervorspringt. Ach! diese schwarzgekleideten Frauen, die durch diese Türen schreiten, um die Ecke der alten Mauer biegen und im Innern des verborgenen Hauses verschwinden...

In meiner tunnelförmigen Straße, auf der die Karawanen von Bouchir kommend zur Stadt hineinziehen, liegt ein kleiner, jüdischer Basar, wo Korn und Gemüse verkauft wird. Um aber den wirklichen Basar von Chiraz, den unendlich großen Basar mit seinen vielen Überraschungen zu erreichen, muß man eine ganze Strecke durch dies Labyrinth wandern. Er beginnt in den engen, winkeligen, dunklen Straßen, wo man vor den ungezählten kleinen Läden beständig Gefahr läuft, in Löcher und Kloaken zu fallen. Dann folgen die großen, geraden, die vielen regelmäßigen Alleen mit ihren runden Kuppelgewölben, und zum erstenmal sagt man sich, daß die Stadt, in die man, ohne auch nur das geringste zu sehen, eingedrungen ist, wirklich eine große Stadt sein muß. Zu beiden Seiten der Alleen findet man die Kaufleute nach Profession und Zunft geordnet, so will es der orientalische Gebrauch. — Und man sieht, daß die Straße der Teppiche, in der wir unsere Einkäufe machen, für die Augen ein Hochgenuß ist. -- In den dunkleren Straßen der Kupferschmiede hört man den ununterbrochenen Lärm der Hämmer, und dort machen wir halt, um für unseren Gebrauch Schenkkannen zu kaufen, die hier sehr üblichen Kannen, die eine wunderbare Anmut der Linien zeigen, und deren Form in alten Zeiten erfunden und seitdem niemals geändert wurde. Überall verkaufte man auch Büschel rosenroter, duftender Rosen, man nennt sie bei uns die „Monatsrose", und blühende Orangenzweige. Bewaffnete Reiter versperrten uns oft den Weg, besonders in dem Viertel, wo Sattel- und Zaumzeug zu kaufen ist; dieses Viertel ist das größte in ganz Chiraz, denn hierzulande gehen alle Reisen, geht jeder Transport in Karawanen vor sich, und das Sattelzeug spielt naturgemäß eine große Rolle; es zeigt die allerverschiedensten Formen: in Seide oder Gold gestickte Sättel, wollene Quersäcke, Zäume für Pferde und Maulesel, zierliche, mit Pailletten benähte Sammetpeitschen für die kleinen Esel, auf denen die vornehmen Damen reiten, und Federbüsche für die Kamele.

In der Straße, wo die Seidenhändler ihren Stand haben, war großer Zuspruch von schwarzen Gestalten — den hiesigen Frauen — mit ihren hübschen, drolligen Babys, deren Augen alle durch einen gemalten Strich bis zum Haar verlängert sind.

Wir hatten den Basar zu ziemlich später Stunde besucht, schon schlossen sich die Läden, schon verschwand das Tageslicht hinter den aus Stein oder Lehm gebauten Gewölben. Und nachdem wir uns soundso viele Male durch die überdachten, jetzt immer dunkler werdenden Gänge hindurchgeschlängelt hatten, bedeutete es eine wirkliche Freude, endlich einen freien Platz unter freiem Himmel zu treffen, der von der herrlichen Abendsonne beschienen war. Vielleicht der einzige Winkel in Chiraz, wo das Leben sich fröhlich und nicht geheimnisvoll außerhalb des Hauses abspielt.

Dieser Platz liegt in der Nähe der Stadtwälle, und im Hintergrunde erhebt sich eine Moschee mit einem riesenhaft großen Portal, das unter seiner alten Glasurbekleidung rosenrot strahlt. Hier und da haben die Blumen-, Obst- und Kuchenverkäufer ihre Buden errichtet, und gerade gegenüber der rosenroten Pforte, deren Schwelle ich wohl niemals übertreten darf, steht ein kleines, reizendes, verfallenes Café, unter dessen Bäume wir uns setzen, um unter freiem Himmel die letzte Tageskalyan zu rauchen. (Der Name Café ist übrigens nicht richtig, denn hier in Chiraz reicht man nur Tee in kleinen winzigen Täßchen.)

Sofort bildet sich ein Kreis um uns, aber diese Neugierigen waren bescheiden und höflich, und wenn man sie ansah, antworteten sie mit einem freundlichen, ein wenig katzenhaften Lächeln. Alle die Leute hier sehen entgegenkommend und sanftmütig aus; sie haben feingeschnittene Züge, große Augen und einen zugleich lebhaften und träumerischen Blick.

Und ich kam zurück, um vor Einbruch der Nacht meine vorübergehende Wohnung, in dem ganz neuen, hinter dem Hofe gelegenen Gebäude, einzurichten. Das Erdgeschoß weise ich meiner Bedienung an, im ersten Stock liegt mein Zimmer, im zweiten mein Salon. Überall sieht man sehr weiße Mauern, derer gewölbte Spitzbogen Nischen bilden, in die ich meine Sachen aufstelle. Die Decke besteht aus Lehm und wird von einer

Reihe junger, ganz gleichmäßig viereckiger Pappelstämme gestützt.

In zehn Minuten ist mein Salon eingerichtet, Teppiche und Kissen sind auf die Erde geworfen, Decken mit alten Nägeln an den Wänden befestigt, und den Ehrenplatz nehmen die schönen Waffen ein, die mir der Sultan von Mascat kürzlich bei meiner Durchreise schenkte, ein Dolch in silberner und ein Säbel in goldener Scheide.

Aber die Nacht senkt sich herab und hüllt alles in ihr großes, schweigendes Leichentuch ein. Sie unterbricht unseren kindlichen Zeitvertreib und erfüllt meine Wohnung, die gar zu eng eingeschlossen inmitten einer nicht erkennbaren Umgebung liegt, mit unheilvollem Dunkel.

Als wir eintraten, haben wir die schweren Eisenriegel von der Tür hinweggezogen, die hinaus in die nächtliche Umgebung führt, aber wir wissen nichts von all den Räumen, Winkeln und Nebengebäuden des großen Hauses; keiner von uns hat das alte zweistöckige Haus, das mit dem Rücken nach der Straße zu gelegen ist, erforscht, keiner von uns ist in die unendlich geräumigen Heuspeicher, in die Gewölbe und unterirdischen Keller eingedrungen, die sich hinter unseren Zimmern erstrecken.

Was die anderen Wohnungen in unserer Nachbarschaft anbelangt, so ist es selbstverständlich, daß unser Auge sie nicht hinter den hohen Verschanzungen erspähen kann. Wer dort wohnt, was sich dort zuträgt? Wir werden es nie erfahren. Von den Fenstern aus, die auf unsern, von hohen Mauern eingeschlossenen Hof zeigen, wird man auch bei Tage nichts von diesen Nach-

Persisches Teehaus

barhäusern entdecken können. Nur die Wipfel der Pappeln, die die kleinen Gärten beschatten, nur die Lehmdächer, auf denen das Gras wächst, auf denen die Katzen promenieren, und dann in der Ferne über den Giebeln der alten staubfarbenen Gebäude hinweg die Linie der kahlen Berge, die die grüne Ebene einschließen. Das ist alles, was sich dem Auge zeigt.

Jetzt ist es Nacht. Meine Diener schlafen fest nach den Anstrengungen der letzten Abende, in dem schönen Gefühl, eine Reise hinter sich zu haben, in der Gewißheit, nicht morgen den nächtlichen Ritt fortsetzen zu müssen.

Die schöne Sternennacht kühlt fühlbar ab, kein menschliches Geräusch stört ihr Schweigen. Man hört die weiche, verhaltene Stimme der Käuze, die aus verschiedenen Richtungen sich rufen und Antwort geben, und darunter liegt Chiraz in seinem beunruhigenden Todesschlaf.

Donnerstag, 26. April.

„Allah oder Akbar! ... Allah oder Akbar!“ ... so lautet der endlose, eintönige, mohammedanische Gesang, der mich vor Tagesanbruch weckt; von irgendeinem nahen Dache meines Stadtviertels aus steigt die Stimme des Ausrufers, der zum Gebet ruft, laut singend in die blasse Morgenluft hinauf.

Und bald darauf dringt das silberhelle Glockengeläute in den kleinen Gäßchen bis an mein Ohr: der Einzug der Karawanen. Große, tief tönende Glocken hängen am Bauche der Maultiere, kleine Schellen reihen sich zu einem Kranz um ihren Hals, sie klingen zusammen, und dieser fröhliche Lärm erfüllt allmählich das ganze unterirdische Labyrinth in Chiraz und verjagt den Schlaf und das Schweigen der Nacht. Es dauert sehr lange; — sicher sind Hunderte von Maultieren an meiner Tür vorbeigezogen, — und sie werden allmorgendlich hier vorüberziehen, um mir den Tag zu verkünden, denn die Stunde der Karawanen ist unwandelbar. Und durch mein Viertel dringen sie in die Stadt hinein, alle die, die von dort unten, von den Ufern des Persischen Golfes, aus den heißen, in der Höhe des Wasserspiegels gelegenen Gegenden kommen.

Der erste Morgen verstreicht für mich mit vergeblichen Unterhandlungen, die ich mit Tcharvadaren, Maultiertreibern, Pferdevermietern in der Hoffnung pflege, daß es mir gelingen wird, schon jetzt den Aufbruch zu veranstalten; denn man muß sich mehrere Tage im voraus richten, und die Reisenden werden oft unendlich lange zurückgehalten.

Aber nichts kommt zustande, nicht das geringste Annehmbare bietet sich mir. Das Sprichwort scheint sich zu bewahrheiten: Es ist leichter, in Chiraz einzudringen, als hinauszukommen.

Nachmittags statte ich dem Vorstand der Kaufmannschaft meinen Besuch ab. Er wohnt in demselben Stadtviertel wie ich, und der Weg zu ihm führt ununterbrochen an den schattigen, traurig sich neigenden Mauern vorbei, die sich fast alle zu einem Gewölbe vereinen. Eine alte Gefängnistür, durch eine innere Schutzwand aus weißem Mauerwerk verkleidet: das ist sein Heim. Und dann folgt ein kleiner Garten voller Rosen, mit geraden altmodischen Alleen und mit einem

Spingbrunnen; im Hintergrunde aber liegt das ganz alte, ganz orientalische Haus.

Hadji-Abbas Salon: Eine Decke aus blau und goldenen Arabesken, mit Rosenzweigen, deren Schattierungen im Laufe der Zeiten verblaßt sind; die Mauern sind reich ausgearbeitet, sind in kleine Rautenflächen zerlegt, vertiefen sich zu kleinen Grotten und zeigen eine alte Elfenbeinfarbe, die durch matte Goldlinien gehoben wird; auf der Erde liegen Kissen und dicke, wunderbare Teppiche. Und die kleinscheibigen Fenster zeigen auf die Rosen des Gartens, der sehr versteckt daliegt, der keine Aussicht gewährt, und in dem das leise plätschernde Geräusch des Springbrunnens ertönt.

Mitten im Salon stehen zwei Sessel, einer für Hadji-Abbas, der seit gestern seinen weißen Bart brennend rot gefärbt hat, und der andere für mich. Die Söhne meines Wirts, die Nachbarn, die Honoratioren, alles Leute in langen Kleidern mit hohen schwarzen Hüten, wie sie die Magier trugen, treten nacheinander an; schweigend setzen sie sich auf die Teppiche, die an den schönen verblaßten Wänden entlang ausgebreitet liegen, und bilden so einen großen Kreis; Diener tragen in sehr alten, kleinen chinesischen Tassen Tee herbei, bieten dann gefrorenen Sorbet und schließlich die unvermeidlichen Kalyans an, aus denen alle der Reihe nach rauchen müssen. Man fragt mich nach Stambul, da man weiß, daß ich dort gewohnt habe. Dann nach Europa, und die Naivität und die unvermutete Gründlichkeit ihrer Fragen zeigen mir deutlicher als alles andere, wie weit diese Leute von uns entfernt sind. Allmählich geht die Unterhaltung zur Politik über, man spricht von den letzten Tricks der Engländer vor Koueit: — „Wenn unser Land jemals unterjocht werden sollte, so hoffe ich doch wenigstens, daß es nicht durch sie geschieht! Wir haben leider nur hunderttausend Soldaten in Persien, aber alle Nomaden sind bewaffnet; und ich, meine Söhne, meine Diener, alle gesunden Männer in den Städten und auf dem Lande werden zu den Waffen greifen, wenn es sich um die Engländer handelt!"

Der gute Hadji-Abbas führt mich alsdann zu zwei oder drei Honoratioren, deren Häuser noch viel schöner als das seine sind, und die noch viel hübschere Gärten mit Orangen, Zypressenalleen und Rosengängen besitzen. Aber wie versteckt, mißtrauisch, geheimnisvoll spielt sich hier das Leben ab. Die Gärten würden entzückend sein, wenn sie nicht so eifersüchtig eingeschlossen, so verborgen dalägen; damit die Frauen hier unverschleiert lustwandeln können, umgibt man sie mit gar zu hohen Mauern, die man vergebens freundlicher zu gestalten sucht, indem man sie mit Spitzbogen, mit Kacheln verziert: es bleiben doch immer dieselben Gefängnismauern.

Der Gouverneur der Provinz, den ich heute aufsuchen wollte, um ihn zu bitten, mir den Weg nach Ispahan zu erleichtern, ist für einige Tage abwesend.

Bis zum Schluß behalte ich mir den Besuch bei einer jungen, holländischen Familie, den van L...s, vor, sie leben hier so abgeschieden wie Robinson. Ein altes Paschahaus — natürlich in einem alten, ganz von Mauern umgebenen Garten gelegen — bewohnen sie, und selten überraschend berührt es mich, hier plötzlich einen kleinen europäischen Winkel, plötzlich liebenswürdige Menschen, die unsere Sprache sprechen, wiederzusehen! Sie sind übrigens gleich so entgegenkommend, daß uns, die wir doch sozusagen in der Verbannung leben, vom ersten Augenblick an ein schönes Band wahrer Freundschaft verbindet. Seit zwei oder drei Jahren wohnen sie in Chiraz, wo M. van L... Leiter der kaiserlich persischen Bank ist. Sie vertrauen mir alle ihre täglichen Sorgen an, von denen ich keine Ahnung hatte, die aber in dieser Stadt natürlich sind; denn alles fehlt hier, was nach unseren Begriffen zu den notwendigsten Nutzgegenständen des Lebens gehört, alle Sachen, deren man bedarf, müssen zwei Monate im voraus über Rußland oder Indien verschrieben werden; was sie mir da erzählen, bestärkt mich übrigens in dem Gefühl, daß wir uns hier in einer Welt befinden, die man fast auf dem Monde suchen könnte.

Den Schluß des Nachmittags bildet für mich ein Spaziergang durch das Labyrinth; mit meinen drei Dienern, dem Franzosen und zwei Persern, irre ich umher und suche vergebens nach den Moscheen. Ich habe keine Hoffnung, jemals Eintritt zu erlangen, aber ich möchte doch wenigstens gerne von außen die Portale, die schönen Bogen und die kostbaren Fayencen sehen.

Ach! Diese seltsamen kleinen Straßen, wo einem auch am hellen Tage ein Fallstrick nach dem andern gelegt wird; so öffnet sich mitten in einer Gasse ein tiefer Brunnen, der auch nicht das geringste Schutzgitter zeigt, oder am Fuße einer Mauer gähnt plötzlich ein Kellerloch, und man sieht hinab in ein schwarzes Verließ. Und überall ist der Weg mit Lumpen, Unrat, mit krepierten Hunden bedeckt, über deren Leichen die Fliegen herfallen.

Ich weiß, daß es Moscheen, daß es sogar berühmte

Moscheen hier gibt, aber man kann wirklich sagen, daß sie vor uns fliehen, daß ihre Umgebung verzaubert ist. Zuweilen, wenn ich aufsehe, entdecke ich durch ein Loch in der Straßenmauer ganz in der Nähe eine grünblaue Kuppel, die sich in den reinen Himmel erhebt, und die in der Sonne glänzt. Dann stürze ich in einen dunklen Gang, er scheint dorthin zu führen: Den Gang schließt eine Mauer ab, oder er endet in einem großen eingestürzten Erdhaufen. Ich kehre um, ich suche einen anderen: er führt mich in falsche Richtung, ich verirre mich. Nicht einmal die kleine Lücke, die ins Freie führt, und von wo aus mir die Emaillekuppel entgegenleuchtete, kann ich wiederfinden; ich weiß nicht mehr, wo ich bin... Diese Moscheen werden keinen Zugang haben, denn sie liegen ganz eingeschachtelt zwischen alten Lehmhäusern, zwischen Maulwurfshügeln von Menschenhand erbaut; wahrscheinlich kann man sie nur auf versteckten Umwegen erreichen, die keinem anderen als dem Eingeborenen bekannt sind. Und dies erinnert an einen bösen Traum, man will ein Ziel erreichen, aber in dem Maße, wie man sich ihm nähert, werden die Schwierigkeiten größer, die Gänge enger.

Wir sind schließlich des Suchens müde und kehren wie gestern um die Abendstunde nach dem kleinen Café zurück, das wir wahrscheinlich zu unserem Standquartier erheben werden. Dort atmet oder fühlt man wenigstens einen freien Raum vor sich, und dort liegt auch — zwar ein wenig im Hintergrunde — eine rosenrote Moschee, die schon sehenswert ist. Die Leute kennen uns. In aller Eile stellen sie für uns Sessel unter den Platanen hin, bringen Kalyans und Tee herbei. Hirten wollen uns Felle von Panthern verkaufen, die zu ungezählten Mengen in den nahen Bergen hausen. Aber der Andrang ist heute schon weniger groß als gestern: morgen oder übermorgen werden wir niemanden mehr in Erstaunen setzen.

Die eine Seite des Platzes wird von den Wällen Chiraz' eingeschlossen; wie alles in Persien sind auch sie elegant und baufällig: die hohen, geraden Mauern tragen große runde Türme und sind mit einer endlosen Reihe gewölbter Spitzbogen verziert. Das Baumaterial — graue Terrakotta mit gelbgrüner Glasur — gibt dem Ganzen einen assyrischen Anstrich. Diese Wälle erstrecken sich in einer Ausdehnung von ungefähr zweihundert Metern und laufen dann in einem Trümmerhaufen von Steinen aus, die wahrscheinlich niemals wieder aufgebaut werden.

Jetzt, wo der Tag sich neigt, herrscht in diesem kleinen Café ein beständiges Kommen und Gehen. Leute aus allen Ständen, die vom Lande zurückkehren, treten hier ein, vornehme Reiter auf mutigen Pferden, kleine Bürger auf fransenbehangenen Maultieren, oder noch bescheideneren Eseln. Und die langsamen Kamele ziehen vorüber. Sie kommen von Yezd, von Kerman, aus der östlichen Wüste. Überall werden die Kalyans angezündet, und unsere Nachbarn, die wie wir unter ein und derselben Platane träumen, fangen ein freundliches Gespräch an. Einer von ihnen bietet mir, nachdem ich ihm von meinem heutigen Ausflug nach den Moscheen erzählt habe, für morgen abend seine Begleitung dorthin an; er will mich über die Dächer der Stadt führen, ein Spaziergang, der scheinbar sehr besucht wird, weil er der einzige ist, von wo aus man einen allgemeinen Ausblick hat.

Friedlich schwindet der Tag, und langsam trägt die Dämmerung ihre Traurigkeit zu diesem hochgelegenen, einsamen Lande hinauf. Die Farben verlöschen auf der Glasurbekleidung der schönen Moschee: die Fayencen, mit denen sie bedeckt ist, zeigen Wolken von Rosen, Rosenzweige, Rosensträucher, Sträucher, durch die vereinzelte, langstielige Iris emporwachsen; aber dies alles liegt jetzt in einem violetten Dunkel, und nur noch die Kuppel erstrahlt weithin. In der fast gar zu durchsichtigen Luft kreisen die Segler und stoßen, ganz wie bei uns an Frühlingsabenden gellende Schreie aus. Kaum aber ist die Sonne untergegangen, so macht sich infolge der großen Höhe eine empfindliche Kälte fühlbar.

Durch kleine schon dunkle Gäßchen kehren wir über Schmutz und Unrat nach Hause zurück.

Und dort herrscht, nachdem die Pforte verriegelt ist, die Abgeschlossenheit, die Einsamkeit, das Schweigen eines Klosters. Und die Käuze beginnen ihr Lied.

Freitag, 27. April.

Bim bam, bim bam, kling, ling, ling... Der Einzug der Karawanen!... Das Glockenspiel, hier die ständige Musik um Sonnenaufgang, weckt mich diesmal kaum, und morgen werde ich es wahrscheinlich wie alle anderen Laute überhaupt nicht mehr hören.

Heute ist ein Freitag, das heißt der Sonntag des Muselmanns, so kann ich also keine Reisevorbereitungen treffen, alles ist geschlossen.

Ein zufälliges Ereignis des heutigen Morgens wird von Wichtigkeit für unser puritanisches Leben: mein

Diener erzählt mir, daß auf dem Nachbardach, einem terrassenförmigen Dach, auf dem wir bis jetzt nur einige nachdenkliche Katzen sahen, zwei Paar grünseidene Strümpfe und ein Paar Damenpluderhosen zum Trocknen aufgehängt sind; vor Hereinbruch der Nacht wird wahrscheinlich jemand hinaufsteigen, um sie zu holen, und wenn wir auf der Lauer liegen, haben wir dann vielleicht Gelegenheit, eine der geheimnisvollen Nachbarinnen zu sehen.

Um die Sitte der guten Bürger von Chiraz zu beobachten, laßt uns diesen Freitagmorgen dazu benutzen, einen Ausflug aufs Land zu machen (man verläßt die Stadt durch die großen, spitzbogigen Tore, oder, wenn man es vorzieht, durch die zahlreichen Öffnungen in den Wällen, wo der ständige Durchzug der Karawanen wirkliche Pfade getreten hat). Und dann liegt die Ebene vor uns, die weite Ebene, die überall von wild zerklüfteten Bergen umgeben, die von allen Seiten so hoch eingeschlossen ist, als wäre sie nur der unendlich große Garten eines eifersüchtigen Persers. Das Grün des Grases und des Getreides, das frische Grün der Pappelwände unterbricht zuweilen das ewige Grau der Landschaft; aber man kann trotzdem sagen, daß dieses sehr weiche, oft rosa schattierte Grau alles in Chiraz beherrscht, den Boden der Felder, die Erde oder die Steinmauern. Über den hohen, fast verfallenen Wällen, von denen wir uns allmählich entfernen, erheben sich in gewissen Abständen ganz kleine, spindelförmige, blau und grün glasierte Obelisken. Und je weiter wir reiten, um so deutlicher tauchen die großen Kuppeln der Moscheen aus der grauen Stadt auf. Auch sie zeigen dieselbe Farbe, die ewig gleiche blaugrüne Glasur. Unter dem bleichen, reinen Himmel ziehen sich gleich Katzenschwänzen weiße Wolken von der Durchsichtigkeit ganz leichter Gewebe dahin. In diesem hochgelegenen Lande sind die Farben aller Gegenstände zuweilen so zart, daß uns jede Bezeichnung für sie fehlt, und dem Licht, der Ruhe dieses Morgens haftet etwas unaussprechlich Weiches, Paradiesisches an. Trotzdem ist dies alles traurig, — und zwar tragen hieran schuld: die Abgeschiedenheit von aller Welt, die alles einschließende Kette der Berge, das Geheimnis der langen Mauern, der ewige schwarze Schleier, die ewige Maske vor dem Antlitz der Frau.

Da heute, wie gesagt, mohammedanischer Sonntag ist, ergehen sich alle Frauen von Chiraz, gleich schwarzgekleideten Gespenstern, in der hellen Ebene, schon vom frühen Morgen an richten sie ihre Schritte nach den großen, eingeschlossenen Gärten, nach dem Paradiese, das uns nicht zugänglich ist, und dort entfernen sie ihren Schleier und ihre Maske, um in Freiheit in den Orangen-, Zypressen- und Rosenalleen lustwandeln zu können, wir aber werden sie nicht sehen. Auf dem Wege, dem wir folgen, ertönt das Glockenspiel von tausend kleinen Glöckchen, eine verspätete Maultier-Karawane zieht zu ungewohnter Stunde zur Stadt hinein. Und in der Ferne sieht man die Straße, die gen Ispahan führt, sieht man wie immer den Zug der Esel und der Kamele, den Zug, der dies Land mit dem Persien des Nordens verbindet.

Die Frauen, die hier dem Rosenpflücken entgegeneilen, sind von verschiedenem Rang; aber alle tragen sie den schwarzen Schleier, alle sind sie in Trauergewänder gehüllt. Nur ganz in der Nähe, wenn man die Hand, den Pantoffel, die mehr oder weniger feinen, die mehr oder weniger stramm sitzenden Strümpfe beobachtet, entdeckt man den Unterschied. Zuweilen reitet eine der vornehmen Damen, in grünseidenen Strümpfen, ganz mit Ringen übersät, auf einem weißen Maultier oder einer weißen Eselin, die ein Diener am Zügel führt. Das Tier trägt eine goldgefranste Decke. Die Kinder dieser unsichtbaren Schönen folgen ihr zu Fuß; die kleinen Knaben, sogar die allerkleinsten, sehen sehr wichtig aus mit ihren hohen Astrachanhüten und ihren gar zu langen Kleidern; die kleinen Mädchen sind fast alle entzückend, besonders die zwölfjährigen, sie verhüllen noch nicht ihr Gesicht, tragen aber schon einen schwarzen Schleier, unter dem sie sich sofort in drolliger Verwirrung verbergen, sobald man sie ansieht.

Das ganze schöne Geschlecht verschwindet durch die bogenförmigen Pforten hinter den Mauern der Gärten, wo sie alle den übrigen Teil des Tages verbringen werden.

Bald sind wir allein mit den einfachen Leuten in einer Ebene, deren graue Töne durch Rosa und zartes Grün belebt werden; über uns wölbt sich ein wunderbarer Himmel. Aber man sieht nichts mehr; wir kehren deshalb in die alte Stadt mit ihren Lehmwällen und ihren Glasurbekleidungen durch irgendeine Öffnung in der Mauer zurück. Sobald wir das überdachte Labyrinth erreicht haben, ist es dunkel und schwül. Das Labyrinth ist fast menschenleer. Die Traurigkeit eines Sonntags liegt über Chiraz, eine Traurigkeit, die hier noch weit empfindlicher ist, als in den westlichen Städten. Besonders dunkel ist der große Basar, wie er in dem Schatten seiner steinernen Gewölbe daliegt; in den langen Alleen begegnet man keiner lebenden Seele, alle Läden sind mit alten Holzjalousien verrammelt, mit dicken, uralten Riegeln verschlossen, hier herrscht das Schweigen, der Schrecken der Katakomben; der Druck, der über Chiraz liegt, wird an einem solchen Tage zur Angst, und wir empfinden die größte Lust, koste es, was es wolle, davonzulaufen und von neuem das Wanderleben unter freiem Himmel, in einem großen Raum, aufzunehmen...

Was soll man heute beginnen? Nach dem Mittagsschläfchen wollen wir bei dem guten Hadji-Abbas eine Kalyan rauchen und einen gefrorenen Sorbet trinken, er hat uns versprochen, uns einen dieser Tage zu den Gräbern des Dichters Saadi und des edlen Hafiz zu führen.

Und dann geht's zu den van L...s, ich empfinde fast etwas wie Freude, heute nachmittag Leute, die mir verwandt sind, um einen Fünf-Uhr-Teetisch versammelt, wiederzufinden. Sie erzählen mir diesmal, daß es noch weitere drei Europäer in Chiraz, dort unten in den Gärten der Vorstadt gibt: einen englischen Missionar mit seiner Frau, einen jungen englischen Arzt, der einsam lebe und den Armen hilft. — Und dann teilt Madame van L. mir ihren Traum mit, sich ein Klavier kommen zu lassen, man hat ihr ein zerlegbares Klavier versprochen, das stückweise auf Karawanenmaultiere geladen werden könnte!... Ein Klavier in Chiraz, welch ein Unsinn! Nein, ich kann mir das Klavier, und sei es auch zerlegbar, nicht zu nächtlicher Stunde die zerklüfteten Felstreppen Irans hinanreitend, vorstellen.

In der Wohnung, wo wir uns zur Stunde des Moghreb verbarrikadieren, stehen uns im Laufe des Abends zwei Ereignisse bevor. Die Ausrufer, oberhalb der

Stadt, haben kaum ihr Abendgebet gesungen, als auch schon der Diener ganz aufgeregt in mein Zimmer stürzt: „Die Dame, die die grünen Strümpfe trocknet, ist auf dem Dach!“ Und ich folge ihm eilend... In der Tat, die Dame steht da, aber ihr Rücken ist in ganz gewöhnlichen Kattun gehüllt und ihr Kopf mit einem Tuch bedeckt, dieser Anblick ist schon enttäuschend für uns... Sie wendet sich um und sieht uns spöttisch an, als wolle sie sagen: „Meine Nachbarn, geniert euch doch nicht!“ Sie ist in den Siebzigern und zahnlos; wahrscheinlich irgendeine alte Dienerin... Waren wir so naiv, zu glauben, daß eine Schöne auf das Dach steigen und sich der Gefahr, gesehen zu werden, aussetzen würde!

Zwei Stunden später; es ist ganz dunkel, und auf all den alten Mauern in der Umgegend stimmen die Käuze ihr Lied an. Die Kerzen brennen; durch die geöffneten Fenster sieht man hinaus in das durchsichtige Dunkel, ich nehme in Gesellschaft meines Dieners, an dessen Nähe ich mich in den Karawansereien gewöhnt habe, und der mein ständiger Begleiter geworden ist, eine einfache Abendmahlzeit ein. Ein kleiner Sperling dringt plötzlich mit unruhigem Flügelschlag zu uns herein und fällt auf einen Strauß Monatsrosen, — jenen Rosen, die in Chiraz so allgemein sind, und die jetzt unseren bescheidenen Tisch schmücken. An einer unsichtbaren Wunde muß er leiden, denn sein ganzer kleiner Körper zittert. Da wir ihm nicht helfen können, bleiben wir unbeweglich sitzen, um ihn wenigstens nicht zu erschrecken. Und einen Augenblick später stirbt er auf demselben Platz vor unseren Augen, es ist vorbei, sein Kopf fällt in die Rosen zurück. Irgendein giftiges Tier wird ihn gestochen haben, folgert mein braver Tischgenosse. Möglich, oder es mag auch eine Katze gewesen sein, die auf ihrem nächtlichen Streifzug diesen Mord begangen hat. Aber ich weiß nicht, warum dieser ganz schwache Todeskampf auf diesen Blumen so traurig zu beobachten war, und meine beiden Perser, die uns bedienten, sahen hierin eine üble Vorbedeutung.

Sonnabend, 28. April.

Der Vezir von Chiraz kehrt noch immer nicht zurück, und so verzögert sich meine Abreise beständig, denn ich muß ihn sprechen, damit er mir für die Reise eine Begleitung, damit er mir Soldaten stellt.

Indessen gelingt es mir, dank M. van L.s Beistand, mit einem Pferdevermieter zu verhandeln, um die Reise fortsetzen zu können. Ein langer, mühsamer Kontrakt, der schließlich nach Verlauf einer Stunde unterschrieben und versiegelt wird. Nächsten Dienstag soll der Aufbruch stattfinden, und in zwölf bis dreizehn Tagen, inch' Allah! werden wir Ispahan erreichen. Aber ich habe zuviele Leute, zuviel Gepäck für die Anzahl von Tieren, die man mir liefern soll, und die ich scheinbar unmöglich werde vergrößern können. So sehe ich mich also gezwungen, einen meiner persischen Diener zu verabschieden. Und ich schicke ungezählte, in Bouchir erstandene Sachen zum Verkauf nach dem Basar: Geschirr, Feldbetten usw. Man muß sich eben, so gut es geht, beim Essen und Schlafen behelfen; die Hauptsache ist, daß endlich einmal Schluß gemacht wird.

Für heute hatte ich ein Rendezvous mit dem liebenswürdigen Chirazianer verabredet, der so freundlich gewesen war, mir einen Spaziergang auf den Dächern nach den Moscheen vorzuschlagen. Nachdem wir eine endlose Zeit durch den schmalen Irrgang hindurchgekrochen waren, erreichten wir über die Treppen eines verfallenen Hauses den Teil der Stadt, wo hunderte aus Lehm erbaute Dächer in Verbindung miteinander stehen, wo sie eine große, traurige Promenade bilden, die von hellem Licht überflutet ist, und deren Erde riesengroße Maultiere aufgeworfen haben. Das Gras ist gelb, stellenweise verbrannt, und noch weit mehr mit Unrat, Abfall und Schmutz bedeckt, als es der Boden in den Straßen war. In diesem Augenblick brennt die Sonne auf uns herab, und deshalb unterscheidet man nur mit Mühe im Hintergrunde der seltsam kleinen Wüste zwei oder drei auf Raub ausgehende Katzen, zwei oder drei träumende, vielleicht sinnende Perser in langen Kleidern. Aber alle Kuppeln der Moscheen sehen wir hier: mit kostbarer blau und grüner Glasur sind sie überzogen und gleichen so Edelsteinen, die aus einem trockenen Lehmhaufen — der Stadt Chiraz — hervorleuchten. Stellenweise entdeckt man auch viereckige Vertiefungen, und daraus empor ragen die Orangenbäume und die Platanen, es sind die eingeschlossenen Höfe, die kleinen Gärten der reichen Häuser.

Dieser Platz muß, so verlassen wie er am Tage auch daliegt, in den stillen Dämmerstunden und spät abends sehr besucht sein, denn zahlreiche Fußstapfen zeichnen sich auf dem Boden ab, und geebnete Wege führen nach allen Richtungen hin. Die Einwohner Chiraz' lustwandeln über den Häusern, über den Straßen, über der Stadt, sie benutzen ihre Dächer als Ablagerungsort, und alles findet man hier — sogar ein totes, schon von den Raben zerhacktes Pferd. Unterhalb dieser Erdkruste, die dem Rückenpanzer einer Schildkröte gleicht, also unterhalb unserer Füße, entfaltet sich die ganze Tätigkeit von Chiraz; das Leben spielt sich hier unter der Erde ab, ein wenig stickig zwar, aber schattig und kühl, und sehr geschützt gegen die Regengüsse, während man hier oben, ganz wie in den westlichen Städten, allen Launen des Himmels ausgesetzt ist.

Die Monumente aus alter Fayence, dort unten suchte man sie vergebens — große, abgerundete und eiförmig gebauchte Kuppeln, viereckige Türme, oder kleine Obelisken in der Gestalt von Torso-Säulen und -Spindeln — springen hier, fern und nah, leicht und ins Auge fallend aus dieser künstlichen Wiese hervor. Eine Wiese, die übrigens schmutzig und schäbig anzuschauen ist, und aus deren Innern man das Gesumme eines menschlichen Bienenschwarms vernimmt; von dort unten aus den überdachten Straßen, aus den Tunnels, die sich in dem ungeheuer großen Maulwurfshügel kreuzen, dringt das Stampfen der Pferde, das Glockenspiel der Karawane, die feilbietenden Rufe der Kaufleute, das Stimmengewirr zu uns herauf. Die miteinander in Verbindung stehenden Dächer sind oft von ungleicher Höhe, und so gibt es hier Hügel und Täler, gefährliche Schlitterbahnen, auch Löcher, Spalten, oft stößt man in diesem verfallenen Viertel auf große Vertiefungen; aber die langen, geraden Alleen der Basare bilden bequeme Wege, wo eine jede Öffnung, durch die die Leute dort unter atmen, uns im Vorübergehen einen unerwarteten Lärm entgegenschickt.

Um uns einer großen, ganz blauen, der ältesten und ehrwürdigsten Moschee nähern zu können, müssen wir über den Kupferbasar schreiten, und dort hören wir ein

Spazierritt vornehmer Perserinnen

seltsames Geräusch, das aus dem Innern der Erde zu dringen scheint: den Lärm tausender von Hämmern.

Von Zeit zu Zeit sieht man in irgendeinen Hof hinab, aber es wäre unhöflich, lange stehenzubleiben; seine Lehmwände sind verfallen und mit alten, selten gefärbten Fayencen bekleidet, und wie überall, so stehen auch hier Orangenbäume, blühende Rosenbüsche. Die Sonne Persiens strahlt fast ein wenig zu sehr auf die mit Trümmern bedeckten Dächer herab, wo das Gras so verbrannt ist, wie bei uns im Herbst, und wirklich, man beneidet die Menge, die dort unten im Schatten kreist.

In der Nähe gesehen, ist die schöne, heilige Moschee, vor der wir jetzt stehen, nur noch eine Ruine; unter einem Traum von Emaillereichtum verfällt, verschwindet sie — und niemals wird sie ausgebessert werden. In das verschiedene Blau ihrer Fayencebekleidung mischt sich ein wenig Gelb, ein wenig Grün, gerade genug, um in der Ferne zu der Farbe des alten Türkiseblau zu verschmelzen. Einige Iriszweige, einige Rosenzweige springen auch hier und da aus dem Ganzen hervor; die Meister der Glasierkunst haben sie wie zufällig hingeworfen über die langen religiösen Inschriften, die in weißen Lettern auf kaiserblauem Grunde die Tore einrahmen und an den Friesen entlanglaufen. Aber wie kann man in diese Moschee eindringen? Von uns aus gesehen, verschwinden die ganz niedrigen Portale unter Erd- und Trümmerhaufen. Die hundertjährigen Häuser der Umgegend, die fast vollständig verfallen sind, begraben sie unter ihrem Schutt.

Auf meinem Nachhausewege komme ich an dem kleinen jüdischen Basar meines Viertels vorüber, alle Läden sind geschlossen, die Kaufleute sitzen vor der

Tür und halten irgendein mosaisches Buch in der Hand: Heute ist Sabbath; ich hatte es vergessen. Hier erkennt man alle Leute Israels an der üblichen Tonsur, die sich hinten vom Nacken bis zum Wirbel des Kopfes hin erstreckt.

Sonntag, 29. April.

Der frühe Morgen schon sieht mich mit Hadji-Abbas auf dem Lande, wir wollen noch vor der großen Mittagshitze das Grab des Dichters Saadi und das Grab des Dichters Hafiz besuchen.

Zuerst folgen wir der Landstraße nach Ispahan, auf der ich zweifellos in zwei oder drei Tagen dahinwandern werde, um nie wieder zurückzukehren; sie ist groß und breit und läuft zwischen Moscheen, zwischen friedlichen, von Zypressen beschatteten Kirchhöfen, zwischen Orangengärten dahin, deren lange Lehmmauern mit ungezählten Spitzbogen verziert sind; viele Bäche und Gräben durchschneiden sie, aber diese wirken nicht störend, denn hier fahren keine Fuhrwerke. Die Vögel verkünden den Frühling, und wie immer ist die Landschaft unter diesem merkwürdig klaren Himmel wunderbar schön. Am Fuße der großen Berge, die von allen Seiten die Aussicht versperren, sieht man auf den nächstgelegenen Hügeln ein leichtes, grünes Gewebe sich ausbreiten; es sind die Weinberge, denen wir den berühmten Wein von Chiraz verdanken, — und man sagt auch, daß die Iraner im Verborgenen gegen das Gesetz des Korans diesem Wein zusprechen. Die Landstraße des Nordens ist weit mehr besucht als der Weg nach Bouchir, den wir benutzten: so sehen wir auch hier in den Feldern Hunderte von angepflöckten Kamelen, die, umgeben von ungezählten Warenballen, stehen oder knien. Sie ersetzen in dem Lande des glücklichen Stillstandes die Eisenwerke und Kohlenhaufen unserer großen Vorstädte.

Schließlich steigen wir auf Querpfaden zu dem Friedhof an, wo seit bald sechshundert Jahren der anmutige Dichter Persiens ruht. Das Geschick dieses Hafiz ist bekannt, bescheiden begann er im vierzehnten Jahrhundert in irgendeiner Lehmruine Chiraz' Brot zu kneten, aber er sang mit den Vögeln um die Wette, bald wurde er berühmt, wurde der Freund der Vezire und Prinzen, entzückte sogar den wilden Tamerlan. Die Zeit hat keine Asche auf ihn gestreut; noch heutigen Tages sind seine Sonette ebenso bekannt wie die des Saadi, entzücken in gleichem Maße die Gelehrten Irans, wie die unbekannten Tcharvadare, die sich an ihnen erfreuen, wenn sie ihre Karawanen führen.

Der Dichter schläft unter einem Achatgewölbe, umgeben von dem herrlichsten Gehege, wo blühende Orangenalleen, Rosenbeete und kühle Springbrunnen stehen. Und dieser Garten wuchs im Laufe der Jahrhunderte zu einem vollendet schönen Friedhof an; denn allen vornehmen Bewunderern des Dichters wurde einem nach dem andern auf ihre Bitten gestattet, neben ihm zu schlafen. Überall ragen jetzt ihre weißen Gräber zwischen den Blumen hervor. Die Nachtigallen wohnen hier zu Tausenden, allabendlich werden sie ihre kleinen kristallhellen Stimmen zu Ehren der glücklichen Toten erheben, die, aus verschiedenen Zeitaltern stammend, in gemeinsamer Bewunderung des harmonischen Hafiz in seiner Nähe schlafen.

In diesem Garten liegen auch kleine von Kuppeln überdachte Lusthäuser, in denen man beten oder träumen kann. Die Wände sind ganz mit Glasur bekleidet, sie schimmern in den verschiedensten blauen Tönen, vom dunklen Indigo bis zum blassen Türkis, sie sind alle mit denselben Zeichnungen geschmückt, wie man sie von den alten Stickereien kennt. Kostbare Teppiche liegen auf der Erde, und die Decke, die in tausend Fazetten, tausend kleine geometrische Flächen zerlegt ist, gleicht dem Werk vieler fleißiger Bienen. Zahllose Vasen stehen hier, immer sind sie mit großen Sträußen gefüllt, und heute morgen sind fromme Menschen damit beschäftigt, diese zu erneuern: Rosen, Löwenzahn, Lilien, alles Blumen, wie sie in unseren Ländern auch schon unsere Väter kannten, aber die Rosen herrschen vor, riesenhaft große Rosensträuße.

Und schließlich gelangen wir an dem Punkt an, wo man die schönste Aussicht auf Chiraz hat, „die Königin von Iran" ist ein großer nach allen Seiten hin geöffneter Saal, er wurde in alten Zeiten erbaut, um den beschaulichen Besuchern als Schutz gegen die Sonne zu dienen, eigentlich besteht er nur aus einem flachen, sehr bunt gestrichenen Dach, das von vier persichen Säulen getragen, in einer beträchtlichen Höhe liegt, diese Säulen sind ungewöhnlich schlank, ungewöhnlich hoch, und ihr Kapitäl gleicht auch der fleißigen Arbeit der Bienen oder der Wespen. Auf den Gebetsteppichen sitzen zwei oder drei Greise. Wie sie dort am Fuße der seltsamen Säulen lehnen, ähneln sie Vignetten aus alten Zeiten; ihre Astrachanhüte sind so hoch wie Bischofsmützen, sie rauchen ihre Kalyan, und der ziselierte Wasserbehälter steht auf einem metallenen Dreifuß. Vor ihnen liegt glänzend in der Morgensonne das nimmer wechselnde Land, das Land, das Hafiz besungen hat. Zwischen den dunklen Stämmen der nahen Zypressen, hinter den Feldern von weißem Mohn, den Feldern von lila Mohn, deren Tinten sich zu einer weichen Marmorierung verschmelzen, weit hinten in der klaren Ferne grüßt uns die Stadt des trockenen Staubes; wir sehen ihre zarten grau und rosa Töne, sehen die Fayence-Moscheen in der Sonne leuchten, sehen die turbanähnlich aufgebauchten Kuppeln mit ihrem unvergleichbaren, vielfarbigen Blau. Alles dies ist wunderbar orientalisch, die Gärten, die glasierten Lusthäuser, die Säulen des Vordergrundes, die Greise, deren Silhouetten den Magiern gleichen, und dort in der Ferne hinter den schwarzen Zypressen, diese Stadt, von deren Art es auch keine zweite mehr gibt. Man befindet sich gleichsam in dem Rahmen eines alten persischen Miniaturbildes, das bis ins Unermeßliche gestiegen und fast zur Wahrheit geworden ist. — Die Orangenbäume, die Rosen strahlen einen süßen Duft aus, der Stunde haftet etwas Abgeschlossenes, etwas Unbewegliches an, die Zeit scheint nicht mehr zu fliehen ... Ach, welch ein Gefühl an einem solchen Morgen hierhergekommen zu sein, dies alles gesehen zu haben! ... Man vergißt die vielen Leiden, die man während der Reise zu erdulden hatte, vergißt die nächtlichen Aufstiege, vergißt den Staub und das Ungeziefer, man fühlt sich für alle Strapazen reichlich belohnt. Über diesem Chiraz liegt wirklich ein Zauber, etwas Geheimnisvolles, das wir nicht in Worte zu kleiden vermögen, das zwischen unserem westlichen Phrasenreichtum hindurchschlüpft. Ich verstehe in diesem Augenblick die Begeisterung der persischen Dichter, die Überschwenglichkeit ihrer Bilder, die allein die geschauten Wunder auszudrücken vermochten, weil sie genügend Verschwommenheit, genügend Farbe besaßen.

Weiterhin liegt das Grab des Saadi, der nach unserer Zeitrechnung ungefähr 1194 zu Chiraz geboren wurde, also zwei Jahrhunderte vor Hafiz. Er kämpfte in Palästina gegen die Kreuzfahrer. Weit einfacher, mit größerer Natürlichkeit, mit weniger Übertreibung als sein Nachfolger, wird bei uns im Westen mehr gelesen als jener. Ich erinnere mich noch meines Entzückens, als ich in frühester Jugend irgendeine übersetzte Stelle aus seinem „Land der Rosen" las. Hier sagen sogar die kleinen Kinder noch seine Gedichte auf. — Alle Dichter können dies Land beneiden, dies Persien, wo weder Formen, noch Gedanken, noch die Sprache sich ändert, wo nichts in Vergessenheit gerät! Wer entsinnt sich bei uns, mit Ausnahme der Gelehrten, noch unserer Minnesänger, der Zeitgenossen des Saadi; wer entsinnt sich nur noch des einen, des wunderbaren Ronsard?

Trotzdem hat der Scheik Saadi nur ein einfaches Grab; er liegt nicht wie Hafiz unter einem Achatgewölbe, sondern nur unter einem weißen Stein in einem bescheidenen Leichenhäuschen, und obgleich diese Stätte erst vor einem Jahrhundert ausgebessert wurde, erzählt sie doch schon jetzt von Verfall und Verlassenheit. Aber in dem das Grab einschließenden Hain wachsen so viele Rosen, stehen so viele Rosensträucher! Und neben den echten Rosen, die man dem Dichter pflanzte, sprießen auch wilde Rosen aus der Erde hervor, sie bilden eine lange Hecke und führen in der Richtung des einsamen Weges ganz bis zu ihm. Und die Bäume seines kleinen Waldes sind voll von Nestern der Nachtigallen.

Aus dem reinen Licht und dem großen Frieden des Landes in die Stadt zurückgekehrt, legt sich die Dunkelheit und der unterirdische Lärm schwer auf uns, der Geruch von Schimmel, Unrat, von toten Mäusen folgt gar zu unmittelbar auf den Duft der Gärten, und da die Augen noch durch die Sonne verwöhnt sind, fällt es im ersten Augenblick schwer, den Pferden und Maultieren auszuweichen.

Wir erreichen den Basar der Sattler, der der prächtigste der ganzen Stadt ist, und der einem unendlich langen Kirchenschiff gleicht. — Er wurde um die Mitte des 18. Jahrhunderts zur letzten Glanzzeit Chiraz' von dem Regenten Persiens, Kerim-Khan erbaut. Damals war Chiraz sogar Hauptstadt, und ihr Herrscher brachte ehemaligen Pomp und Wohlfahrt in das Innere der alten Mauern. — Der Basar bildet eine lange Allee, die aus schiefergrauen Steinen besteht, sie ist sehr hoch gewölbt und zeigt eine endlos lange Reihe kleiner Kuppeln; ein wenig Licht dringt durch die durchlöcherten Spitzbogen, zuweilen fällt auch ein Sonnenstrahl, gleich einem goldenen Pfeil, auf einen seidenen, seltenen Teppich, auf einen kostbar gestickten Sattel, oder auf eine Gruppe von Frauen — immer dieselben schwarzen Schatten mit der kleinen weißen Maske —, die mit leiser Stimme Rosensträuße feilbieten.

Nachmittags wird mir als besondere Gunst gestattet, in den Hof der Moschee Kerim-Khans einzudringen. Von Tag zu Tag sehe ich das Mißtrauen um mich her fallen, und so liebenswürdig und gutmütig erscheinen mir die Leute, daß, bliebe ich noch länger hier, mir sicher erlaubt würde, auch die allerverbotensten Plätze aufzusuchen.

Von einem Ende Chiraz' bis zum anderen ist die Auffassung der Portale aller Moscheen und Schulen immer dieselbe, stets ein gewaltiger Spitzbogen, den eine Mauerquader in seiner ganzen Höhe durchbricht, kein Gesims, kein Fries stört die einfachen strengen Linien, aber die gleichmäßige Oberfläche ist von oben bis unten mit einer wunderbaren bunten Glasur gekleidet, ist gemustert wie ein kostbarer Brokatstoff.

Das große Portal des Kerim-Khan zeigt denselben Stil. Es scheint über ein hohes Alter zu klagen, und doch zählt es noch kaum zwei Jahrhunderte, seine Glasurbekleidung, deren Glanz sich fast ganz erhalten hat, fällt stellenweise ab, und macht den wilden Blümchen und dem grünen Gras Platz. Einige Chirazianer wollen es verantworten, mich vor die ehrwürdige Schwelle zu führen, aber sie zittern ein wenig, als ich sie überschreite. Ihr Zögern und das Schweigen der Moschee zu der verlassenen Stunde, die sie gewählt haben, lassen diesen glänzenden, ruhigen Ort, diesen heiligen Hof noch reizvoller erscheinen...

Die architektonischen Linien sind von seltener Erhabenheit und absoluter Ruhe, aber überall herrscht eine wahnsinnige Verschwendung in blauer und roter Glasur, kein Teilchen der Mauer, das nicht glasiert wäre; man befindet sich in einem melancholischen aus Lapislazuli und Türkisen erbauten Palast, nur zuweilen belebt eine Füllung von blühenden Rosen die traurige Umgebung. Der ungeheure Hof liegt fast ganz verlassen da, an seine geraden, glatten Wände lehnen sich vollendet schön geformte Spitzbogen, — sie bilden

Gewölbe, Kreuzgänge, in deren Schatten die reiche Glasur leuchtet und strahlt; und dort im Hintergrunde, uns Eintretenden gerade gegenüber, erhebt sich ein großartiger Quaderbau, der alles andere überragt und in dessen Mitte ein einzelner, gewaltiger Spitzbogen eingehauen ist: die Tür des Heiligtums, in das man mich nicht hineinzuführen wagt.

Zwei oder drei Greise, die sich in einer der Nischen zum Gebet niedergeworfen hatten, erheben den Kopf und sehen den Eindringling prüfend an, aber da sie mich in guter muselmännischer Begleitung finden, kehren sie alsbald, ohne ein Wort zu sagen, zu ihrem Gebet zurück. Bettler sitzen in der Sonne, sie nähern sich uns bei unserem Eintritt, um sich unter Segenswünschen wieder zurückzuziehen, nachdem ich ihnen, wie man mir geheißen hat, große Almosen in die Hand drückte. Alles geht gut, und wir können uns auf den alten gerissenen, zerspaltenen Fliesen, zwischen denen das Gras wächst, weiter vorwagen, können bis zu dem Abwaschungsbecken mitten im Hofe vordringen. Die tausend verschiedenen komplizierten und trotzdem so harmonischen, beruhigenden Muster, die die Perser schon seit Jahrhunderten für ihren Sammet, ihre Seide und Wolle entwerfen, sind auch hier unter der unverwüstlichen Glasur der Fayencen überall zu sehen; sie decken die Mauern von oben bis unten. Von einer wunderbaren Farbenstimmung, von einer naiven Anmut ist aber jede einzelne der großen Blumenfüllungen, die stellenweise die Eintönigkeit der Arabesken verdrängen. Man könnte fast sagen, daß alle Mauern der großen Umzäumung mit den verschiedenartigsten persischen Teppichen behangen sind. Und die Erdbeben, von denen die alte Moschee heimgesucht wurde, haben tiefe Spalten hinterlassen, die den Rissen in den kostbaren Geweben ähnlich sehen.

Nachdem die betenden Greise wieder in das Land ihrer Träume untergetaucht sind, nachdem die Bettler von neuem auf den Fliesen kauern, kehrt das Schweigen, der erhabene Friede in den Palast des Lapislazuli und der Türkisen zurück. Die rötlichen Strahlen der Abendsonne fallen schon schräge auf den großen Reichtum der bläulich wiederscheinenden Glasur herab, unwillkürlich stelle ich mir vor, daß eine sehr alte Sonne, deren ungezählte Jahre sich ihrem Ende zuneigen, eine ähnliche Farbenwirkung hervorzurufen vermag, und in vollen Zügen genieße ich den Reiz, zu einer so stimmungsvollen Stunde mich an einem weltfernen, geheimnisvollen, verbotenen Ort befinden zu dürfen...

Ich glaube nicht, daß viele Europäer vor mir in Chiraz den Hof einer Moschee betreten haben.

Unsere Abreise war auf morgen festgesetzt, aber es scheint, daß niemand Wort hält; der Tcharvadar hat nach einer genaueren Prüfung meines Gepäcks erklärt, daß es zu viele Stücke seien und zieht sich deshalb zurück. So muß ich wieder von vorne anfangen.

Ich werde allmählich ganz heimisch in dieser Stadt; ich gehe allein aus und finde mich sehr gut in dem Labyrinth der dunklen Gäßchen zurecht. Dort unten auf dem Platz, zwischen der rosaroten Moschee und den baufälligen Wällen empfängt man mich in dem kleinen Café, wohin ich allabendlich pilgere, schon ganz vertraulich; man bringt mir „meine“ Kalyan, und parfümiert das klare Wasser des Behälters mit Orangenblüten und einigen roten Rosen. Aber sobald der Aprilabend hereinbricht, kehre ich in meine Wohnung zurück, denn immer macht sich in diesem hochgelegenen Lande eine empfindliche Kälte fühlbar, und immer ist die Dämmerung trotz der jauchzenden Schreie der Segler, die sich mit dem Gesang der Gebetsrufer in den Lüften verschmelzen, unendlich traurig.

Heute abend, während ich einsam heimwärts wandere, entdecke ich an dem perlmutterfarbenen Himmel zwischen zwei hohen Giebeln eine schmale, zunehmende Mondsichel; Neumand, der erste Mond der persischen Fastenzeit. Unterwegs begegne ich einer ungewöhnlichen Menge schwarzer, undurchdringlicher verhüllter Schatten, die in der Dunkelheit an mir vorüberschweben; man muß in den streng mohammedanischen Städten gewohnt haben, um verstehen zu können, wie sehr das Leben dadurch getrübt wird, nie, niemals das Gesicht, niemals das Lächeln einer jungen Frau oder eines Mädchens zu sehen... In dem kleinen, meiner Wohnung gegenüberliegenden israelitischen Basar sind die dreiarmigen Lampen schon angezündet. Sie brennen in den Buden der Kaufleute. Die Jüdinnen haben nicht das Recht, die kleine weiße Maske der Mohammedaner zu tragen, aber da sie trotzdem ihr Gesicht nicht zeigen dürfen, schließen sie bei meinem Anblick ihren schwarzen Schleier noch fester; und so sind auch mir alle ganz unbekannt. Endlich finde ich meine Tür, sie ist ebenso versteckt, ebenso baufällig, ebenso eisenbeschlagen wie alle anderen der Umgegend, aber der Klang ihres Klopfers, der in der Dunkelheit und dem Schweigen widerhallt, ist mir schon ein vertrautes Geräusch.

Dienstag, 1. Mai.

Bereits vor Hereinbruch der Morgendämmerung saßen wir zu Pferde, und die aufgehende Sonne findet uns in den Ruinen eines uralten, aus grauen Vorzeiten stammenden Palastes wieder. Auf den Basreliefs sind die Stellungen, die Bewegungen, die Kämpfe und die Todesangst der Menschen und Tiere, wie sie vor Tausenden von Jahren lebten, verewigt. Die Ruinen liegen am Fuße der Berge, die im Norden die Ebene von Chiraz einschließen; auf einem dürren, staubigen, von der Sonne verbrannten Plateau sind sie immer mehr dem Verfall anheimgegeben; man sieht, daß hier große Säulenreihen, mächtige Mauern gestanden haben, aber alles ist so verwischt, daß sich kein übersichtlicher Plan aus dem Ganzen herauslöst; was früher das Werk menschlicher Hände war, geht jetzt in die einfache Felswand über; unter dem Staub und Trümmerhaufen sieht man noch zuweilen die Darstellung einer Jagd oder einer Schlacht, sie ist in ein Mauerstück gehauen; die Ornamentik der Friese, weit gröber zwar, erinnert an die Denkmäler Thebens: man könnte glauben, es seien ägyptische, sehr naive Zeichnungen, die von Barbaren wiedergegeben wurden. Der Palast, der heute keinen Namen mehr trägt, beherrscht ein kühles Tal, wo das Gebirgswasser zwischen Schilf und Weiden dahinfließt, und am anderen Ufer des kleinen Flusses, den Ruinen, auf denen wir stehen, gegenüber, erhebt sich ein senkrechter Berg, der mit den gleichen Figuren der Felswand geschmückt ist. Menschen mit Bischofmützen, sie strecken die verstümmelten Arme in die Luft, sie rufen und machen unverständliche Zeichen. Welcher Monarch mag hier gewohnt haben? Welcher Monarch ist verschwunden, ohne eine Spur in der Geschichte zu hinterlassen? Ich glaubte, daß diese Ruinen, die mir fast ganz unbekannt waren, und auf die ich durch Hadji-Abbas aufmerksam gemacht wurde, von Achämenides herstammten; aber würde dieser Herrscher der Erde sich mit einer so plumpen, so einfachen Wohnung zufriedengegeben haben? Nein, dies alles muß auf die graue Vorzeit zurückzuführen sein. Nirgends sieht man eine Inschrift, und nur den angestrengtesten Nachforschungen würde es gelingen, diesen Steinen ihr Geheimnis zu entlocken. Aber solche Trümmer genügen, um zu beweisen, daß die Hochländer Chiraz' von Anbeginn an der Mittelpunkt menschlicher Tätigkeit waren. Nach Aussage meiner chirazianischen Freunde gibt es auch in den Höfen gewisser Moscheen geheimnisvolle, vorgeschichtliche Grundmauern, altehrwürdige, gehauene Porphyre, deren Alter niemand zu sagen weiß, und nach all diesem könnte man annehmen, daß die Gründung der Stadt noch viel früher stattgefunden haben muß, als um das Jahr 695 nach unserer Zeitrechnung — das die mohammedanische Chronologie als Gründungsjahr festgesetzt hat.

Kurz nur war der Besuch, den wir diesen Palästen abstatten durften, dann kehrten wir mit verhängtem Zügel zurück, um noch mit dem Pferdehändler verhandeln, um noch wenigstens den Versuch machen zu können, die nötigsten Reisevorbereitungen zu treffen.

In dem Augenblick, wo die Ausrufer ihr Mittagsgebet gen Himmel senden, langen wir wieder zu Hause an. Der Mittag ist heißer als gewöhnlich; wir haben heute den ersten Mai und man fühlt den Sommer nahen. „Allah oder Akbar!“ Von meinem Fenster aus sehe ich den Sänger der nächsten Moschee, sein Anblick ist mir schon bekannt; ein Mann in einem grünen Gewande mit einem grauen Bart, ein wenig alt zwar für einen Gebetsausrufer, aber seine gellende Stimme entzückt noch immer. Hoch steht er dort oben auf der grasbewachsenen Terrasse, doch nicht vom Himmel, sondern von der alles einschließenden, aschgrauen Gebirgskette hebt er sich ab. Unbekümmert läßt ihn die brennende Sonne, das Gesicht gegen den blauen Zenit gewandt, stößt er seinen langen, melancholischen Schrei in das Schweigen, in das Licht hinaus, und seine Töne verschlingen für mich all die anderen, die zur selben Stunde von den verschiedensten Punkten Chiraz' aus gen Himmel steigen. Nachdem er geendet hat, höre ich in der Ferne eine andere, eine ganz frische, ganz junge Stimme erklingen, für Augenblicke zittert sie in der Luft, dann schweigt auch sie, und der mittägliche Todesschlaf senkt sich über die Stadt hernieder. Von dem wunderbaren Himmel heben sich zartweiße Wölkchen ab, gleich Vögeln schweben sie dahin, gepeitscht von einem glühenden Wind. ...

Nach einer anderthalbstündigen Unterhaltung, die sich hauptsächlich um zwei weitere Pferde dreht, ist mein Reisekontrakt endlich niedergeschrieben, auf unverständlichem Persisch auf eine Seite gezwängt, unterzeichnet und gesiegelt. Morgen soll der Aufbruch stattfinden, und obgleich ich eigentlich gar nicht mehr daran glaube, mache ich mich doch schnell auf den Weg nach dem Teppichbasar, um für die Reise einige chirazianische Quersäcke zu kaufen, die mit ihrem Gewebe von bunter Wolle, für jeden Reisenden, der etwas auf sich hält, unentbehrlich sind. In die lange, halbdunkle Straße sickern die Sonnenstrahlen durch Löcher in dem Gewölbe herab, und lassen die kolibribunten Gebetteppiche hier und da in grellem Licht aufleuchten. Hier treffe ich auch Hadji-Abbas mit zwei oder drei Honoratioren; wir bleiben stehen, tauschen Höflichkeitsreden aus, und da es der letzte Tag ist, rauchen wir zusammen eine Abschieds-Kalyan und trinken eine kleine, ganz kleine Tasse Tee. — Als Stätte für dieses Rauchfest haben wir in der Nähe der Silberschmiede einen jener sehr kleinen Plätze gewählt, die in gewissen Abständen unter freiem Himmel, mitten in der drückenden, schattenreichen Stadt gelegen sind, und die für jeden eine Überraschung in Bereitschaft halten: eine Flut von Licht und einen plätschernden Springbrunnen, umgeben von blühenden Orangenbäumen und Rosensträuchern.

Der Vezir von Chiraz, der endlich in seine gute Stadt zurückgekehrt ist, hat mir heute morgen sagen lassen, daß er mich noch heute, zwei Stunden vor Sonnenuntergang, was bei uns ungefähr fünf Uhr nachmittags bedeutet, zu sehen wünsche. Er wohnt sehr weit von mir entfernt, in dem Stadtteil der Würdenträger. Mitten in einer langen, grauen Mauer liegt ein Spitzbogen, dieser wird bewacht von vielen Soldaten und Dienern, die alle auf teppichbelegten Bänken sitzen, er dient als erstes Eingangstor zu dem Palast. Zuerst schreite ich durch die Orangenallee eines Gartens, und erreiche schließlich das ganz mit Fayencen bekleidete Wohnhaus, das abwechselnd große, buntfarbige Porträts und kleinere rosenbemalte Flächen zeigt. Wächter, verschiedene Diener mit großen Astrachanmützen stehen Posten vor der Tür des schönen glasierten Hauses, und auf den Fliesen des Vorraumes liegen ungezählte türkische Babuschen. Die Fliesen sind wie immer so auch hier mit Rosen, über und über mit Rosen bemalt. In dem Salon ist die Decke zu einem Tropfsteingewölbe geformt, man sieht viele rote Brokatdiwane, und die Erde ist mit ganz feinen, sammetähnlichen Teppichen bedeckt. Nachdem ich neben dem liebenswürdigen Vezir Platz genommen habe, bringt man, wie für Alladin, für jeden von uns eine aus Gold ziselierte Kalyan und in einem goldenen Glase, auf einem chirazianischen Mosaiktischchen einen geeisten Sorbet. Viele Menschen kommen herbei, schweigend grüßen sie uns, setzen sich auf ihre Fersen und bilden einen Kreis. Die orientalische Etikette verlangt, daß der Besuch ein wenig lang sei, und darüber braucht man sich nicht zu beklagen, wenn der Wirt, wie hier, zugleich intelligent und vornehm ist. Man spricht von Indien, wo ich eben gewesen bin, der Vezir fragt mich nach der dort herrschenden Hungersnot, nach der Pest, deren Nachbarschaft ihn beunruhigt. — „Ist es wahr, daß die Engländer aus Bosheit Pestkranke nach Arabien geschickt haben, um dort die Ansteckung zu verbreiten?“ Ich weiß nicht, wie ich hierauf antworten soll. Als ich durch Maskat kam, lautete das allgemeine Gerücht also, aber die Anschuldigung ist übertrieben. Dann beklagt er den immer mehr schwindenden französischen Einfluß in dem Persischen Golf, wo unsere Flagge fast nie mehr zu sehen ist. Und nichts macht mich in peinlicherer Weise darauf aufmerksam, wie sehr wir in den Augen der Fremden gesunken sind, als die mitleidige Stimme, mit der er mich fragt: „Haben Sie noch einen Konsul in Maskat?“

Was meine Reiseangelegenheiten nach Ispahan betrifft, so stellt der Vezir mir bereitwilligst eine berittene Begleitmannschaft zur Verfügung; aber ob sie morgen schon werden aufbrechen können, das kann Allah allein sagen! ...

Abends beantworten lange Schreie den Gesang der Gebetsausrufer, der laute Lärm vieler menschlicher Stimmen steigt von unten aus dem Schatten der Moscheen gen Himmel. Die Fastenzeit hat begonnen, und die religiöse Begeisterung wird sich bis zu dem Tage des allgemeinen Schlußrausches steigern, wo man sich die Brust zerfleischt und den Schädel verwundet. Seitdem der verbotene, verfolgte Babismus in Persien eingedrungen ist, befindet sich der Fanatismus derjenigen, die noch schiitische Muselmänner geblieben sind und besonders aller derjenigen, die es noch zu sein vorgeben, in stetem Wachsen.

Da es aber vielleicht mein letzter Tag in Chiraz ist, gehe ich abend gegen den Rat meiner vorsichtigen Diener, noch einmal allein aus. Die Eingeschlossenheit und die Traurigkeit meines Hauses fallen mir auf die Nerven, und ich verspüre große Lust, das kleine Cafe außerhalb der Mauern mit seinen rosenroten Fayenzen aufzusuchen und mir meine Kalyan geben geben zu lassen.

Der Anblick dieses Platzes, den ich niemals bei Laternenbeleuchtung gesehen habe, bringt mich sofort außer Fassung. Er ist überfüllt von Menschen, Leute aus dem Volk oder vom Lande, die dicht gedrängt nebeneinander sitzen. Kaum finde ich einen Platz in der Nähe der Tür auf einer Bank, neben einem Stammgast, der mich gewöhnlich mit ausgesuchtester Höflichkeit empfängt, aber der jetzt kaum auf meinen Gruß antwortet. Mitten in der Versammlung steht ein Greis mit leuchtendem Blick, er spricht beredt mit übertriebenen, oft aber schönen Bewegungen. Niemand raucht, niemand trinkt, man lauscht seinen Worten und unterstreicht einzelne besonders rührende, besonders schreckliche Stellen durch leises Wimmern. Von der nahegelegenen Moschee dringt zuweilen das Geschrei tausender menschlicher Stimmen zu uns herüber. Augenscheinlich erzählt der Greis von den Schmerzen, dem Sterben des Hussin *, dessen Namen er immer wiederholt: es ist, als wenn bei uns der Prediger von der Leidensgeschichte Christi erzählt.

Plötzlich ruft mein Nachbar, mein früherer Freund. der mich kaum eines Blickes würdigt, mir leise auf türkisch zu: „Geht."

„Geht!" Es wäre lächerlich, ja unvorsichtig, länger zu bleiben; diese Leute brauchen ja keinen Ungläubigen bei ihrer frommen Abendandacht zu dulden.

So gehe ich. Von neuem umschließt mich das Schweigen und die Dunkelheit, ich stehe inmitten der baufälligen Wände, inmitten des Labyrinths überdachter Gäßchen. Wie der kleine Däumling im Walde muß ich auf jedes Zeichen achten, das ich mir gemerkt habe, um die gähnenden Löcher unter meinen Füßen zu vermeiden, das ich mir gemerkt habe, um in die richtigen Gänge einbiegen zu können; ich schreite langsam vorwärts, strecke wie ein Blinder die Arme vor mich hin, und begegne auf meinem Wege keinem ande-

* Hussin ist ein in Persien verehrter Märtyrer, Sohn des Ali und Enkel des Propheten Mahomet.

ren lebenden Wesen, als den vor mir fliehenden Katzen, die zu dieser Stunde auf nächtlichen Raub ausgehen.

Und niemals habe ich in einem Land des Islam ein solches Gefühl von Einsamkeit und Verlassenheit gehabt.

Mittwoch, 2. Mai.

Wahrscheinlich kann heute der Aufbruch stattfinden, denn seit heute morgen werden die Vorbereitungen allen Ernstes betrieben. In der Mittagsstunde stellen sich mir zwei Reiter vor, der Gouverneur schickt sie mir, ihre Pferde haben sie an den Klopfer meiner Tür gebunden, und man hört sie in der Straße stampfen und wiehern. Um ein Uhr wird unser Gepäck von Juden auf dem Rücken durch den kleinen Basar unseres Viertels getragen und auf die Lasttiere geladen.

Es herrscht kein Zweifel mehr: Man legt den Pferden das Geschirr an. Viele Menschen sind außerhalb der Wälle Chiraz' vor den Steinmauern und Erdhaufen herbeigeeilt, um unserer Abreise beizuwohnen, und Bettler scharen sich um uns, sie bieten uns kleine Rosensträuche an und wünschen uns glückliche Reise.

Um zwei Uhr verlassen wir die Stadt auf dem Wege, der sich die „Landstraße von Ispahan" nennt, und der in der Tat während der ersten halben Meile eine ziemlich breite Landstraße ist, dann aber, nachdem wir den Vorstädten, Moscheen, Gärten, den Friedhöfen den Rücken gekehrt haben, sehen wir nur das gewöhnliche Netz schmaler Stege sich vor uns ausbreiten, Stege, wie sie die Karawanen zu treten pflegen.

Wir reiten auf eine Öffnung, einen Ausgang in der die Hochebene Chiraz einschließenden Gebirgskette zu, und kaum liegen die nördlichen Mauern eine Meile hinter uns, so befinden wir uns auch schon in den öden Steppen, außerhalb der grünen Zonen, außerhalb der Oase und der Stadt des Schlafes.

Vor einem Jahrhundert hat der Vezir von Chiraz ein monumentales Tor errichtet, das den Eingang zu dem Hohlweg bildet: einen Triumphbogen, der sich auf die Einsamkeit, auf das Chaos von Steinen, auf die Schrecken der Berge öffnet.

Ehe wir uns hier hineinbegeben, machen wir halt, um rückwärts zu blicken, um dieser Stadt, die für immer verschwindet, Lebewohl zu sagen... Und von welcher Schönheit, von welchem Reiz, zeigt sie sich uns zum letztenmal... Niemals vor heute abend haben wir sie in einem solchen Überblick, in einer so günstigen Beleuchtung, haben wir sie in diesem alles verzaubernden Licht gesehen. Man könnte sagen, sie sei gewachsen, habe eine andere Gestalt angenommen! Alle diese vielen Lehmhäuser, Lehmwälle, alle die Gegenstände mit ihren weichen, fast formlosen Umrissen, verschmelzen, wachsen, vereinen sich zu einem unbestimmten Ganzen. Und überall nur sieht man den einen grauen, zart rosa überhauchten Ton, die eine Färbung des Morgennebels: Gleich Juwelen strahlen die Kuppeln der unnahbaren Moscheen in der Sonne wieder, deutlich heben sie sich von dem übrigen ab; ihre blauen Fayencen, ihre grünen Fayencen — deren Glanz man heute nicht mehr nachahmen kann —, leuchten zu dieser Stunde in voller Pracht, mit ihren bauchigen Konturen, ihren runden Silhouetten, gleichen sie Rieseneiern aus lebhaftem, aus blassem Türkis, die man, ich weiß nicht, auf ein Nichts, auf dem schieferfarbenen, taubengrauen Umriß einer großen Stadt aufgebaut hat.

Bei einer plötzlichen Senkung des Weges verschwindet dies alles auf Nimmerwiedersehen, und wir befinden uns von neuem einsam in der großen Welt der Steine. Acht Leute, acht Pferde, das ist mein ganzes Gefolge, und wenig erscheint es in dieser Gegend der Wüsten und der Unendlichkeiten... Steine, Steine, bis in die Ewigkeit Steine. Über die einsamen Flächen huschen die Schatten einiger kleiner wandernder Wölkchen dahin. Die Gipfel der Umgegend, wo noch kein Gras hat wachsen können, zeigen die Formen, die ihnen irgendein großer geologischer Sturm verlieh; zur Zeit der mineralischen Umwälzungen hat ein Wirbelwind ihre verschiedenen Schichten durcheinander geworfen, in die Höhe getragen, und jetzt heben sie sich überall mit denselben krampfhaften Bewegungen ab, wie sie sie damals annahmen, und wie sie sie bis ans Ende der Welt behalten werden.

Unser Ritt ist langsam und beschwerlich, jeden Augenblick müssen wir absitzen, um die Pferde am Zügel zu führen, denn die Abhänge sind zu steil, die Löcher zu gefährlich.

Abends sehen wir einen schmalen grünen Streifen hervortauchen, es sind die Wiesen einer neuen kleinen Oase, die dort hinten ganz verlassen in diesem Reich von Steinen liegt; sie ernährt ein Dorf. Die kleinen Lehmhäuschen kleben an dem Fuße eines majestätischen Berges und gleichen in der Ferne bescheidenen Schwalbennestern. Es ist Zaragoun, wo wir die Nacht verbringen werden. Wir setzen den ganzen kleinen Basar, durch den wir in der Dämmerung reiten, in Bewegung. Die Zimmer der Karawanserei haben gespaltene Wände, und die Decke ist mit Fledermäusen übersät, und dort schlafen wir ein, gefächelt von einem kühlen Windhauch, eingewiegt von dem nächtlichen Konzert der Frösche, die zu tausenden unter dem Gras in dieser hochgelegenen Oase hausen.

Donnerstag, 3. Mai.

Unsere Reisezeit haben wir jetzt ein für allemal anders gelegt, seitdem die Sonne nicht mehr so tödlich brennt wie dort unten. Bis nach Ispahan werden wir täglich zwei Märsche machen, für jeden rechnen wir vier bis fünf Stunden, und zwischendurch können wir in irgendeiner Karawanserei des Weges unseren Mittagsschlaf halten. Natürlich müssen wir uns früh erheben, und die Sonne steht noch nicht am Horizont, als man uns heute morgen in Zaragoun weckt.

Das erste Bild dieses Tages, von der unvermeidlichen kleinen Terrasse aus gesehen, nachdem wir unser lehmerbautes Zimmer verlassen haben und in die frische Morgenluft hinausgetreten sind, ist folgendes: Zuerst, im Vordergrund, liegt der Hof der Karawanserei, er ist angefüllt mit Erde und Staub. In der Mitte stehen meine Pferde, an den Wänden halten sich meine Diener und andere Leute, die des Weges daher kommen, auf, sie rauchen ihre Kalyan, trinken ihren Morgentee und liegen auf einem Haufen von Teppichen, Decken und Quersäcken — lauter unverwüstliche Gegenstände aus grober Wolle gewebt, mit denen hierzulande ein großer Luxus getrieben wird. Und dahinter dehnt sich das eintönige

Land der Oase, dehnen sich die weißen Mohnfelder aus, die sich auf der einen Seite in dem unendlichen Raum verlieren, auf der anderen Seite vor der wilden Gebirgskette ersterben. Wie seltsam jungfräulich, wie rein steht dieser Mohn beim Anbruch des Tages in seinem weißen Kleide da — und trotzdem ist es seine Bestimmung, als ein schnelles Gift zu wirken, das man in den Rauchsälen des äußersten Ostens mit schwerem Geld bezahlt... Nirgends ein Baum; aber überall ein Meer von weißen Blumen, das sich gleichsam zwischen den Ufern der großen wilden Berge wie ein Meerbusen vorgedrängt hat. Und die Nebel des Sonnenaufganges, die bunt violetten Nebel, ziehen sich in der Ferne dahin, sie verwischen die reinen Linien des Horizontes dort, wo die Sonne auftauchen wird, sie verschmelzen die einfarbig blühenden Flächen, die seltsamen Felder dort unten mit dem Himmel.

Jetzt geht die Sonne auf; was noch vom nächtlichen Schatten blieb, flieht gleich einem braunen Gazeschleier vor ihr über die Blumenfelder dahin. Und junge Mädchen verlassen in Scharen das Dorf, sie gehen an irgendeine Feldarbeit, und fröhlich lachend suchen sie die kleinen Pfade auf, wo sie bis zum Gürtel in dem weißen Mohn untertauchen.

Es ist auch unsere Abschiedsstunde, darum vorwärts, auf denselben Pfaden wollen wir den jungen Mädchen folgen, wo dieselben Blumen, dieselben Gräser uns streifen...

Aber unsere Etappe ist diesmal nicht von langer Dauer, denn in einer Viertelstunde werden wir die großen Paläste des Schweigens, die Paläste des Darius und des Xerxes treffen, die es wohl verdienen, daß man bei ihnen haltmacht.

Nachdem wir zwei Mohnfelder, endlose feuchte Wiesen, Bäche und tiefe Ströme überschritten haben, bleiben wir vor einem bescheidenen, ganz verlassenen Weiler stehen, der von einer Reihe von Pappeln umgeben ist. Zwei Nächte verweilen wir in der verfallensten, wildesten aller Karawansereien, die weder Türen noch Fenster besitzt, deren alter Garten aber mit seinen Rosensträuchen, seinen Aprikosenalleen und seinen wilden Gräsern eine seltene Fruchtbarkeit zeigt. Kleine Kinder nähern sich uns, sie verneigen sich und überreichen uns bescheidene, fast gewöhnliche Monatsrosen. Umgeben ist der Weiler von einsamen Wiesen, überall herrscht Friede und Schweigen. Der Himmel bedeckt sich, es ist kühl. Man könnte glauben, man befände sich in Frankreich auf dem Lande, aber nicht heute, in vergangenen, in alten Zeiten...

Vielleicht zwei Meilen von uns entfernt, liegt am Ende der grasreichen Ebene, am Fuß einer jener Gebirgsketten, die gleich Mauern das Land von allen Seiten durchschneiden, ein einsamer, auf den ersten Blick wenig auffälliger Gegenstand, der, je länger man ihn betrachtet, desto schwerer festzustellen ist... Ein Dorf, eine Karawanserei, dachten wir zuerst; Mauern oder Terrassen, die wie überall, so auch hier aus grauem Lehm erbaut sind, auf die man aber ungezählte Mastbäume bunt durcheinander gepflanzt hat. Die große Durchsichtigkeit der Luft täuscht über die Entfernungen hinweg, man muß schon genau hinsehen, um sich klar machen zu können, daß dies Rätsel weit entfernt liegt, daß die Terrassen in keinem Verhältnis zu den anderen des Landes stehen, daß das Mastwerk riesengroß sein müßte. Je mehr man prüft, desto seltsamer erscheint es einem... Und in der Tat haben wir es hier, ebenso wie bei den Pyramiden Ägyptens, mit einem jener großen, klassischen Wunderwerke der Welt zu tun; — aber weit seltener kommt man dorthin als nach Memphis, und auch der Schleier, der über diesem Platze liegt, ist weit weniger gelüftet. Die Könige, die die Welt erzittern machten, Xerxes und Darius, haben an diesem Ort ihren traumhaften Hof abgehalten, sie verschönerten ihn mit Statuen und mit Basreliefs, denen auch der Zahn der Zeit nichts anhaben konnte. Seit mehr als zweitausend Jahren, seit der Durchzug der Heere des Mazedoniers den westlichen Völkern sein Dasein verraten hat, trägt er einen Namen, der schon an und für sich groß und ehrfurchteinflößend klingt: Persepolis. Aber wie er ursprünglich hieß, und welche sagenhaften Herrscher seinen Grundstein legten, das weiß man nicht. Geschichtsschreiber, Gelehrte haben schon zur Zeit des Herodot bis in unser Jahrhundert hinein so viele sich widersprechende Meinungen geäußert! Im Laufe der Zeiten haben ungezählte Forscher, durch die Ruinen angelockt, Tausenden von Gefahren getrotzt, um hier in der Umgegend zu hausen, um die Inschriften zu entziffern, die Gräber zu durchstöbern, ohne daß sie doch jemals zu einem Schluß gelangt wären. Und wieviele dicke Bände sind über diesen Winkel Asiens geschrieben worden, wo der kleinste Stein der Hüter aller Geheimnisse ist!

Übrigens kommt die ganz genaue Feststellung der historischen Tatsachen für mich, den einfachen Reisenden, kaum in Betracht. Was liegt daran, ob es dieser oder jener Monarch ist, der in der Tiefe jenes Grabes ruht, ob dieser Palast oder jener der des Pasargades ist, der von den Soldaten Alexanders eingeäschert wurde. Es genügt mir zu wissen, daß diese Ruinen die gewaltigsten, die besterhaltensten ihrer Zeit sind, die in unseren Augen das Genie einer ganzen Epoche, einer ganzen Rasse verewigen.

Aber welch ein Geheimnis, daß der Fluch immer solche Plätze trifft, die im Altertum besonders glänzend waren!... Warum haben hier zum Beispiel die Menschen ein so fruchtbares, so schönes Land verlassen, das unter einem so reinen Himmel gelegen ist? Warum waren früher so viele Herrlichkeiten in Persepolis angehäuft, wo heute nichts ist als eine blühende Einöde?

Wir lassen unser Gepäck und unser Gefolge in der ärmlichen Karawanserei zurück, in der wir die Nacht verbringen werden, und reiten nach einem Mittagsschläfchen unter Führung von zwei jungen Leuten aus dem Weiler auf die großen Ruinen zu. Während der ersten Meile schwimmen wir in einem wirklichen Meer von weißen Mohnblumen und grüner Gerste; dann folgt eine wilde Wiese, die mit Krauseminze und gelben Immortellen übersät ist. Und dort unten, hinter Persepolis, dem wir immer näher kommen, und das sich immer deutlicher abhebt, wird die Ebene von wilden, lederfarbenen Bergen durchkreuzt, wo sich Schlünde und Schluchten öffnen. Übrigens trägt seit Chiraz das baumlose Land überall den gleichen Charakter: Weite Flächen, die so ruhig wie ein Wasserspiegel daliegen, und die durch eine kahle, schreckeneinflößende Bergkette voneinander getrennt werden.

Aber nirgends haben die Formen der Berge, die

immer überraschend wirken, uns etwas Ähnliches gezeigt wie das, was sich in diesem Augenblick in der klaren Ferne zu unserer Linken erhebt. Es ist viel zu gewaltig, um von Menschenhand erbaut worden zu sein, und dann beunruhigt es durch seine gesuchte Stellung: im Mittelpunkt liegt ein ganz viereckiger, fünf- bis sechshundert Meter hoher Bau, der einer Gottesfeste, oder dem Grundstein zu irgendeinem unterbrochenen Turmbau von Babel gleicht, zu beiden Seiten türmen sich symmetrisch wie zwei Wachtposten zwei ganz gleiche, ganz regelmäßige, riesengroße Blöcke, zwei sitzende Ungeheuer auf. Seit Anbeginn der Zeiten sind die Menschen durch die Gestalt dieser drei Berge, die wohl geeignet sind, Schrecken vor dem Übersinnlichen einzuflößen, in Erstaunen gesetzt worden, und es ist zweifellos keine zufällige Wahl, die sie getroffen haben, als sie an dieser Stelle den drohenden Bau der Herrscher errichteten. Von dem Palaste, wo wir jetzt angelangt sind, aus gesehen, rufen die Steine gerade den größten Eindruck hervor, sie liegen nahe genug, um imposant zu wirken, und sind doch wiederum weit genug entfernt, um nicht entziffert werden zu können.

Die Wege, denen wir inmitten des Schweigens, der Einsamkeiten und der Blumen folgen, sind von Zeit zu Zeit von klaren Bächen durchschnitten, die immer wieder nutzlose Fruchtbarkeit um diese Ruinen verbreiten.

Jetzt, wo wir dies tote Dorf, den Fuß des toten Berges erreicht haben, herrscht kein Zweifel mehr über seine ungeheuren Proportionen; seine Terrassen sind fünf- oder sechsmal höher als die gewöhnlichen und bestehen nicht wie überall sonst aus Lehm, an dem die Regengüsse sofort ihr Zerstörungswerk vornehmen, sondern aus zyklopischen, ewig haltbaren Blöcken, und die langen Gegenstände, die uns in der Ferne an Schiffsmastbäume erinnerten, sind seltsam schlanke, kühne, aus einem Stein gehauene Säulen — in früheren Zeiten werden sie die Decken von Zedernholz und das Gebälk dieses wunderbaren Palastes getragen haben.

Wir erreichen jetzt die steinerne, harte, leuchtende Treppe, sie ist breit genug, um gleichzeitig eine ganze Armee passieren lassen zu können; dort sitzen wir ab und steigen zu der Terrasse hinan, wo sich die Säulen erheben. Ich weiß nicht, was unseren Persern einfällt, aber sie ziehen unsere Pferde, die zuerst nicht wollten, sich sträubten und mit ihren Hufen die herrlichen Stufen abschrammten, hinter sich her, und so ist unser Einzug in diese unendliche Andacht laut und lärmend.

Wir stehen jetzt auf den Terrassen, die zu unserer Überraschung noch viel größer sind, als sie von unten erschienen. Eine ganze Stadt würden sie fassen können, und die Säulen, mit denen sie früher geschmückt waren, standen einst so dicht wie die Bäume eines Waldes. Jetzt sind nur noch zwanzig davon erhalten, die anderen sind gestürzt und liegen auf den Fliesen zerstückelt da, zahllose wunderbare Überreste erheben sich in bunter Unordnung in dieser großen, mit Steinen gepflasterten Einöde: bis in die kleinsten Kleinigkeiten sorgfältig ausgehauene Pylonen, Mauerwände, die mit Inschriften und Basreliefs bedeckt sind. Und dies alles zeigt ein dunkles, gleichmäßiges, seltsames Grau, ein Grau, das in den Ruinen ungewöhnlich ist, das die Patina der Jahrhunderte nicht hat hervorrufen können, es muß schon von der Farbe des Materials selbst herrühren, aus dem diese Paläste erbaut wurden.

Man wird hier ganz in der Nähe von der gewaltigen, schwarzbraunen Gebirgskette beherrscht, die sich seit unserem Aufbruch aus dem Dorf wie eine Mauer vor uns erhob, aber andererseits beherrscht man selbst alle diese gräserreichen, blumengewachsenen Wiesen, wo im Hintergrunde der schreckeneinflößende viereckige Berg mit seinen zwei sitzenden Wächtern aufragt. Zwei oder drei kleine, sehr bescheidene Weiler liegen ganz in der Ferne, durch Pappeln voneinander getrennt, gleich Inseln zwischen einem Meer von blühenden Gräsern und grüner Gerste da; und der erhabene Friede, der ewige Friede der Welten ruht über diesen Frühlingswiesen — die im Laufe der Jahrhunderte Zeugen des sardanapalischen Prunks, der Feuerbrände, Niedermetzelungen, der Aufstellung großer Heere, des Lärms großer Schlachten wurden.

Das Plateau aber, zu dem wir jetzt hinaufsteigen, ist zu dieser Stunde, bei Hereinbruch der Dämmerung, der Ort einer unaussprechlichen Melancholie; hier weht ein köstlich sanfter Wind, und ein Licht, das bestimmt und doch weich ist, fällt auf uns herab; man könnte fast sagen, daß wir uns auf diesen Terrassen weit mehr als in der umgebenden Ebene, der zweitausend Meter Höhe bewußt werden, und zwar ist der frische Windhauch, die Reinheit, der stille Glanz der Sterne, die Durchsichtigkeit der Schatten daran schuld. Zwischen den Fliesen, die beim Durchzug der Könige mit Purpurteppichen belegt waren, wachsen jetzt sehr feine Gräser, die Freunde der Trockenheit und des Schweigens, blühen Quendel und Majoran, und wo einst die Thronsäle lagen, weiden die Ziegen und verbreiten den Duft ländlicher Wohlgerüche. — Aber vor allem ist es das Licht, das keinem anderen Lichte ähnlich sieht; die Beleuchtung dieses Abends, die gleich dem Widerschein einer Apotheose auf so viele alte Basreliefs, auf so viele in Stein verewigte menschliche Silhouetten fällt...

Ach, wie ergriffen fühle ich mich, als mich gleich beim Eintritt zwei jener schweigenden Riesen empfingen, deren Anblick mir von Kindheit an bekannt war: der Rumpf eines geflügelten Stieres, der Kopf eines Menschen mit langem gekräuselten Bart unter der Tiara eines Magierkönigs! — Ich finde zweifellos zu großes Wohlgefallen daran, auf meine Kindheitseindrücke zurückzukommen; aber ich muß bemerken, daß sie für mich voller Geheimnisse und zugleich ungewöhnlich lebhaft waren. — Als ich zwölf Jahre alt war, traf ich zum erstenmal diese Riesenwächter aller assyrischen Paläste unter den Bildern einer gewissen Partitur Semiramis, die damals häufig aufgeschlagen auf dem Klavier stand, und sofort versinnbildlichten sie in meinen Augen die schwere Pracht von Ninive und Babylon. Was aber ihre Brüder anbelangt, die noch heute dort unten zwischen den Ruinen stehen mußten, so stellte ich sie mir immer umgeben von den zarten Blümchen vor, wie sie dem steinichten Boden eines Landstriches, „La Limoise" genannt, entwachsen, der damals zur selben Zeit eine große Rolle in meinen exotischen Träumen spielte..., und nun finde ich gerade heute am Fuße der mich begrüßenden Wächter den Tymian, die Krauseminze und den Majoran, die ganze kleine Flora meiner Wälder, unter einem ähnlichen Himmel wie dem unsrigen wieder.

Xerxes' Laune hat die beiden geflügelten Riesen hier als Posten aufgestellt, und jetzt empfangen sie mich an der Schwelle zu diesen Palästen. — Und sie weihen mich in die geheimsten Dinge über ihren Herrscher ein, Dinge, die ich niemals zu erfahren wähnte; während ich sie betrachte, verstehe ich, was mir auch zehn Geschichtsbände nicht begreiflich gemacht hätten, wie majestätisch, wie priesterlich und erhaben das Leben in den Augen dieses halb sagenhaften Mannes gewesen sein muß.

Aber die ungeheuren Säle, deren Eingang sie bewachten, sind seit bald dreiundzwanzig Jahrhunderten verschwunden, und nur in Gedanken vermag man sie noch aufzubauen. Weit größer zwar, müssen sie doch demjenigen gleichen, was man noch von den alten fürstlichen Wohnung aus dem persischen Mittelalter sieht: ungezählte Säulen von seltsamer Feinheit im Vergleich zu ihrer Länge großen Schilfblättern ähnlich, die hoch in die Lüfte hinein ein glattes Dach tragen. — Die Menschen, die hier wohnten, waren wohl die einzigen, die eine so hohe Säule, eine solche Schlankheit der Formen erfinden konnten, wo man im Altertum überall sonst nur massive, seltsam plumpe, stämmige Sachen baute. Immer gefolgt von unseren Pferden, deren Schritte gar zu laut auf den Fliesen widerhallen, schreiten wir auf das Innere des Palastes, auf den wunderbaren Wohnsitz des Darius zu. Die gestürzten Säulen bedecken den Boden; nur noch zwanzig sind stehengeblieben, in gewissen Abständen ragen sie einsam empor, ganz gerade, ganz schlank wachsen sie in den reinen Himmel hinein; sie sind von oben bis unten ausgekehlt, ihr Sockel ist zu einem mächtigen Blumenkelch geformt, und ihr weit vorspringendes Kapitäl, das in der Luft das Gleichgewicht zu suchen scheint, zeigt auf allen vier Flächen den Kopf und die Brust eines Ochsen. Wie vermögen diese kühnen, ungewöhnlich langen Säulen sich noch nach zweitausend Jahren zu halten, wo ihnen doch das Zederngebälk dort oben genommen ist, das sie verbinden sollte?

Die freien Plätze bauen sich übereinander auf, die Treppen folgen einander in dem Maße, wie man sich den Sälen nähert, in denen der König Darius thronte. Und die Oberfläche jeder neuen Stufe ist mit Basreliefs bedeckt, die Hunderte von Menschen in vornehmer steifer Haltung, mit krausen Bärten und gelocktem Haar zur Darstellung bringen: Schützenphalanxen, alle im Profil gezeichnet; rituale Umzüge, Herrscher unter großen Sonnenschirmen, die von Sklaven getragen werden, Stiere, Dromedare, Ungeheuer. In welchen wunderbaren Stein ist dies alles gehauen worden, daß so viele Jahrhunderte es nicht zu zerstören vermochten? Der härteste Granit unserer Kirchen zeigt nach drei- oder vierhundert Jahren keine einzige scharfe Kante, die byzantinischen Porphyre, der griechische Marmor, der immer unter freiem Himmel steht, wird abgenutzt und verwischt; hier könnte man sagen, daß alle diese seltsamen Figuren soeben aus der Hand des Bildhauers kommen. Die Archäologen haben sich darüber gestritten, ohne jemals über den Ursprung dieses eigenartigen Materials einig zu werden, das ein so feines Korn, eine so eintönige graue Farbe zeigt, das einer Art Kiesel, einem sehr dunklen Feuerstein gleicht; eine Schere würde sich hier wie an Metall stumpf schneiden; übrigens ist es auch so spröde wie Beilstein, denn man sieht große Basreliefs von oben bis unten gesprungen — unter dem Einfluß der ewigen Sonne vielleicht, oder aber ist die Zeit, sind die Stöße der Kriegsgeräte schuld daran.

Und diese stummen Ruinen lassen ungezählte Inschriften ihre Geschichte erzählen, ihre Geschichte und die der Welt; der kleinste Block möchte sprechen, wenn man seine einfache Schrift zu entziffern verstände. Zuerst sind da die keilförmigen Buchstaben, sie bildeten einen Teil der anfänglichen Ornamentik; überall bringen sie ihre tausend kleinen, gedrängten, bestimmten Zeichnungen auf den Sockeln und Friesen, zwischen den wunderbaren Verzierungen, die ihnen als Rahmen dienen, an. Und dann, wie durch Zufall hingestreut, sieht man die Betrachtungen all der Menschen, die im Laufe der Jahre, angezogen durch den großen Namen Persepolis, hierhergekommen sind; gewöhnliche Bemerkungen, Aussprüche, alte Gedichte über die Eitelkeiten dieser Welt, und zwar auf griechisch, kufisch, syrisch, persisch, auf hindustanisch und sogar auf chinesisch. „Wo sind die Herrscher, die in diesen Palästen regierten, bis zu dem Tage, wo der Tod sie einlud, aus seiner Schale zu trinken? Wie viele Städte wurden am Morgen erbaut und stürzten des Abends zu Ruinen zusammen?“ schrieb ein Dichter vor ungefähr drei Jahrhunderten auf arabisch ein und zeichnete sich: Ali, Sohn des Sultans Khaled... Zuweilen sieht man nur eine Jahreszahl mit seinem Namen; und dann trifft man auch auf die Unterschriften der Forscher aus den Jahren 1826 und 1830 — Daten, die für uns fast fern zu liegen scheinen, und die trotzdem von gestern sind, vergleicht man sie mit denen, die in Hieroglyphenschrift die Namen der Könige umrahmen.

Besonders schön ist das Pflaster, auf dem wir schreiten. Jeder Riß, jeder Spalt zeigt einen winzigen Garten, voll kleiner Pflanzen, den Lieblingen der Ziegen, und zerreibt man die Blumen zwischen den Fingern, so duftet die ganze Hand nach ihrem süßen Wohlgeruch.

Hinter den Prunksälen, mit den offenen Säulenreihen, erreichen wir die weit schwerer zu entwirrenden Gebäude, die ein noch größeres Geheimnis zu bewachen scheinen. Hier müssen die Zimmer, die tiefen Gemächer gelegen haben. Die Mauerreste, die Pylonen, mit ihren ein wenig ägyptischen Umrissen, mit ihren zu Blumenkronblättern geformten Architraven verdoppeln sich. Wenn ich so sagen darf, fühlt man sich hier weit mehr umgeben, eingeschlossener, viel mehr beschattet von der gewaltigen Vergangenheit. Diese Viertel sind reich an großen, wunderbar erhaltenen Basreliefs. Auf ihren assyrischen Kleidern oder auf ihrem gekräuselten Haar zeigen die Figuren noch heute den Glanz des neuen Marmors; die einen tragen sitzend eine kaiserliche Würde zur Schau, andere spannen den Bogen oder kämpfen mit Ungeheuern. Sie sind von menschlicher Größe, haben ein regelmäßiges Profil, edle Gesichtszüge. Überall sieht man sie auf den Wänden, die heute planlos hingepflanzt zu sein scheinen; man ist von ihnen umgeben, von diesen einschüchternden Gruppen umzingelt, und die Farbe der Steine, die ewig graue Farbe gibt ihnen einen düsteren Anstrich. Die Tafeln aber, die mit kleinen keilförmigen Legenden bekritzelt sind, haben eine so glatte Oberfläche, daß man seine eigene Silhouette darauf, wie auf einem Zinnspiegel, leuchten sieht. Und man fühlt sich verwirrt, wenn man bedenkt, wie alt diese scheinbar ganz frischen Eingravierungen sind, wenn man sich sagt, daß eine jede dieser blanken Tafeln dieselbe sei, in der sich an demselben Ort seit mehr als zweitausend Jahren die Gesichter, die Schönheiten, die verschwundenen Herrlichkeiten widergespiegelt haben. Nimmt man nur ein kleines Bruchstück eines dieser Steine mit nach Hause, so würde es in jedem Museum als ein seltener Schatz betrachtet werden; und dies alles ist der Gnade des ersten besten Räubers anheimgegeben, der in diese große Einsamkeit eindringt, dies alles wird nur von den beiden nachdenklichen Riesen, von den Schildwachen dort unten an der Schwelle bewacht.

Weiterhin sieht man einige ganz zerstörte Skulpturen, einige ganz eingestürzte, unförmliche Trümmerhaufen, und dann findet Persepolis seinen Abschluß, am Fuße des traurigen, kupferfarbenen Berges, der bis in seine geheimsten Tiefen durchbohrt und ausgehöhlt sein muß, denn in gewissen Abständen entdeckt man dort große schwarze, regelmäßige Löcher mit Giebeln und Säulen, die in den Felsen selbst hineingehauen sind; sie liegen alle verschieden hoch und dienen als Eingang zu den Begräbnisstätten. In den unterirdischen Gewölben schlafen zweifellos ungeahnte Reichtümer oder seltene Reliquien!

Die Sonne geht unter, die Schatten der Säulen, der Riesen werden länger auf diesem Boden, der einst ein königliches Pflaster war; diese Dinge, müde zu leben, müde unter dem Hauch der Jahrhunderte rissig zu werden, erleben noch einen Abend...

Die beiden Riesen mit dem lockigen Bart, beobachten alles voller Aufmerksamkeit, der eine wendet sein großes abgeschrammtes Gesicht der Begräbnisstätte des

Berges zu; der andere sondiert die Ferne dieser Ebene, von woher einstmals die Krieger, die Sieger, die Herrscher der Welt herannahten. Aber kein Heer zieht jetzt noch vor diesem verlassenen Ort, vor diesen stolzen Palästen auf; diese Gegend der Erde ist für immer dem ländlichen Frieden und dem Schweigen wiedergeschenkt...

Die Ziegen, die zwischen den Ruinen weideten, wurden von ihren bewaffneten Hirten gerufen, sie scharen sich zusammen und ziehen fort, denn bald naht sich die für die Herden gefährliche Stunde, die Stunde der Panther. Ich möchte gern bis zum Anbruch der Nacht oder doch wenigstens bis zum Aufgang des Mondes bleiben; aber die beiden Hirten, meine Führer, weigern sich auf das bestimmteste, sie fürchten sich vor den Räubern, oder vor den Gespenstern, oder was weiß ich, wovor, und sie bestehen darauf, ehe die Dämmerung hereinbricht, heimzukehren nach ihrem kleinen Weiler, hinter die Lehmmauern, die doch überall gerissen sind.

So heißt es also, morgen wieder zurückkommen und für heute aufbrechen, der Fährte der Ziegen folgend, die sich schon in den endlosen Wiesen verlieren. Einst sahen die beiden Riesen zahllose Könige mit ihrem Gefolge eintreten und hinausgehen, jetzt schreiten wir an ihnen vorüber. Unsere Pferde hatten sich schon geweigert, die Stufen des Darius und Xerxes hinanzuklettern, natürlich sind sie noch weit weniger geneigt, dieselben hinabzusteigen, sie sträuben sich, versuchen sich loszureißen, und so gibt es ganz plötzlich inmitten des Schweigens dieser großen, toten Gegenstände zum Schluß eine lebhafte Szene, Kämpfe und Muskelanstrengungen, und inzwischen erhebt sich ein frischer

Wind, ein Maienabendwind und trägt uns von den Wiesen dort unten den süßen Duft des Heues zu ...

Nachdem wir durch die lange gleichmäßige Ebene der Gräser, der Gerste, der Mohnfelder gezogen sind, biegen wir in die Gäßchen des einsamen Weilers ein und erreichen schließlich unser aus Lehm gebautes Nachtquartier, das keine Türen noch Fenster kennt. Ein wirklich kalter Wind schüttelt jetzt die Pappeln draußen und die Aprikosenbäume des wilden kleinen Gartens; der Tag erlischt an einem wunderbar blaugrünen Himmel, über den winzige korallenrote Wolken dahinhuschen, und man hört die Stimmen der Hirten, die zum Abendgebete rufen.

DRITTER TEIL

Freitag, 4. Mai.

Bei kaltem, klarem Sonnenaufgang brechen wir auf und reiten über die weißen Mohnblumen hinweg, auf denen noch der ganze Tau der Maiennacht liegt. Zum erstenmal seit Chiraz legen meine Perser ihren Burnus an und ziehen ihre Magiermützen tief über die Ohren.

Nachdem die Ebene hinter uns liegt, steigen wir noch einmal zu den großen Palästen des Schweigens hinan, um von ihnen Abschied zu nehmen. Aber das Licht des Morgens, das niemals verfehlt, das ganze Alter, den ganzen Verfall der Dinge bloßzulegen, zeigt uns weit mehr als die Abendsonne es vermochte, welcher Vernichtung die Herrlichkeiten des Darius und des Xerxes entgegengehen, wie verfallen die wunderbaren Treppen sind, wie traurig der Anblick der gestürzten Säulen ist. Nur die seltsamen Basreliefs aus grauem Kiesel, dem auch die Jahrhunderte nichts anzuhaben vermögen, können unter den Strahlen der aufgehenden Sonne bestehen: Prinzen mit glatten Bärten, Krieger oder Priester strahlen in dem hellen, grellen Licht mit einem Glanz wieder, der ebenso neu erscheint wie an dem Tage, als die mazedonischen Horden gleich einem Wirbelwind herangebraust kamen.

Während ich über den Boden der Geheimnisse dahinschreite, stößt mein Fuß auf ein halbverstecktes Stück Holz, das ich herausgrabe, um es näher zu betrachten; es ist ein Teil irgendeines riesengroßen Balkens aus den unverwüstlichen Zedern des Libanon gehauen, und — es herrscht kein Zweifel —, dies Stück gehört zu dem Gebälk der Gemächer des Darius... Ich hebe es auf und kehre es um. Eine der Seiten ist geschwärzt, verkohlt und zerbröckelt unter dem Druck meiner Finger: Das Feuer, das die Fackel Alexanders angelegt hat!... Hier haben wir die Spur dieses sagenhaften Feuers, zwischen den Händen halte ich sie jetzt nach mehr als zweitausend Jahren!... Während eines Augenblickes verschwinden die dazwischenliegenden Jahre für mich; es scheint mir, als habe diese Feuersbrunst gestern gewütet; man könnte sagen, daß diesem Stück Zedernholz die Kraft innewohnt, Geister heraufzubeschwören, weit klarer als gestern, fast wie eine Vision sehe ich den Glanz dieser Paläste, das Leuchten der Emaillen, des Goldes und der purpurnen Teppiche, sehe ich den Prunk dieser unausdenkbar reichen Säle, die höher waren als das Schiff der Madeleine, und deren Säulenreihen gleich Riesenalleen sich in einen Waldesschatten verloren. Eine Stelle des Plutarch kehrt mir ins Gedächtnis zurück, eine Stelle, die ich einst, in Schülertagen, unter der Fuchtel meines Lehrers übelgelaunt und voll Langerweile übersetzte, aber plötzlich belebt sie sich, wird sie mir verständlich; es handelt sich um die Beschreibung einer Nacht der Orgien in der Stadt, die sich hier um diese freien Plätze ausdehnte, auf der Stelle, wo jetzt die wilden Blumenfelder liegen: Der Mazedonier ist durch einen zu langen Aufenthalt inmitten des ihm unbekannten Luxus aus dem Gleichgewicht geraten, er ist berauscht, hat sich mit Rosen bekränzt, ihm zur Seite sitzt die schöne Thaïs, die Beraterin in allen Ausschweifungen, und zum Schluß des Mahles, erhebt er sich mit einer Fackel in der Hand — um eine Laune seiner Geliebten zu befriedigen — und begeht das nie wieder gutzumachende Opfer, entfacht die Feuersbrunst, legt das Freudenfeuer in den Gemächern der Achämeniden an. Alsbald ertönt das laute Geschrei der Trunkenheit und des Schreckens, steht plötzlich das Zederngebälk in hellen Flammen, hört man das Geknatter der Emaille an den Mauern, das Fallen der riesenhaft großen Säulen, die übereinander zusammenstürzen und mit Donnergetös gegen den Boden anprallen... Der kleine schwärzliche Teil des Balkenstückes, das noch übriggeblieben ist, und das meine Hände berühren, wurde in jener Nacht zu Kohle verbrannt...

Die Etappe heute wird neun Stunden dauern und wir verlängern sie noch, indem wir einen Umweg machen, um den braunen Berg in nächster Nähe sehen zu können. Hinter Persepolis ragt dieser Berg gleich einer Mauer aus Kupfer auf, und schwarze Löcher, die Begräbnisstätten der Achämeniden-Könige, führen in sein Inneres hinein.

Um an den Fuß dieses Felsens zu gelangen, muß man über die endlosen Schutthaufen ausgehauener Steinblöcke, eingestürzter Mauerreste klettern; die gewaltige Vergangenheit hat diesen Boden befruchtet, in dem viele Schätze, viele Totengebeine ruhen müssen.

Drei ungeheuer große Begräbnisstätten liegen im Schoße des Berges voneinander getrennt, aber in einer Reihe; um die Gräber des Darius und der Prinzen seines Hauses unzugänglich zu machen, wurden die Öffnungen zu diesen Gewölben in halber Höhe der steilen Felswand gelegt, und wir können nur mit Leitern, Stricken, mit einem ganzen Belagerungs- und Einbruchsmaterial dort hinauf gelangen. Der monumentale Eingang zu jeder einzelnen dieser Stätten ist von Säulen umgeben und von figürlichen Basreliefs überragt; die alle in den Felsen selbst hineingehauen sind; die Verzierungen scheinen von den Ägyptern und den Griechen zugleich beeinflußt zu sein; die Säulen, das Gesims sind jonisch, aber der Gesamteindruck erinnert doch mehr an die schwere Pracht der Portale Thebens.

Unterhalb der Gräber, am Fuße des als Begräbnisstätte dienenden Berges, sieht man hier und dort, ohne irgendwelchen Zusammenhang, andere riesengroße Basreliefs in vertiefte Vierecke ausgehauen, sie gleichen eingerahmten Gemälden. Übrigens sind sie älter als die Begräbnisstätten, sie stammen aus der Zeit der Sassaniden-Könige; fast alle Gesichter der fünfzehn bis zwanzig Fuß hohen Figuren haben die Mohammedaner verstümmelt, aber trotzdem wirken verschiedene Kampfes- oder Siegesdarstellungen noch immer. Besonders ins Auge fallend ist ein Sassaniden-König, der in stolzer Haltung auf einem Kriegsroß sitzt, vor ihm kniet und demütigt sich wahrscheinlich ein Besiegter, ein römischer Kaiser, an seiner Toga erkenntlich, dies ist die ergreifendste und zugleich die größte aller Gruppen, die von dem roten Felsen eingerahmt werden.

Die Sieger alter Zeiten verstanden zu zerstören! Man ist bestürzt, wenn man heute dem Nichts gegenübersteht, in das so viele alte ruhmreiche Städte durch einen einzigen Stoß getaucht werden konnten, Karthago zum Beispiel und auch hier am Fuße dieser Paläste, dies Istakhar, das solange gestanden hatte, das einer der herrlichsten Plätze der Welt gewesen, und das im VII. Jahrhundert nach unserer Zeitrechnung unter dem letzten Sassaniden-König noch immer eine große Hauptstadt war: eines Tages aber zog der Kalif Omar vorbei, er befahl sie zu unterjochen und ihre Einwohner nach Chiraz zu verpflanzen; sein Befehl wurde ausgeführt, und nichts ist von der Stadt zurückgeblieben, kaum ein Haufen Steine unter dem Gras; man zögert, an diesem ihre Spur zu erkennen.

Ich suchte zwischen den Trümmerhaufen nach einem älteren Denkmal, nach einem Denkmal, das mehr in die Augen fällt und das die Zoroaster, die Emigranten in Indien, mir als noch erhalten bezeichnet hatten. Und jetzt liegt es ganz in der Nähe, wild und schweigend auf dem Postament eines Felsblockes vor mir. Nach der Beschreibung erkannte ich es sofort wieder, außerdem wurde mir seine Identität durch die Bezeichnung des Tcharvadaren „Ateuchka!“ bestätigt — in der ich das türkische Wort a t e u c h wiederfinde, das F e u e r bedeutet. Zwei schwere, einfache, abgestumpfte Pyramiden, von grobem Zackenwerk gekrönt, zwei Zwillingsältäre für den Kultus des Feuers bestimmt, aus der Zeit der ersten Magier stammend, die mehrere Jahrhunderte vor Beginn des großen Baues der Persepolis und des ausgehauenen Berges lebten; sie waren schon sehr alt und ehrwürdig, als die Achämeniden diesen Ort erwählten, um hier ihre Paläste, ihre Stadt und ihre Gräber zu errichten, sie standen schon da in den dunkelsten Zeiten, wo die zur Begräbnisstätte dienenden Berge noch unberührt und jungfräulich waren, und wo die ruhige Ebene sich an Stelle so vieler ungeheurer Vorhallen und steinerner Plätze ausdehnte; sie haben die gesteigerten Zivilisationen anwachsen und verschwinden sehen, und immer sind sie auf ihrem Postament fast dieselben, die beiden Ateuchkas geblieben, unverwüstlich und gleichsam ewig in ihrer derben Herbheit. Wie man weiß, verschwinden die Feueranbeter immer mehr aus ihrem Heimatland, ja sogar von der Erde; die Übriggebliebenen sind, ähnlich wie das Volk Israels, in alle Winde verstreut; aber in Yezd, der Wüstenstadt, die ich auf meinem Wege rechts liegen ließ, gibt es eine noch ziemlich große Gemeinde, man findet auch einige in Arabien, andere in Teheran, und schließlich bilden sie eine wichtige, reine Kolonie in Bombay, wo sie ihre großen Begräbnistürme errichtet haben. Aber von allen Punkten der Erde, wohin sie ihr Schicksal auch geführt haben mag, kehren sie doch immer wieder als Pilger zu diesen beiden erschreckend alten Pyramiden zurück, die ihre heiligsten Altäre sind.

In dem Maße, wie wir uns entfernen, scheinen die schwarzen Löcher der Grabstätten uns gleich dem Auge des Todes zu verfolgen. Indem die Könige ihren Begräbnisplatz so hoch legten, wollten sie zweifellos bezwecken, daß ihr Schatten, noch von der Schwelle der dunklen Pforte aus, mit Herrscheraugen über das Land dahinschweben und immer von neuem den Betenden Furcht einflößen könnte.

Um weiter vorzudringen, folgen wir zuerst einem schmalen Bach, der eingeschachtelt und tief über Kieselsteine, durch Schilf und Weiden dahinfließt; ein Streifen Grün liegt halbversteckt in einem Spalt des Bodens, umgeben von den dunklen Steinregionen. Und bald, nachdem wir die Grabstätte alter Herrlichkeiten, nachdem wir auch das schattige kleine Tal aus dem Auge verlieren, umgibt uns von neuem die gewohnte, gleichmäßige Eintönigkeit: die baumlose Ebene, mit kurzen Gräsern und blassen Blumen bewachsen, dehnt sich, zweitausend Meter hoch gelegen, ruhig wie das Wasser eines Flusses zwischen zwei Bergketten aus, die eine aschgraue, oder vielmehr eine lederbraune Farbe, die Farbe des toten Tieres zeigen.

Und in dieser Ebene reiten wir dahin, bis zur Stunde der Dämmerung, bis es plötzlich ganz kalt wird.

Aber während die Sonne noch hoch am Himmel steht und ihre sengenden Strahlen auf uns herniederwirft, sehen wir schon am Ende der grünen Fläche das Dorf Ali-Abad liegen, wo wir zu übernachten gedenken. Doch zahllose tückische Spalten durchschneiden hier und dort die Ebene, die so leicht erschien, gefährliche Risse im Boden, über die der Reiter nicht hinwegsetzen kann, zwingen uns immer wieder, neue Umwege zu machen; wir sind wie in einem Labyrinth gefangen, kommen nicht von von der Stelle, und in diesen Schluchten liegen die Leichnahme der Pferde, Esel oder Maultiere, wie sie der ewige Durchzug der Karawanen dort hingesät hat, und bilden den Sammelplatz der schwarzen Vögel. Ali-Abad sehen wir noch immer sich in der gleichen Entfernung vor uns erheben, man könnte sagen, es sei ein befestigtes Schloß aus dem Mittelalter: dreißig Fuß hohe, mit Schießscharten und Türmen versehene Mauern bilden den Schutzwall gegen die Nomaden und Panther.

Jetzt müssen wir einen Gießbach überschreiten, der durch eine Schlucht dahinbraust. Bauern eilen zu unserer Hilfe herbei, um uns die Furt zu zeigen, sie heben ihre blauen, baumwollenen Kleider bis über den Gürtel auf, steigen in das schäumende Wasser und wir folgen ihnen, auch unsere Pferde werden bis an den Bauch durchnäßt. Endlich nähern wir uns Ali-Abad; noch eine halbe Meile reiten wir an Friedhöfen, eingestürzten Gräbern entlang; dann geht's an den Umzäunungen, den Gärten, den Lehmmauern vorbei, über die das zitternde Laub unserer heimatlichen Bäume herabhängt, Kirschen-, Aprikosen-, Maulbeerbäume, alle schon tragen sie kleine grüne Früchte; und schließlich erreichen wir das Eingangstor der Wälle, unter dessen großen Spitzbogen alle Frauen sich aufgestellt haben, um uns vorüberziehen zu sehen. Diese Warten, Mauern, diese Zinnen, dieser ganze furchteinflößende Verteidigungsapparat, dieses alles macht, in der Nähe besehen, den Eindruck eines bloßen Festungsschattens, dies alles besteht nur aus Lehm, hält sich nur wie durch ein Wunder aufrecht, genügt vielleicht als Schutz gegen das Gewehrfeuer der Nomaden, wird aber bei dem ersten Kanonenschuß wie ein Kartenhaus zusammenstürzen.

Die Frauen stehen dicht gegen die mit großen eisernen Nägeln beschlagenen Türflügel gelehnt und beobachten uns, wie wir im bunten Durcheinander mit einer Herde Ochsen an ihnen vorüber zum Tor hineinziehen. Hier gibt es keine schwarzen Gespenster mit weißen Masken mehr, die die Straßen Chiraz' verdunkelten, die langen Schleier sind aus klarem Stoff, mit Palmenzweigen oder altmodischen Blumen übersät, und bilden mit ihren verblaßten Farben ein harmonisches Ganzes; man hält sie mit der Hand gegen den Mund, um nur die Augen zu zeigen, aber der Abendwind, der sich mit uns unter den Spitzbogengewölben verliert, hebt ihn in die Höhe und mehr als ein Antlitz, mehr als ein naives Lächeln können wir überraschen.

Die Karawanserei befindet sich an dem Tor selbst, und diese fast ganz gleichmäßigen Löcher, unterhalb der Zinnen, mit denen der Spitzbogen gekrönt ist, sind die Fenster unserer Schlafräume. Wir klettern auf Lehmtreppen dort hinauf, gefolgt von dem gefälligen Volk, man trägt uns unser Gepäck, schleppt uns Krüge mit Wasser, Näpfe mit Milch herbei, bringt uns Reisigbündel, um Feuer machen zu können. Und bald dürfen wir uns an den hellflammenden Scheiten erwärmen, die den ganzen Raum mit ihrem süßen Wohlgeruch erfüllen.

Zwischen den Wällen liegen zahllose Lehmdächer nebeneinander gedrängt, sie bilden die innere Terrasse, von wo aus man einen Überblick über das Dorf hat. Und auf diesen Dächern treten jetzt alle Frauen, all die bescheidenen, geblümten, verblaßten Schleier ihren gewohnten Spaziergang an; sie können nicht in die Ferne sehen, die Damen Ali-Abads, denn die sehr hohen Festungsmauern halten sie hier wie in einem Gefängnis gefangen, aber sie betrachten sich gegenseitig und unterhalten sich von einem Haus zum andern; in diesem eingeschlossenen und verlorenen Dorf müßte die abendliche Stunde im Freien besonders süß und reizvoll sein, und man würde dieselbe noch länger ausdehnen, wenn es weniger kalt wäre.

Der Gebetsausrufer singt. Und jetzt kehren die Herden heim. So oft haben wir diesen dicht gedrängten, blökenden Einzug gesehen, daß wir wirklich nicht wieder von neuem Gefallen daran zu finden brauchten, aber hier an diesem engen Ort ist er wirklich noch ganz besonders eigenartig: Durch das spitzbogige Eingangstor bricht die lebende, schwarze Flut herein, wie ein Fluß nach heftigen Regengüssen überschwemmt sie das Land. Und sofort teilt sie sich in verschiedene kleine Zweige, in kleine Bäche, die durch die engen Gäßchen laufen: Jede Herde kennt ihr Haus, trennt sich von selbst und zögert nicht; die Zicklein, die Lämmlein folgen ihrer Mama, die weiß, wohin sie zu gehen hat, niemand täuscht sich, und sehr schnell ist die Sache erledigt, das Geblöke schweigt, der Fluß der schwarzen Schafe hat sich aufgelöst und läßt nur in der Luft den Duft der Weiden zurück, all die kleinen artigen Tiere sind heimgekehrt.

Und auch wir sehnen uns nach unserem Lager, nach dem Schlaf unter dem eisigen Wind, der durch die Löcher unserer Mauern streicht, und lenken deshalb unsere Schritte dem Hause zu.

Sonnabend, 5. Mai.

Dieselben geblümten Schleier stehen bei Sonnenaufgang vor dem Tor, um uns fortreiten zu sehen; auch die Männer haben sich hier versammelt, alle in blauen Gewändern, alle mit schwarzen Hüten. Lange rosenrote Strahlen dringen durch die klare, kalte Luft und lassen die Zinnen, die Spitzen der Türme leuchten, während unter der morgendliche Schatten noch auf den unbeweglichen Gruppen ruht, die sich am Fuße der Wälle aufgestellt haben, und die uns bis zu dem Augenblick, wo wir in einem Spalt des sehr nahen Berges verschwinden, mit den Augen verfolgen.

Sofort befinden wir uns inmitten der wilden, engen und tiefen Schlünde, und über unseren Köpfen neigen die schrägen Felsen ihre drohenden Gipfel herab. Überall sieht man hier, was sonst in Persien eine Seltenheit ist, Sträucher, blühenden Weißdorn, der den Frühling verkündet, ja, sogar Bäume, große Eichen; und sie befreien uns für eine Stunde von dem ewigen Einerlei der Gräser und der Steine. Da diese Gegend scheinbar der Zufluchtsort der Räuber ist, hielten meine Reiter von Chiraz es für gut, sich drei kräftigen, jungen Leuten aus Ali-Abad anzuschließen. Diese gehen zu Fuß, sind mit langen Steinschloßgewehren, mit Hirschfängern und Amuletten bewaffnet; aber trotzdem halten sie uns kaum auf, denn sie sind gute Läufer und ungewöhnlich geschmeidig. „Vorwärts, vorwärts" — rufen sie uns immer wieder zu, — „trabt nur ruhig vorwärts, es ermüdet uns gar nicht." Um besser laufen zu können, haben sie die beiden Zipfel ihres langen blauen Kleides mit einem Lederriemen, der um die Hüften geschnallt ist, hochgehoben, ihre braunen, muskulösen Schenkel kommen zum Vorschein, und sie gleichen also den Jägerprinzen auf den Basreliefs von Persopolis, die ihre Kleider genau auf dieselbe Weise mit dem Gürtel befestigten, wenn sie ausgingen, um die Löwen oder Ungeheuer zu bekämpfen.

Und sie machen Seitensprünge, sie finden noch Zeit, Wachteln und Perlhühner, die überall aufsteigen, zu verfolgen, — ja, sogar können sie uns Königskräuter, kleine duftende Sträuße mit ihrem schönsten Lächeln überreichen, wobei sie ihre weißen Zähne zeigen. Kaum, daß ihnen der Schweiß unter den schweren Mützen hervortropft.

Plötzlich öffnen sich die Schlünde, und vor uns liegt die Wüste, strahlend, ewig, unendlich. Die Gefahr, so sagt man uns, sei jetzt beendet, da die Räuber nur in den Schlünden der Berge arbeiten. Wir können also unseren drei Beschützern aus Ali-Abad danken und durch den weiten Raum dahingaloppieren; unsere Pferde wünschen sich übrigens nichts Besseres, sie waren schon ungeduldig, durch die Fußgänger, die zweibeinigen Läufer, zurückgehalten zu werden, jetzt setzten sie, wie zu einer Fantasia davon. Die Pferde aber, die von meinen Reitern aus Chiraz geritten waren, sind weniger schnell, weniger launenhaft, sie scheinen mit einer Art Wollust dahinzugaloppieren und mit der Grazie eines Schwanes biegen sie ihre langen Hälse. Nirgends ein vorgezeichneter Weg, keine Einzäunung, keine Grenzen, keine menschliche Spur; es lebe der freie Raum, der jedermann und niemandem gehört! Die Wüste wird ganz in der Ferne, rechts und links, von schneebedeckten Gipfeln eingerahmt, sie dehnt sich vor uns aus, dehnt sich aus bis zu dem fliehenden Horizont hinan, den man niemals erreichen wird; die Wüste ist durchzogen von weichen, wellenförmigen Linien, sie gleichen den Wogen des Ozeans, wenn es windstill ist. Die Wüste zeigt eine blasse, grüne Färbung, sie scheint hier und dort von einer leicht violetten Asche bestäubt zu sein; — und diese Asche ist der Blütenflor der seltsamen, traurigen, kleinen Pflanzen, die unter der gar zu sengenden Sonne, unter dem gar zu kalten Winde ihre farblosen, fast grauen Kelche öffnen, die aber immer duften, deren Saft selbst ein Wohlgeruch ist. Die Wüste ist anziehend, die Wüste ist voller Reize, die Wüste ist reich an wunderbaren Düften; ihr fester, trockener Boden ist ganz von Wohlgerüchen durchtränkt.

So belebend scheint die Luft, daß man behaupten könnte, unsere Pferde seien unermüdlich; heute morgen galoppieren sie so leicht und munter dahin, und ihr kupferner Schmuck rasselt, und ihre Mähnen flattern launisch im Wind. Unsere Reiter von Chiraz vermögen nicht, uns zu folgen, wir verlieren sie aus dem Auge, jetzt verschwinden sie hinter uns in der Ferne der blaßgrünen, der blaßschillernden endlosen Ebene. Tut nichts! Man sieht so weit nach allen Seiten, und der leere Raum ist so tief, welche Überraschungen brauchten wir wohl zu befürchten?

Wir treffen eine große Herde schwarzer Rinder, schwarzer Kühe, kein Hirte bewacht sie; einige der jungen Stiere springen und schlagen hinten aus bei unserem Anblick, beschreiben seltsame Linien, aber nur zum Vergnügen und um Aufsehen zu erwecken, nicht um sich auf uns zu stürzen, da wir ihnen kein Leid zufügen wollen.

Gegen neun Uhr morgens sieht man, ungefähr im Abstand von einer Meile, zur linken Hand, in der sich neigenden Ebene, große Ruinen hervorragen, Ruinen der Achämeniden, zweifellos, denn die auf dem Steinhaufen noch aufrechtstehenden Säulen sind fein und schlank wie in Persepolis. Welch ein Palast ist dies, und welcher erhabene Fürst bewohnte ihn zu jenen Zeiten? Kennt man diese Ruinen, hat irgend jemand sie erforscht? Wir wollen nicht den Umweg machen und uns hier aufhalten, heute morgen haben wir einen schnellen Ritt von fünf Stunden zurückzulegen, und wir befinden uns ganz in dem physischen Rausch, vorwärts durch den Raum dahinzufliegen. Die höher steigende Sonne brennt ein wenig auf unsere Köpfe herab, um uns zu erfrischen, weht ein Wind, der über die Schneegefilde dahingestrichen ist. Die weißen Gipfel verfolgen uns noch immer zu beiden Seiten der Ebene. Diese gleicht einer endlosen Allee, ist mehrere Meilen breit, und lang, ja, man weiß nicht zu sagen wie lang...

Um elf Uhr zeichnet sich ein wirklich grüner Fleck dort unten ab und wächst schnell heran, unseren Augen, die sich schon an die Oasen Irans gewöhnt haben, verkündet er ein Stückchen Erde, durch das ein Bach fließt, ein Stückchen Erde, das man bebaut, eine menschliche Ansiedlung. Und in der Tat, zwischen das ganz frische, zitternde Grün mischen sich Wälle und Zinnen; es ist ein kleiner Weiler, er nennt sich Kader-Abad, und gibt sich durch seine baufälligen Lehmmauern den Anschein einer Festung. Dort nehmen wir unser mittägliches Mahl ein, auf den Teppichen Chiraz' sitzend, in dem Gärtchen der bescheidenen Karawanserei, im Schatten der dürren Maulbeerbäume, die der Frost des Frühlings entblättert hat. Und nach und nach wird die Mauer hinter uns geschmückt mit den Köpfen der Frauen und der kleinen Mädchen, eine nach der anderen tauchen sie schüchtern hervor, um uns zu betrachten.

Wir wollten gerade aufbrechen, als ein verworrenes Getöse das Dorf erfüllt, alles eilt herbei, hier geht etwas vor sich... Man sagt uns, es sei eine vornehme Dame angekommen, eine sehr vornehme Dame, ja sogar eine Prinzessin mit ihrem Gefolge. Seit einer Woche befindet sie sich auf der Reise nach Ispahan, und für diese Nacht bittet sie in den Mauern Kader-Abdas um Schutz und Obdach.

In der Tat nähert sich jetzt ein Trupp berittener Männer, ihre Beschützer, sie reiten vor ihr her, sitzen auf schönen Pferden, deren gestickte Sättel goldene Fransen zeigen. Und in dem Tor der zinnengekrönten Mauer sieht man etwas ganz Seltsames zum Vorschein kommen: eine Karosse! Eine Karosse mit purpurroten, seidenen Vorhängen, die Pferde sind abgespannt, und sie wird von einer Anzahl Hirten gezogen; scheinbar kommt sie von Chiraz, man hat einen längeren, aber weniger gefährlichen Weg als den unsern gewählt; ein Rad ist gebrochen, alle Federn mußten durch Taue verstärkt werden, die Reise verlief nicht ohne Beschwerden. Und hinter dem beschädigten Wagen schreitet die geheimnisvolle Schöne ruhigen Schrittes daher. Jung oder alt, wer vermöchte es zu sagen? Natürlich ist es ein Schatten, aber ein Schatten voller Anmut; sie ist ganz in schwarze Seide gehüllt und trägt vor dem Gesicht eine weiße Maske, aber ihre kleinen Füße zeigen elegantes Schuhwerk, und ihre zarte Hand, die den Schleier zusammenhält, ist mit grauen Perlen bedeckt. Um besser sehen zu können, steigen alle Frauen Kader-Abads auf die Dächer, und die braunen Mädchen eines Nomadenstammes laufen so schnell die Füße sie zu tragen vermögen, aus ihrem Lager herbei. Der Dame folgen ihre Begleiterinnen, auch sie sind undurchdringlich verschleiert, zu zweien nähern sie sich auf weißen Maultieren, in großen, rotverhangenen Käfigen. Und endlich bilden zwanzig Maultiere den Beschluß, sie tragen Ballen oder Koffer, die mit kostbaren samtähnlichen Geweben bedeckt sind.

Wir unsererseits brechen jetzt auf und verlieren uns sofort in der großen Wüste. Von einem jeden dieser Hügel aus, die wir unaufhörlich erklimmen müssen, um dann wieder hinabzusteigen, entdecken wir immer neue Ebenen, und alle sind sie gleich leer, gleich unberührt und wild, alle liegen sie in der gleichen wunderbaren Klarheit da. Man atmet eine süße Luft ein, eine Luft, die unter einer blendenden Sonne doch kalt ist. Der mittägliche Himmel zeigt ein hartes Blau, und einige perlmutterfarbene Wolken zeichnen die bestimmten Umrisse ihrer Schatten auf den nimmer endenden Teppich, der hier den Boden bedeckt, ein Teppich aus zarten Gräsern, aus Königskraut und Quendel, aus kleinen seltenen Orchideen, deren Blüte einer grauen Fliege gleicht... Wir reiten in einer Höhe von zwei- bis dreitausend Meter dahin. Heute abend treffen wir keine Karawane, haben keine Erlebnisse.

Seit heute morgen haben die beiden Gebirgsketten uns verfolgt, jetzt wo der Tag erstirbt, nähern sie sich einander. Mit einer Klarheit, die das Auge täuscht, zeigen sie uns das ganze Chaos ihrer Gipfel, wie es in einem dunklen Blau, in den wunderbar violetten Tönen, die in Rosa übergehen, daliegt, man könne sagen, es seien Geisterschlösser, babylonische Türme, apokalyptische Städte, die Trümmer einer Welt; und der Schnee, der dort in allen Falten der Abgründe schläft, sendet uns eine wirkliche Kälte entgegen.

Indessen winkt uns ein neuer grüner Fleck in der Ferne, er zeigt uns unser Nachtquartier für heute abend. Die immer gleiche, kleine Oase, die Kornfelder, einige Pappeln und in der Mitte die Zinnen eines Walles.

Es ist Abas-Abad. Aber die Karawanserei ist besetzt, sie beherbergt eine reiche kaufmännische Karawane, und nicht für Gold kann man uns dort Platz verschaffen. So müssen wir uns also ein Obdach bei ganz bescheidenen Leuten suchen, die über einem Stall zwei aus Lehm erbaute Zimmer besitzen, das eine wollen sie uns abtreten. Die zahlreiche Familie, die Knaben und Mädchen siedeln in den andern Raum über, der sonst wegen eines schadhaften Daches, durch das die Kälte eindringt, unbewohnt war. Auf einer abgenutzten Treppe, auf der man ausgleitet, steigen wir zu diesem wüsten, verräucherten, schwarzen Lager hinauf; man beeilt sich, die armseligen Matratzen, die Krüge, die Näpfe, die Weizenkuchen, die Steinschloßgewehre, die alten Säbel fortzutragen und die Hühner mit ihren Küchlein hinauszujagen. Dann muß man uns ein Feuer anzünden, denn die Luft ist eisig. In diesem waldarmen Ländern, wo es nicht einmal Strauchwerk gibt, heizt man mit einer Art Distel, die wie die Sternkorallen in der Gestalt von stachlichten Fladen wächst; die Frauen sammeln sie in den Bergen und trocknen sie für den Winter. Diese Disteln schichtet man mehrere Fuß hoch im Herd auf, und sie knattern und brennen in tausend lustigen kleinen Flammen. Die Hauskatze war zuerst mit ihren Herren umgezogen, sie entschließt sich jetzt aber, zurückzukehren, um sich an unserem Feuer zu wärmen, und sie geht auch darauf ein, mit uns zusammen zu Abend zu essen. Die beiden jüngsten Mädchen, zwölf und fünfzehn Jahre alt, hatten bei unserm Auspacken wie versteinert dagestanden, jetzt schleichen sie auf Zehenspitzen heran und können sich gar nicht losreißen von dem Anblick, den ihnen unsere Mahlzeit gewährt. Übrigens sind sie alle beide so komisch, daß man ihnen nicht böse sein kann, sind so unschuldig schön, unter ihren persischen Schleiern mit dem altmodischen Muster, mit ihren roten samtweichen Wangen, die einem Septemberpfirsich gleichen, mit den fast zu langen, zu geraden Augen, deren Winkel sich unter dem schwarzen Schleier verlieren — schauen aber vor allen Dingen so ehrlich, keusch, so naiv drein. Erst als wir uns hinlegen, ziehen sie sich zurück, nachdem sie noch einmal einen ganzen Haufen Disteln ins Feuer geworfen haben; und alsdann umfängt uns die Kälte, das erhabene Schweigen, das die nahen Gipfel und ihre Schneegefilde ausstrahlen, und das sich mit der Nacht über die Einsamkeiten der Umgebung lagert, über das kleine lehmerbaute Dorf, über unsere elende Kammer und unseren gesunden, traumlosen Schlaf.

Sonntag, 6. Mai.

Schon frühmorgens finden wir die Freude an Schnelligkeit und Weite wieder, in der immer gleichen Wüste, zwischen den beiden Gebirgsketten mit ihren schneebedeckten Gipfeln. Die Wüste ist wie marmoriert, durch ihre verschiedenen Blumenfelder. Aber hier herrscht nicht mehr die Pracht der Ebenen Marokkos und Palästinas, die sich im Frühling mit Schwertlilien, Rosen, mit blauen Winden und roten Anemonen bedecken. Es scheint fast, als wenn alles sich unter den Strahlen einer zu nahen, zu blendenden Sonne entfärbte: Der Quendel zeigt eine unbestimmte Farbe, das Maßliebchen ein verblaßtes Gelb, das Violett der blassen Iris ist hier perlgrau, die Orchideen haben graue

Blüten, und tausend kleine unbekannte Pflanzen scheinen zu Asche verbrannt zu sein.

Wir haben beschlossen, unsere Lasttiere mit den überflüssigen, langsamen Reitern aus Chiraz zurückzulassen; wir sind jetzt ganz vertrauensvoll, und so geht es denn vorwärts.

Aber dort hinten bewegt sich eine Herde, die unseren Weg kreuzen wird; es sind Nomaden, Leute von schlechtem Ruf, es ist ein Volksstamm, der auf eine andere Weide zieht. An der Spitze schreiten bewaffnete Männer, sie haben ganz das Äußere von Räubern; unsere Perser beschließen, im gestreckten Galopp, mitten hindurch zu sprengen, sie stoßen wilde Schreie aus, um die Pferde anzuspornen, und man weicht zur Seite, und macht uns Platz. Im langsamen Trab setzen wir unseren Weg durch das Gewühl der Tiere fort. Und schließlich kreuzen wir im Schritt die Nachhut, Frauen und kleine — sehr kleine Kinder, kleine Kamele, kleine Böcklein, ein lustiges, reizendes Durcheinander; — aus ein und demselben Korbe, auf dem Rücken eines Maultieres, sehen wir den Kopf eines Babys und den eines soeben geborenen Esels hervorlugen, und man vermag wirklich nicht zu sagen, welcher von beiden der hübscheste ist, der kleine Nomade mit den rollenden Augen, oder der kleine Esel mit dem noch ganz lockigen Fell; der eine sowohl wie der andere betrachten uns übrigens mit der gleichen Offenherzigkeit, demselben Erstaunen.

Nach vierstündigem Ritt machen wir vor dem verlassenen Dorfe Dehbid halt (zweitausendsechshundert Meter hoch gelegen.) Inmitten der grauen Ebene erhebt sich eine alte Festung, sie stammt aus den Zeiten der Sassaniden-Herrscher, elende, aus Lehm erbaute

Hütten schmiegen sich an sie an, gleichsam als fürchten sie die Stürme, die über diese hohen Länder dahinfegen. Ein eisiger Wind, in der Nähe die endlosen Schneegefilde, und ein funkelndes Licht.

Aber unsere Lasttiere, wie auch unsere Reiter von Chiraz, denen wir heute morgen vorausgeeilt waren. schließen sich uns nicht an. Den ganzen Tag harren wir ihrer, sehen von dem Dach der Karawanserei nach ihnen aus, befragen den Horizont: Karawanen kommen zum Vorschein, Maultiere, Kamele, Esel, Tiere und Leute aller Art, aber die unsrigen nicht. Um die Stunde, wo die Berge übernatürlich großen Schatten auf die Wüste werfen, erscheint endlich einer der Reiter: „Beunruhigt euch nicht", sagt er, „sie haben einen anderen, ihnen bekannten Weg eingeschlagen; schlafet hier, auch ich werde mich zur Ruhe begeben; morgen trefft ihr vier Stunden weiter mit ihnen in der Karawanserei von Khan-Korrah zusammen."

So laßt uns also in Dehbid übernachten, es bleibt uns in der Tat auch nichts anderes übrig, denn bald schon senkt sich die schweigende Nacht herab. Aber man soll uns trockene Disteln auf den Herd schütten, wo wir unser Feuer anzünden werden.

Die langgezogenen Töne des Gebetsausrufers steigen hinauf in die Luft. Die Vögel stellen das Kreisen ein, sie begeben sich zur Ruhe in den Zweigen einiger verkrüppelter Pappeln, der einzigen Bäume, die es meilenweit im Umkreise gibt. Und kleine, zwölfjährige Mädchen drehen sich im Kreise, wie sie es wohl bei uns an einem schönen Maienabend zu tun pflegen; kleine persische Schönheiten, bald wird man euch verschleiern, kleine Wüstenblumen, euer Schicksal ist es, in diesem verlorenen Dorfe zu verwelken. Sie tanzen, sie singen; so lange die durchsichtige Dämmerung anhält, treten sie ihren Reigen, und ihre Fröhlichkeit steht im Widerspruch zu der herben Trauer von Dehbid...

Montag, 7. Mai.

Die Sonne ist gerade im Begriff aufzugehen, als wir durch die Löcher unserer Erdmauer einen Blick ins Freie werfen. Eine große Karawane, die soeben angekommen ist, hat sich auf dem weißbereiften, glitzernden Grase gelagert; die höckerigen Rücken der Kamele, die Spitzen ihrer Sättel heben sich im klaren Osten von dem wunderbar reinen Morgenhimmel ab, und für unsere, noch kaum geöffneten Augen geht dies alles zuerst in die zackigen Berge über — und doch liegen diese so fern dort hinten am Ende der weiten Ebene.

Von neuem reiten wir durch die eintönige Wüste dahin, wo einige Asphodelos auftauchen, ihre weißen Blüten ragen über den kleinen grauen oder violetten Blumen auf, denen wir immer wieder begegnen. In der Mittagsstunde, unter den Strahlen einer plötlich sengenden Sonne finden wir an dem bezeichneten Platz unsere verloren geglaubten Tiere und Leute wieder. Aber welch ein trauriger Ort des Wiedersehens ist diese Karawanserei von Khan-Korrah. Nicht das kleinste Dorf in der Umgegend. Inmitten einer großen Einöde, einer Wüste von Steinen, liegt hier nur ein hoher, krenelierter Wall, ein Platz, wo man im Schutze vor den nächtlichen Angriffen hinter Mauern schlafen kann. Gleich am Eingang bedecken ein Dutzend Skelette, die Gebeine von Pferden und Kamelen, und einige kürzlich gestürzte Tiere, auf denen die Geier hocken, den Weg. Riesengroße Hirtenhunde und drei, bis an die Zähne bewaffnete, wild dreinblickende Männer, sind die Wächter dieser Festung, in derem Schatten wir uns für kurze Zeit zum Schlafe niederlegen. Das Innere des Hofes ist mit Unrat, mit den Gerippen der Maultiere bedeckt, die hier den Verwesungsprozeß durchgemacht haben: nach irgendeinem gewaltsamen Marsch sind die Tiere an diesem Platz der Überanstrengung erlegen, und man hat sich nicht einmal die Mühe gemacht, sie hinauszuwerfen, sondern übergab sie der Obhut der Geier; jetzt zu dieser heißen Tagesstunde sind sie in eine Wolke von Fliegen eingehüllt.

Es wird zweifellos über Nacht frieren, aber in diesem Augenblick ist die Hitze kaum erträglich; und unser Mittagsschläfchen wird durch dieselben blauen Fliegen gestört, die vor unserer Ankunft die verwesten Tiere bedeckten...

Nachmittags machen wir einen fünfstündigen Ritt durch die graue Einöde, unter einer bleiernen Sonne, und begeben uns dann in die Karawanserei von Surah, in der Nähe einer alten Festung der Sassaniden, am Fuße der Schneegefilde zur Ruhe.

Dienstag, 8. Mai.

Heute tauchen die grünen Flecke der kleinen Oase zu beiden Seiten unseres Weges immer häufiger auf. Über einen ausgedörrten Boden eilen zahllose kristallklare Bäche dahin, sie springen aus den Spalten der schneebedeckten Berge hervor, werden von eifriger Menschenhand geleitet und verteilt und tragen hier und dort zu den verstreut liegenden, urbar gemachten Landstrichen dieser hohen Ebenen Leben und Fruchtbarkeit.

Gegen zehn Uhr morgens erreichen wir eine Stadt, die erste seit Chiraz. Sie nennt sich Abadeh. Ihre dreifachen Mauern aus Ton und Lehm fallen schon stellenweise zusammen, sie sind ungewöhnlich hoch, werden von drohenden Türmen überragt, und ihre blauglasierten Steine reihen sich zu Arkaden aneinander. Den Schmuck der Tore bilden Gazellenhörner, die man oberhalb des Spitzbogens in einem Kreise angebracht hat. Hier gibt es einen großen, überdachten Basar, in dem ein ungewöhnlich reges Leben herrscht; man verkauft Teppiche, Wolle, gewebt und in Docken, verarbeitetes Leder, Steinschloßgewehre, Korn, Spezereien, die aus Indien gekommen sind. Heute findet außerdem in den engen Straßen ein Viehmarkt statt. Wohin das Auge sieht: Schafe und Ziegen. Die Frauen von Abadeh tragen hier nicht die kleine weiße, durchlöcherte Maske, aber ihr Schleier verhüllt sie deshalb nicht weniger: er ist nicht schwarz wie in Chiraz, hat keine gestickten Blumen oder Zweige wie auf dem Lande, nein, er ist stets blau, sehr lang, wird nach unten zu breiter und bildet eine Schleppe; um ihren Weg finden zu können, wagen sie von Zeit zu Zeit einen Blick durch die verborgenen Falten. Die also verschleierten Schönen gleichen anmutigen Madonnen, die kein Gesicht haben. Natürlich betrachtet man uns viel in dieser Stadt, aber ohne Mißtrauen, die Kinder folgen uns scharenweise, und in ihren Augen leuchtet die verhaltene Neugierde.

Wir beabsichtigten nach einer zweistündigen Ruhepause aufzubrechen, aber der Besitzer der Pferde weigert sich, er behauptet, die Tiere seien gar zu müde und wir müßten hier übernachten.

So sieht uns der melancholische Abend also in der Karawanserei von Abadeh vor dem Tore sitzend, auf dem man den Schmuck der Gazellenhörner angebracht hat. Hinter uns zeichnen die Zacken der jetzt im Schatten liegenden krenelierten Mauern sich von dem grüngoldenen Himmel ab. Und vor uns liegt die Stadt der Gräber: ein grauer Boden, auf dem kein Gras wächst, bescheidene Grabgewölbe aus grauem Stein, kleine Kuppeln, oder einfache Leichensteine; so weit das Auge reicht, nichts als Gräber, zum größten Teil sind diese schon so alt, daß wahrscheinlich niemand sie noch kennen wird. Die blauen Madonnen mit dem schleppenden Schleier wandeln in Scharen dort umher; in der hereinbrechenden Dämmerung gleichen sie mehr denn je Gespenstern. Im Hintergrunde wird der Horizont durch vier- bis fünftausend Meter hohe Gipfel abgeschlossen, deren Schneefelder in dieser Stunde bläulich leuchten, ihr Anblick erfüllt uns mit Kälte.

Sobald der erste Stern am klaren Himmel angezündet wird, schreiten die blauen Schatten langsam der Stadt zu, und die Tore schließen sich hinter ihnen. In diesen Ländern erstarrt das Leben mit Hereinbruch der Nacht; man fühlt die Traurigkeit, die unerklärliche Angst.

Mittwoch, 9. Mai.

Unsere Pferde haben sich jetzt ausgeruht, schon frühmorgens beginnen sie von neuem ihren schnellen Lauf durch den stets schweigenden, klaren Raum.

Blühender Asphodelos und Akanthus verleiht dieser Einöde zuweilen den Anblick von Gärten, ein dunkler, farbloser Garten, der sich meilenweit erstreckt, ohne jemals eine Abwechslung zu zeigen. Zur Rechten und Linken, bis in die Unendlichkeit, verfolgen uns noch immer die beiden Gebirgsketten, sie bilden auf der Erdoberfläche einen doppelten Kamm, einen der höchsten der Welt. Aber heute gewähren uns die Öffnungen in der östlichen Kette einen Blick auf den Eingang zu den endlosen Sand- und Salzwüsten, die zweihundert Meilen lang sind, und die bis an die afghanistanische Grenze reichen.

Nach einem vierstündigen Ritt erscheint in dem glühenden, grauen Raum, an dem blendenden Horizont etwas Blaues, ein ganz unnatürliches Blau, es strahlt und lockt; man könnte glauben, es sei irgendein großer kostbarer Stein, irgendein mächtiger Türkis... Und es ist nur die glasierte Kuppel einer kleinen, alten, verfallenen Ruine, die in jenem traurigen, verlassenen Weiler steht; die Hütten gleichen den ehemaligen Höhlen wilder Tiere. Im Schatten eines Gewölbes aus getrocknetem Lehm machen wir dort halt, um uns in der Mittagsstunde auszuruhen.

Wie endlos, wie herbe ist dieser Weg, der gen Ispahan führt! Abends legen wir einen sieben bis acht Meilen langen Ritt in der Einöde zurück, und nirgends begegnen wir einer menschlichen Spur. Zweimal kreuzt eine Staubwolke sehr schnell unseren Weg, sie fliegt über dem blassen Teppich der Königskräuter und Quendel dahin: Gazellen auf der Flucht! Kaum haben wir sie erkannt, so sind sie wieder verschwunden, sie laufen wie der Wind. Und schon geht der Tag zur Neige.

Aber bei Sonnenuntergang erreichen wir auf unseren einsamen Hochebenen den Rand eines gewaltigen Spaltes, und dort unten erwartet uns die Überraschung eines fruchtbaren Gefildes, durch das sich ein Fluß dahinschlängelt, Karawanen, Maultiere, zahllose Kamele ziehen ihres Weges, in der Luft auf einem Felsen, wie man ihn sonst nirgends sieht, schwebt eine phantastische Stadt. Dieses Tal unter uns ist nur eine halbe Meile breit, aber es erscheint endlos lang zwischen den senkrechten Felswänden, die es von beiden Seiten einschließen und verbergen.

Während wir auf den gefährlichen Windungen hinabsteigen, ist man überwältigt von dieser hochgelegenen Stadt, dies ist eine Stadt, die keiner Mauern bedarf; aber wie können ihre Einwohner zu ihr gelangen?...

Ein großer, alleinstehender, sechzig Meter hoher Felsen dient ihr als Fuß, er zeigt die genaue Form eines Helmstutzes, ist nach unten zu ganz ausgehöhlt, voller Grotten und Löcher, wird aber nach oben hin beängstigend breit, und darauf haben die Menschen einen unglaublichen Bau aus getrocknetem Lehm errichtet, der dem Gesetz des Gleichgewichtes, dem gesunden Menschenverstand Hohn zu sprechen scheint: Hier schweben die Häuser eins über dem anderen, alle werden sie, wie der Felsen selbst, nach oben zu breiter, entfalten sich über dem Abgrunde in vorspringenden Balkons und Terrassen. Dieser Ort nennt sich Yezdi-Khast, man könnte sagen, es sei eine jener unwahrscheinlichen Ansiedelungen von Wasservögeln, wie sie an den steilen Felswänden über dem Meere schweben. Es ist alles so verwegen und außerdem so ausgetrocknet, so alt, daß der Zusammenbruch nicht auf sich warten lassen kann.

Mittlerweile aber stehen auf jedem Balkon, an jedem Fenster Menschen: Kinder, Frauen, die sich hinabbeugen und ruhig dem Leben und Treiben dort unten zuschauen.

Am Fuße dieser phantastischen Stadt, die bald in Trümmer zerfallen wird, sehen wir Höhlen, unterirdische Gänge, tiefe und klaffende Löcher, aus denen man einst die viele Erde geholt hat, um sie dort oben in so unvorsichtiger Weise aufzuhäufen. Hier gibt es auch eine Moschee, eine große Karawanserei mit schön verzierten Mauern aus blauer Fayence; auch einen Fluß mit einer starkgewölbten Brücke, auch die frischen Ufer eines Baches, Kornfelder, junge Bäume; hier herrscht auch das Leben der Karawanen, das muntere Treiben der Kamel- und Maultierhüter, auf dem Grase liegen die Warenballen aufgestapelt, alles verrät einen großen Durchgangsort. Auf einem Felde hat man sogar einige hundert Zuckerhüte niedergelegt, heute abend werden sie von neuem auf die Rücken der Kamele geladen, um in den Dörfern der entfernter gelegenen Oasen zu stranden, — es sind dies ganz gewöhnliche, in blauem Papier verpackte Zuckerhüte, so wie man sie bei uns kennt, die Perser verzehren eine beträchtliche Menge von diesem Zucker zu ihrem ungemein süßen Tee, den sie sich gegenseitig abends und morgens in winzig kleinen Tassen anbieten. (Und diese Zuckerhüte, die bis vor einigen Jahren aus Frankreich geliefert wurden, kommen jetzt alle aus Deutschland oder Rußland: dies erzählen mir die Tcharvadare, und sie verhehlen mir nicht ihr ein wenig verächtliches Mitleid mit dem Zurückgang unseres Handels.) Große Scharen von Kamelen umgeben unsere Karawanserei, und dies ist der Augenblick, wo

Karawanserei in Südpersien

sie ihre lauten Wut- oder Leidensschreie ausstoßen, die durch Wasser hindurchzudringen scheinen, die an die gurgelnden Laute eines Ertrinkenden erinnern. In diesem Lärm, gleichsam inmitten einer Menagerie, nehmen wir unser Abendessen ein.

Aber das Schweigen kehrt zur Stunde des Mondes, des Vollmondes zurück; wie immer, so folgen ihm auch heute Blendwerk und trügerische Beleuchtung, seltsam verschönert er die alte Stadt, die so lächerlich hoch dort oben in unserem Himmel schwebt, er hüllt sie in ein rosenrotes Licht, aber das Licht ist hart, ist eisig zugleich.

Donnerstag, 10. Mai.

Um aus der großen, außerhalb der Wüste gelegenen Oase hinauszugelangen, suchen wir uns frühmorgens mitten durch die Höhlen und Löcher am Fuße, ja fast unterhalb der hängenden, hohen Stadt einen Weg; der vorspringende Felsen, der sie stützt, hüllt uns noch immer in seinen kalten Schatten ein, während die schöne, aufgehende Sonne sonst alles erwärmt. Über unseren Köpfen, in ihrem Adlerhorst, stehen viele Leute, am Rande der schwindelerregenden Terrassen, oder sie neigen sich aus den vorspringenden Fenstern heraus und sehen senkrecht auf uns herab.

Ein schmaler Pfad führt an der oberen Felswand des Tales zu den Einöden hinauf, einige hundert gleichgültige Eselchen versperren uns den Weg und machen keinen Platz. Wie immer, wenn ihnen ein Hindernis begegnet, setzen unsere Perser auch diesmal im Galopp mit lautem Geschrei mitten durch den Schwarm hindurch. Schrecken und Verwirrung entsteht unter den Eseln, und mit großem Gepolter gelangen wir dort oben in der dürren, grauen Ebene an, erreichen wir die Höhe, im üblichen Galoppe.

Heute ist der Eselmorgen, wir kreuzen tausende von ihnen, begegnen meilenlangen Zügen, sie kehren aus Ispahan zurück, wohin sie Waren gebracht haben, kehren müßig zurück, auf ihrem Rücken liegt nur die gestreifte Decke von Chiraz. Doch einige tragen ihren Herrn, der, in einen Filzkaftan gehüllt, der Länge nach auf dem Rücken seines guten Tieres liegt, die Arme um dessen Hals geschlungen hat, und seinen nächtlichen Schlaf fortsetzt. Man sieht auch Eselmamas, in einem Korbe haben sie ihr Junges bei sich, das am Vorabend geboren wurde. Und schließlich sind da auch kleine Esel, die schon laufen können und schelmisch hinter ihrer Mutter herspringen.

Die Gegend ist heute nicht gar zu verlassen, die kleinen, grünen Oasen liegen nicht gar zu weit auseinander, eine jede hat ihren Weiler mit den krenelierten Zinnen und wird von einigen schlanken, mächtigen Pappeln beschattet.

In dem Dorfe Makandbey machen wir um die Mittagsstunde Rast, mehrere Gespensterdamen neigen sich über den Rand der Mauern hinüber und sehen zwischen den Zinnen in die traurige Ebene hinaus. Unter den Bogen der Karawanserei, im Hof, haben viele stattliche Reisende mit Turbanen und in Kaschmirkleidern Platz genommen; wir tauschen feierliche Begrüßungen mit ihnen aus, auf Kissen, auf Teppichen von selten schönen Farben sitzen sie scharenweise um Samowars und kochen ihren Tee und rauchen ihre Kalyan.

Wir haben heute den vorletzten Tag des persischen Fastens, und morgen ist der Todestag Alis*; deshalb ist die religiöse Begeisterung in Makandbey besonders groß. Auf einem Platz, vor der bescheidenen Moschee mit ihren Spitzbogen aus Lehm, bilden etwa hundert Leute einen Kreis um einen Derwisch, dieser singt, seufzt, schlägt sich in die Brust. Sie haben alle ihre Schulter und ihre linke Brust entblößt, und schlagen sich selbst mit einer solchen Gewalt, daß das Fleisch anschwillt und die Haut fast blutig ist; man hört die Schläge in ihrem breiten Brustkasten hohl widerhallen. Der alte Mann, dem sie lauschen, erzählt ihnen, halb singend, halb sprechend, in Versen die Leidensgeschichte ihres Propheten, und sie unterstreichen die ergreifendsten Stellen, indem sie Schreie der Verzweiflung ausstoßen oder lautes Schluchzen nachahmen. In immer größere Aufregung gerät der alte Derwisch mit dem wilden Blick; jetzt singt er wie die Gebetsausrufer mit schwacher, meckernder Stimme, und doppelt schnell sausen die Schläge auf die nackten Schultern hernieder. Alle Gespensterdamen kommen auf den umliegenden Dächern zum Vorschein; sie schmücken die Terrassen und die schwankenden Mauern. Der Kreis der Männer schließt sich, und es beginnt ein furchtbarer Tanz, sie tanzen und springen im Wahnsinn an ein und demselben Platz umher, sie reihen sich enger aneinander an, bilden eine dichte, runde Kette, schlingen den linken Arm um ihren nächsten Nachbar, aber schlagen noch

* Ali, Kalif von Islam, der vierte nach Mahomet, wurde besonders verehrt in Persien. Ali fiel unter dem Dolch eines Mörders, seine beiden Söhne, Hassan und Hussin, wurden niedergemetzelt.

immer in steigendem Schmerzenseifer mit der rechten Hand wie wütend auf sich ein. Einige werden durch diesen Rausch so sehr entstellt, daß sie Mitleid erregen, andere erlangen den höchsten Grad menschlicher Schönheit. Alle Muskeln sind gewaltsam angespannt, und in den Augen leuchtet es wider von Sehnsucht nach einem Blutbad, nach dem Märtyrertod. Gellende Gchreie und rauhes, tierisches Gebrüll steigen aus diesem Knäuel menschlicher Gestalten empor; der Schweiß und die Blutstropfen rollen über die braunroten Körper herab. Der Staub wird vom Boden aufgewirbelt und hüllt den Ort, auf den die brennende Sonne ihre sengenden Strahlen wirft, in eine dichte Wolke ein. Auf den Mauern dieses kleinen wilden Platzes stehen die Frauen mit ihren Masken wie versteinert da. Und über dem allen ragen die Gipfel der Berge, die Schneegefilde zu dem wunderbar blauen Himmel hinauf.

Nachmittags reiten wir durch eine Gegend, die immer belebter wird, wir stoßen auf Städte, auf Kornfelder, auf eingefriedigte Obstgärten. Abends sehen wir schließlich eine große Stadt mit ihrer trügerisch drohenden Mauer vor uns liegen; es ist Koumichah, und von dort bis nach Ispahan sind es nur noch acht bis neun Meilen.

In Persien sind die Zugänge zu den Städten weit schwieriger und gefährlicher für die Pferde als das platte Land. Bevor wir das Tor der Wälle erreichen, mühen wir uns deshalb auf Pfaden ab, auf denen man sich den Hals brechen kann, wo die Gebeine der Kamele und Maultiere überall den Weg versperren; mitten durch die Ruinen, Trümmer und Erdhaufen führt der Weg hindurch, und immer müssen wir zur Rechten und Linken nach den klaffenden Löchern spähen, aus denen man die Bauerde für die Festungen, Häuser und Moscheen geholt hat.

Die Sonne geht unter, als wir durch das spitzbogige Tor reiten, das sich immer wieder vor uns zu verbergen wußte. Die Stadt lag fast ganz versteckt hinter den Mauern da, jetzt aber bietet sie uns einen bezaubernden Anblick. Sie ist von demselben rosenroten Grau, wie wir es in Chiraz, in Abadeh, in jedem Dorf am Wege sahen, denn überall bedient man sich beim Bau derselben tonartigen Erde, aber hier breitet sie sich auf dem hügeligen Boden aus, entfaltet sich in der Art einer prächtigen Dekoration. Wie kann man es nur wagen, so viele kleine Kuppeln aus Lehm zu errichten, sie miteinander zu verbinden, sie in Pyramiden übereinander aufzutürmen? Wie können die vielen Arkaden, die großen, eleganten Spitzbogen, die nur aus getrocknetem Lehm bestehen, wie können die vielen Minaretts, deren Galerien mit Stakalit verbrämt zu sein scheinen, wie können sie alle sich aufrecht halten und den Regengüssen widerstehen? Das Ganze zeigt, wohlverstanden, keine scharfen Linien, keine bestimmten Umrisse; der Schatten und das Licht laufen zwischen den immer weichen, runden Formen unmerklich ineinander über. Auf den Denkmälern sieht man keine blauen Fayencen, in den Gärten keine Bäume, nichts, was den eintönigen Farbenton dieser Gebäude, die alle von einem silbernen Tau durchtränkt zu sein scheinen, unterbrechen könnte. Aber dort unten in den belebten Straßen geht das Farbenspiel vor sich. Männer in blauen Kleidern, Männer in grünen Kleidern; Scharen von verschleierten Frauen, tiefschwarze Scharen mit grellen, weißen Flecken; das Weiß der Masken, die das Gesicht verbergen. Vor allem aber herrscht dort oben ein prächtiges Spiel; oberhalb der grauen Kuppeln, der grauen Arkaden, stoßen die Farben aufeinander: in der Dämmerung breiten die nicht zu erklimmenden Berge der Umgegend das kostbare Violett des Bischofsgewandes aus, ihr Violett, durch das die Schneegefilde lange, silberne Streifen ziehen; und an dem grünlichen Himmel scheinen die rot-gelben Wölkchen in Brand zu geraten, sie leuchten wie Flammen auf... Wir befinden uns noch immer etwa zweitausend Meter über dem Meeresspiegel, in der reinen Luft der Berge, und die Nachbarschaft der wasserlosen Wüste steigert noch mehr die Durchsichtigkeit, belebt noch mehr den zauberhaften Glanz der Abende.

Heute begeht man das große religiöse Fest der Perser, den Jahrestag des Martyriums ihres Kalifen. In den Moscheen stöhnen tausende von Menschen vereint; man hört von weitem ihre Stimmen, ein unverständliches Murmeln, das dem Rauschen des Meeres gleicht.

Sobald wir in der Karawanserei angelangt sind, eile ich nach dem heiligen Ort, um noch ein wenig von dem Fest zu sehen, das vor Hereinbruch der Nacht beendet sein wird. Zuerst will keiner mich dorthin begleiten. Schließlich aber willigen zwei Leute mit energischen Gesichtern und starken Schultern nach langem Zögern ein, gegen hohe Bezahlung mich an den Ort zu führen. Der eine von ihnen behauptet, ich müsse eins seiner Gewänder anlegen und seinen Astrachanhut aufsetzen, der andere erklärt, dies sei noch weit gefährlicher, und ich solle nur tapfer meine europäische Kleidung anbehalten. Schließlich bleibe ich, wie ich bin, und wir eilen im Sturmschritt nach der großen Moschee, denn es ist schon spät. Kurz vor Anbruch der Nacht befinden wir uns in dem dunklen Labyrinth, das ich schon im voraus zu kennen glaubte: Mauern ohne Fenster, hohe Gefängnismauern, in großen Abständen nur einige eisenbeschlagene Türen, Mauern, die von Zeit zu Zeit oben zusammenstoßen und uns in die in den persischen Städten so beliebte Dunkelheit eines Kellers hüllen. Aufstiege, Abstiege, Brunnen ohne Schutzwand, Höhlen und Löcher. Zuerst begegnen wir niemandem, und fast könnte man glauben, man eilte durch die düsteren, verlassenen Katakomben. Dann aber, als wir uns einem jener lärmenden Plätze nähern, an denen die Stadt heute abend reich ist, und von wo aus das Stimmengewirr wie Wogenrauschen an unser Ohr schlägt, treffen wir Scharen von Männern, alle kommen sie von derselben Seite, und fast ist diese Begegnung schrecklich. Sie haben die große Moschee, den Mittelpunkt des Geschreies und der Klagen verlassen, denn die Trauerfeier ist gleich beendet; haufenweise, zu zehn, zwanzig, dreißig eilen sie vorwärts, halten sich eng umschlungen, ihr Kopf fällt zurück, sie blicken nicht um sich; man sieht das Weiße in ihren Augen, die unnatürlich weit geöffnet sind, und deren gen Himmel gewandter Augapfel fast in die Stirn einzudringen scheint. Auch der Mund ist geöffnet, und unaufhörlich stoßen sie ein lautes Gebrüll aus; die rechten Hände fallen mit harten Schlägen auf die blutende Brust. Vergebens drückt man sich gegen die Mauern oder in die Türen, wenn man zufällig eine findet, man wird doch sehr empfindlich gestreift. Sie riechen nach Schweiß, nach Blut; blind, in unaufhaltbarem Lauf rollen sie wie eine große Welle vorüber.

Nach den engen Straßen gelangen wir durch einen

großen Spitzbogen in den Hof der Moschee, und dieser Ort erscheint uns jetzt unendlich weit. Zwei- bis dreitausend Menschen stehen dort dicht nebeneinander gedrängt und rufen mit lauter Stimme, mit einem schreckeneinflößenden Rhythmus: „Hassan, Hussin! Hassan, Hussin!" * Im Hintergrunde führt ein zweiter, riesengroßer Spitzbogen, der alles beherrscht und der mit den unvermeidlichen blauen Fayenzen verziert ist, in das dunkle Heiligtum ein. Auf den Zinnen der Mauern, am Rande aller Terrassen der Umgegend, stehen die Frauen unbeweglich und stumm, sie gleichen einem Schwarm schwarzer Vögel, der sich auf die Stadt herabgelassen hat. In einem Winkel, gegen den menschlichen Strom, durch den Stamm eines hundertjährigen Maulbeerbaumes geschützt, sitzt ein Greis und schlägt wie besessen auf eine gewaltige Trommel: im Dreitakt sausen die ohrenbetäubenden Schläge so schnell herab, als wollten sie irgendeinem Ungetüm zum Tanzen aufspielen; — das Ding nämlich, das zum Takt der Trommel tanzt, ist ein Haus, am Ende langer Stangen wird es von mehreren hundert Armen hochgehalten und trotz seines großen Gewichtes wahnsinnig schnell hin und her bewegt. Das tanzende Haus ist mit altem, gemusterten Samt, mit alten seidenen Stickereien bedeckt, es schwebt zehn Fuß über der Menge, über den erhobenen Köpfen, den wildblickenden Augen, und zuweilen dreht es sich herum, die Getreuen, die es tragen, laufen im Kreise mitten durch den dichten Haufen, es dreht sich, es wirbelt herum. Drinnen sitzt ein verzückter Derwisch, um nicht zu fallen, klammert er sich

* Hassan, Hussin, die beiden Söhne des Kalifen Ali.

fest, seine gellenden Schreie durchdringen den Lärm dort unten; und jedesmal, wenn er den Namen eines iranischen Propheten ausstößt, dringt ein noch lauterer Schrei aus allen Kehlen, und die grausamen Fäuste fallen so schwer auf die Brust herab, daß der dumpfe Widerhall das Schlagen der Trommel übertönt. Einige Männer haben ihre Mützen von sich geworfen und bringen sich blutige Wunden auf dem Schädel bei; der Schweiß und die Blutstropfen rollen über die Schultern herab; neben mir gibt ein junger Mensch, der sich zu heftig geschlagen hat, einen roten Auswurf von sich, und auch ich werde damit bespritzt.

Zuerst hatte keiner meine Gegenwart beachtet, und ich drückte mich hinter meinen beiden besorgten Führern eng an die Wand. Aber zufällig fällt das Auge eines Kindes auf mich, es errät, daß ich ein Fremder bin und schlägt Lärm, alsbald kehren sich andere Gesichter mir zu, einen Augenblick herrscht Schweigen, Todesstille... „Kommt!" rufen mir meine beiden Leute zu, sie schlingen ihre Arme um mich, wollen mich mit sich ziehen, und rückwärts gehend, wie die Tierbändiger, die den Tieren ins Auge blicken, wenn sie den Käfig verlassen, wenden wir der Menge das Gesicht zu und erreichen glücklich den Ausgang... In der Straße verfolgt man uns nicht mehr...

Abends gegen neun Uhr, nachdem ein großes Schweigen sich über die Stadt herabgesenkt hat, die von dem vielen Geschrei, von all dem Klagen erschöpft ist, verlasse ich von neuem die Karawanserei und begebe mich zu einem vornehmen Bürger, wo ich zu einer ganz geschlossenen, religiösen Feier eingeladen bin.

Einsam liegt Koumichah unter dem Mond in seinem

rosenroten Gewande da, so ernst und feierlich ist es hier, wie in einem großen Grabgewölbe. Nirgends eine menschliche Seele; der Mond allein beherrscht diese Stadt aus getrocknetem Lehm, der Mond beherrscht die ungezählten kleinen Kuppeln mit ihren weichen Umrissen, das Labyrinth mit seinen engen Gängen, die Trümmerhaufen und die Spalten.

Aber wenn auch die Straßen verlassen sind, so wacht man doch in allen Häusern, hinter den doppelt verschlossenen Türen; man wacht, man klagt, man betet.

Nach einer langen, schweigenden Wanderung zwischen meinen beiden Laternenträgern erreiche ich die geheimnisvolle Tür meines Wirtes. In dem von Mauern umgebenen kleinen Garten, beim Schein des Mondes und einiger Lampen, die an Jasminzweigen oder Weinlauben hängen, findet die Trauerfeier statt. Vor dem versteckt liegenden Hause hat man Teppiche auf die Erde gebreitet, und dort sitzen zwanzig bis dreißig Männer im Kreise, sie tragen hohe, schwarze Hüte und rauchen ihre Kalyan; mitten zwischen ihnen liegt ein Brett, mit einem Berg stengelloser Rosen — persische Rosen, die immer wunderbar duftenden Rosen, steht auch ein Samovar, auf dem man Tee kocht, und diesen schenken die Diener immer von neuem in die winzig kleinen Tassen ein. In Anbetracht des religiösen Charakters dieses Abends würde meine Gegenwart im Garten selbst unzulässig sein; deshalb bringt man mich allein mit meiner Kalyan in dem Ehrenzimmer unter, von wo aus ich durch die offen stehende Tür alles sehen und hören kann.

Einer der Gäste steigt auf eine steinerne Bank, zwischen den übervoll blühenden Rosen, er erzählt mit tränenerstickter Stimme von dem Tod des Ali, des Kalifen, den die Perser so sehr verehren, und zu dessen Andenken wir hier versammelt sind. Die Zuhörer unterstreichen selbstverständlich seine Beschreibung durch Klagen und Schluchzen, hauptsächlich aber durch Ausrufe, die ihren ganzen Zweifel ausdrücken sollen, sie haben diese Geschichte tausendmal gehört, und doch scheinen sie zu fragen: „Darf ich meinen Ohren trauen? Ist eine solche Schandtat überhaupt möglich?" Nachdem der Erzähler geendet hat, setzt er sich neben dem Samovar nieder, und während man ihm seine Kalyan anzündet, betritt ein anderer die Kanzel, um von neuem alle die Einheiten dieses unvergeßlichen Verbrechens auszumalen.

Der kleine Salon, wo ich, getrennt von den anderen, wache, zeigt eine wunderbare, nicht gewollte Altertümlichkeit; wenn man ihn auf diese Weise eingerichtet hat, wie man es auch schon vor fünfhundert Jahren hätte machen können, so liegt es daran, daß es in Koumichah keine neuere Mode gibt, daß bis jetzt noch keiner unserer weselichen Schundgegenstände in diese Wohnung eingedrungen ist, nirgends sieht man hier Spur von den bedruckten Baumwollstoffen, mit denen England jetzt Asien überflutet; die Augen können zum Zeitvertreib alle diese Dinge genau betrachten, ohne daß sie auch nur ein einziges Merkmal unserer Zeit darunter fänden. Auf der Erde liegen die alten persisischen Teppiche; als Möbel dienen Kissen und große Zederntruhen, mit Kupfer oder Perlmutter eingelegt. In die dicken weißgekalkten Mauern hat man kleine Nischen, kleine spitzbogige oder ausgezackte Grotten eingelassen, sie ersetzen in diesen Ländern die Schränke, und werden mit kleinen, silbernen Kästen, mit Karaffen und Schalen verziert; dies alles ist alt, dies alles steht auf viereckigen, altertümlich gestickten Atlasdeckchen. Vor den inneren Türen, durch die mir der Zutritt verweigert ist, hat man Vorhänge aus seltsam reichen, harmonischen Seidenstoffen herabgelassen, die absichtlich verwischten Zeichnungen dieser Vorhänge zeigen ein buntes Gewirr von Linien, sie gleichen zuerst nur großen phantastischen Flecken, aber nach Art der Impressionisten enthüllen sie mir schließlich die Umrisse dunkler Zypressen.

In dem Garten, wo das Fest seinen Lauf nimmt, folgen die immer gescheckter oder immer aufgeregter werdenden Erzähler einander auf der steinernen Bank. Die Redner, die jetzt sprechen, bringen durch Stellung und Bewegung einen wirklichen Schmerz zum Ausdruck. Bei gewissen Sätzen stoßen die Zuhörer einen verzweifelten Schrei aus, werfen den Körper nach vorne und schlagen mit der Stirn gegen den Boden; oder sie entblößen alle die Brust, die schon in der Moschee zerschlagen ist, und rufen mit angsterfüllter Stimme immer wieder die beiden Namen: „Hassan, Hussin!... Hassan, Hussin!" Einige bleiben ganz auf der Erde liegen, In der Allee des Hintergrundes unter dem vorspringenden Jasmingebüsch der Mauer stehen die schwarzen, gespensterhaften Frauen, man sieht sie kaum, sie treten auch nicht näher, aber man weiß, daß sie da sind, und ihre Klagen verlängern das Echo dieses traurigen Konzerts. Wie für die Sänger des Gartens, so hat man auch mir auf einem Brett Rosen gebracht, und diese fallen auf die alten, kostbaren Teppiche herunter. Auch der Jasmin da draußen durchflutet trotz der Kälte die klare, sternenglänzende Maiennacht mit seinem Wohlgeruch. Dies ist eine Szenerie aus der ganz alten orientalischen Vergangenheit mit ihrer unberührten Ausschmückung, die durch die vielen Mauern, die jetzt verriegelten Tore beschützt wird: doppelte, sich windende Mauern umgeben dies Haus; hohe Mauern schließen das Viertel ein und sondern es ab, noch höhere Mauern beschirmen diese Stadt mit ihrer hunderjährigen Unvergänglichkeit — und dies alles liegt inmitten der einsamen Umgebung, auf die sich in diesem Augenblick das unendliche Schweigen herabsenkt, und deren Schneegefilde unter den Strahlen des Mondes bläulich leuchten...

Freitag, 11. Mai.

Als wir uns bei Aufgang einer strahlenden Sonne zur Weiterreise rüsten, ist es so kalt, daß die Fingerspitzen erfrieren. Wir befinden uns auf einem Platz, von wo aus man die tausend kleinen rosenroten Lehmkuppeln mit ihren Minaretts und ihren Trümmern, von wo aus man die herben violetten Berge sich im Halbkreis aufreihen sieht.

Die Stadt, die gesterrn von dem Geschrei, den Klagerufen widerhallte, ruht jetzt in dem frischen Schweigen des Morgens. Ein verzückter Derwisch predigt noch an irgendeiner Straßenecke und bemüht sich, einige Arbeiter, die gefolgt von ihren Eseln, die Hacke über der Schulter, nach dem Felde hinausgehen, heranzuziehen, aber vergebens, niemand bleibt stehen: Jedes zu seiner Zeit, und heute ist das Fest vorüber.

Die schönen Frauen von Koumichah sind wirkliche

Frühaufsteher, schon kommen einige sehr elegante zum Vorschein, jede reitet eine weiße Eselin, jede hat rittlings vor sich auf dem Sattel ein Baby, das sie in ihren schwarzen Schleier einhüllt, und das nur seine Nasenspitze dem lustigen Morgenwind zeigt. Es ist Freitag, und man will außerhalb der Stadt, zwischen dem jungen Grün der Gärten, hinter den hohen, alles verbergenden Mauern den Maientau genießen.

Unsere Pferde sind erschöpft, obgleich man ihnen während der ganzen Nacht die Füße gerieben, die Ohren gestrichen hat — was scheinbar das allerstärkendste Mittel ist. Deshalb reiten wir jetzt ganz langsam an den verschlossenen Gärten entlang, deren Lehmmauern an allen Ecken mit kleinen Türmen aus blauer Glasur verziert sind. An der Grenze der Einsamkeiten spiegelt eine sehr heilige Moschee ihre wunderbare Kuppel in einem Teich wider, nach den vielen Lehmgebäuden erscheint sie uns wie ein Stück feiner Juwelenkunst; sie leuchtet in der Sonne mit dem Glanz eines geschliffenen Achats; die Glasur, mit der sie bekleidet ist, zeigt ein Gewirr von blauen Arabesken, durch das sich einige gelbe Blumen mit schwarzen Kelchen hindurchziehen.

Und dann verschwindet plötzlich, hinter einem ausgedörrten Hügel, das große, aus Lehm erbaute Werk, das sich Koumichah nennt. Es verschwindet mit seinen Türmen, seinen fünfzig Minaretts, seinen tausend kleinen, höckerigen Kuppeln; vor uns liegt wieder der leere Raum, der Teppich, mit seinen unendlich vielen, farblosen Blümchen, die wir zermalmen, die noch im Sterben ihre süßen Düfte ausströmen. Wir glaubten, die traurige wohlriechende Wüste für immer verlassen zu haben, aber während unseres sieben- bis achtstündigen

Rittes dehnt sie sich eintöniger denn je, unter einer sich steigernden Hitze, mit ihren ewigen Luftspiegelungen vor uns aus.

Hätten wir den Ritt ein wenig beschleunigt, so würden wir noch vor Sonnenuntergang Ispahan erreicht haben; aber es schien uns ein ungünstiger Augenblick, bei Hereinbruch der Nacht in eine Stadt einzuziehen, deren Gastfreundschaft nur zweifelhaft ist, und deshalb beschlossen wir, in einer Karawanserei drei Meilen vor den Mauern abzusteigen.

Luftspiegelungen, Luftspiegelungen wohin man sieht: man könnte glauben, sich in den einsamen Ebenen Arabiens zu befinden. Ein unaufhörliches Zittern bewegt den Horizont, der in stetem Wechsel begriffen ist, beständig neue Formen annimmt. Von verschiedenen Seiten spiegeln sich kleine, wunderbar blaue Seen, Felsen oder Ruinen wider, sie locken uns an, verschwinden alsbald, erscheinen in einer anderen Richtung, und verbergen sich abermals vor uns... Eine Karawane mit seltsamen Kamelen schreitet auf uns zu, die Kamele haben zwei Köpfe, aber keine Beine, sie verdoppeln sich in der Mitte wie die Könige und die Königinnen der Kartenspiele... In der Nähe gesehen, werden es plötzlich ganz natürliche Tiere, ganz gewöhnliche, brave Kamele, die schon weit hinter uns den Weg nach Chiraz verfolgen. In den verschnürten Ballen, die an ihren Seiten herabhängen, tragen sie Opium; nach dem äußersten Osten wird es geschafft; ein großer Vorrat von Traum und Tod, in den Feldern Persiens hat er als weiße Blume geblüht, jetzt schickt man ihn zu den schlitzäugigen Leuten des himmlischen Reiches.

Gegen Abend, nachdem wir durch die gefurchten

Schlünde zwischen den spitzen, schwarzen Bergen, die Beduinenzelten gleichen, hindurchgedrungen sind, erreichen wir ein glücklicheres Persien; überall erscheinen in der Ferne die grünen Flecke der Kornfelder und der Pappeln.

Als Nachtquartier dient uns diesmal aber ein ziemlich wüstes, kleines befestigtes Schloß, das mitten in einem fruchtbaren Landstrich liegt. In der Abendröte der untergehenden Sonne langen wir dort an, und sehen, daß die Karawanserei von ungezählten Warenballen, von einigen hundert knienden Kamelen umgeben ist. Wir haben hier eine jener großen Karawanen vor uns, die, langsamer als Züge der Maultiere oder der Esel, die ganz schweren Frachtladungen befördern und fünfzig bis fünfundfünfzig Tage gebrauchen, um von Teheran nach Chiraz zu gelangen. Wie gewöhnlich bewohnen wir die Ehrenzimmer, oberhalb des spitzbogigen Eingangstores: ein hochgelegener Raum mit Lehmwänden, mit einer Wandelbahn, die über den Dächern, über dem krenelierten Rücken des Walles führt. — Ispahan, das Ziel unserer Sehnsucht, liegt nur drei Stunden Weges von hier entfernt, aber der hügelige Boden verbirgt die Stadt vor unseren Augen.

Sobald die Sonne untergegangen ist, gerät die Karawane unter den Mauern in Bewegung, bei dem hellen Mondschein, bei dem Licht der funkelnden Sterne will sie durch die Nacht dahinziehen. Der Wind trägt uns den Moschusgestank der Kamele, ihre lauten Wut- oder Leidensschreie zu, die sie jedesmal dann ausstoßen, wenn man sie beladen will; wir stehen mitten in einer wütenden Menagerie und man versteht nicht mehr sein eigenes Wort.

Felsen und Höhlen am Dyala

Das rötlich goldene Licht verschwindet bei Sonnenuntergang vor dem runden Mond, der die Schatten unserer krenelierten Mauern und unserer Türme auf den Erdboden wirft. Allmählich werden die zahllosen Ballen, die verstreut umherlagen, auf die Rücken der Kamele gepackt und verteilt; die Tiere sind, jetzt, wo sie stehen, wieder gefügig und bewegen leise ihre Glöckchen. Die Karawane bricht auf.

Die Kamele schreien nicht mehr, und jetzt entfernen sie sich im Gänsemarsch unter dem süßen Klang ihres Glockenspiels. Nach den Ländern des Südens, aus denen wir kommen, kehren sie langsam zurück; alle Spalten, alle Schlünde, die wir überwunden haben, müssen sie durchschreiten. Von einer Etappe zur anderen, von einem Stein zum anderen führt sie der mühsame Weg. Und immer von neuem werden sie wieder aufbrechen, bis sie schließlich zu Boden stürzen und den Geiern zum Opfer fallen. Der Wind trägt uns nicht mehr ihren Gestank, sondern den süßen Duft der Gräser zu. In einer langen Reihe entfernen sie sich, sind jetzt nur noch ein winziges Pünktchen, das sich durch die dunkle Ebene dahinschleppt; der Ton ihrer Glöckchen ist bald verklungen. — Von unseren Mauern herab sehen wir, wie die Burgherren des Mittelalters, in die vor uns liegende Ebene hinein. — Seitdem die Karawane verschwunden ist, kehrt das große Schweigen zu den weiten uns umgebenden Steppen zurück. Alle Zacken unseres kleinen Walles werfen jetzt ihre hellen, bestimmten scharfen Schatten auf den Boden. Unter uns schließt man mit großem Gepolter die eisenbeschlagene Tür, die uns vor nächtlichen Überraschungen schützen soll. Bei dem Lied der Heimchen senkt sich die Nacht immer tiefer auf uns herab, aber sie ist so durchsichtig, daß man unendlich weit, nach allen Seiten hin sehen kann. Von Zeit zu Zeit fühlen wir einen heißen Hauch, der uns den Duft des Quendels und der Königskräuter zuträgt. Und dann streicht unter dem gespenstischen Licht des Mondes ein Frösteln dahin, und plötzlich ist es kalt.

Sonnabend, 12. Mai.

Bei Sonnenaufgang brechen wir endlich nach Ispahan auf. Eine Stunde lang reiten wir durch eine traurige kleine Wüste, deren Boden aus braunen Lehmhügeln und Tälern besteht — zweifellos liegt die Wüste hier, um die Stadt der blauen Glasur mit ihrer frischen Oase doppelt schön erscheinen zu lassen.

Und dann, wie auf dem Theater, wenn der Vorhang aufgeht, teilen, trennen sich zwei einzeln dastehende Hügel; und das dahinterliegende Paradies entfaltet sich langsam vor unseren Augen. Zuerst sieht man Felder mit hohen weißen Blumen, und nach der Einförmigkeit der erdigen Wüste leuchten uns diese wie Schnee entgegen. Dann folgen mächtige Baumgruppen — Pappeln, Weiden, immergrüne Eichen, Platanen —, und zwischen den Bäumen hindurch leuchten all die blauen Kuppeln, all die blauen Minaretts von Ispahan auf... Ein Wald und eine Stadt zugleich. Dies Maiengrün ist noch üppiger als bei uns, ist von wunderbarer Frische, aber besonders ist es diese blaue Stadt, diese Stadt von Türkis und Lapislazuli, die unter den Strahlen eines Morgenhimmels so seltsam unwahrscheinlich, so zauberhaft schön wie eine alte orientalische Sage daliegt.

Ungezählte kleine Kuppeln aus rosenrotem Lehm tauchen zwischen den Zweigen auf, aber alles, was ein wenig höher in den Himmel hinaufragt, die schlanken, gleich Spindeln gewundenen Minaretts, die ganz runden Kuppeln, diese aufgebauchten Kuppeln, die Turbanen gleichen, und in einer Spitze enden, die majestätischen Kuppeln der Moscheen, die Mauervierecke mit ihren spitzbogigen Toren, dies alles glitzert, flimmert in so kräftigen, wunderbaren, blauen Tönen, daß man unwillkürlich an Edelsteine, an Paläste aus Saphiren, an eine überirdische zauberhafte Pracht erinnert wird. Und in der Ferne beherrschen, verteidigen die Schneegefilde diese hochgelegene, heute vereinsamte Oase, die zu ihrer Zeit doch der Mittelpunkt aller Herrlichkeiten, aller Wunder der Welt war.

Ispahan!... Aber welches Schweigen herrscht in seinem Umkreise!... Bei uns, außerhalb einer großen Stadt, sieht man noch kilometerlange Strecken mit rußfarbenen Schmutzhaufen, mit Kohlen, mit lärmenden Maschinen, vor allem aber mit dem Netz der Eisenbahnlinien bedeckt, die eine törichte Verbindung mit der übrigen Welt herstellten.

Ispahan, einsam und entlegen, ragt es in seiner Oase auf, und nicht einmal Fußsteige scheinen dorthin zu führen. Große, verlassene Friedhöfe, wo Ziegen grasen, klare Bäche, die ungehemmt dahineilen, über die man keine Brücke geschlagen hat, alte eingefallene krenelierte Mauern, das ist alles. Lange suchen wir zwischen den Trümmerhaufen der Wälle, zwischen den fließenden Gewässern nach einem Durchgang und wagen uns schließlich vorwärts, auf einem geraden Pfade, der von zwanzig Fuß hohen Mauern eingeschlossen wird, der uns keine Aussicht gewährt und durch den mitten hindurch ein kleiner Bach fließt. Er gleicht einer langen Mausefalle und mündet in einen großen Platz, wo die summenden Stimmen der Menge ertönen, Käufer, Verkäufer, gespensterhafte Frauen, Tscherkessen mit anschließenden Waffenröcken, syrische Beduinen, die mit den Karawanen aus dem Osten gekommen sind (ihre Köpfe erscheinen von gewaltigem Umfang durch die darum gewickelten Seidenstoffe, Armenier, Juden... Auf der Erde, im Schatten der Platanen, liegen ganze Haufen von Teppichen, Decken, Sätteln, von alten Burnussen oder alten Hüten; im Vorübergehen treten die Esel mit ihren Füßen darauf — gleichfalls unsere Pferde, die sich jetzt ängstigen. Aber noch haben wir nicht die Stadt der blauen Minaretts erreicht. Dies ist nicht das Ispahan, das wir beim Verlassen der Wüste sahen, und das uns in der klaren Morgenluft so nahe erschien; das wirkliche Ispahan liegt eine Meile weiter, liegt hinter den Mohnfeldern, hinter einem großen Fluß. Hier haben wir es nur mit einer armenischen Vorstadt zu tun, mit der profanen Vorstadt, in der alle Fremden, die nicht der mohammedanischen Religion angehören, wohnen dürfen. Und diese bescheidenen, fast ganz verfallenen Viertel, mit der großen armen Bevölkerung, das sind die Überreste des Djoulfa, das am Ende des sechzehnten Jahrhunderts, unter dem Schah Abbas, groß und mächtig war. (Es ist bekannt, daß dieser ruhmreiche Herrscher — allerdings durch ein etwas gewaltsames Verfahren — von den nördlichen Grenzen eine ganze armenische Kolonie kommen ließ, um sie hier am Fuße seiner Hauptstadt anzusiedeln, später überhäufte er sie mit Vorrechten, und so wurde diese handeltreibende Vorstadt eine Quelle großer Reichtümer für das Kaiserreich. In den darauffolgenden Jahrhunderten, unter anderen Schahs, sah sich diese immer wachsende armenische Ansiedlung bedrängt, verfolgt, auf jede Weise unterdrückt*. Heute jedoch, unter dem jetzt herrschenden Vezir von Jrak, hat sie wieder die Erlaubnis erhalten, ihre Kirchen zu öffnen und in Frieden zu leben.)

Man drängt sich um uns, wir sollen in Djoulfa bleiben: Christen, so erzählt man uns, dürfen nicht in dem heiligen Ispahan wohnen. Auch werden unsere Pferde uns nicht dorthin bringen, ihr Besitzer weigert sich; es steht nicht im Kontrakt, folglich läßt es sich nicht machen. Armenier bieten uns Zimmer in ihren Häusern zur Miete an. Unser Gepäck und unsere Waffen liegen auf der Erde, und da stehen wir, umringt von der Menge, die einen immer dichteren Kreis um uns schließt, die immer lebhafter wird. — Nein, ich will in der schönen, blauen Stadt wohnen, deshalb bin ich hierher gekommen, und man soll mir keinen anderen Vorschlag machen! Man bringe mir Maultiere oder Esel, gleichgültig was, und dann fort aus dieser kaufmännischen Vorstadt, die nur der Ungläubigen würdig ist.

Wie ich vorausgesehen hatte, sind die Maultiere, die man herbeiführt, störrische, boshafte Tiere, zwei-, dreimal werfen sie ihre Last zu Boden. Und die Leute sehen unseren Vorbereitungen zum Aufbruch mit spöttischem

* Neben den Erpressungen und Gewalttätigkeiten, die die Armenier zu erdulden hatten, erließ man ganz lächerliche Verordnungen gegen sie. So wurde es ihnen verboten, bei Regenwetter, wenn sie durchnäßt waren, die Stadt zu betreten, weil ihre Kleider in dem großen Basar die Gewänder der Muselmänner berühren und dann beschmutzen würden.

Gesicht zu, mit einem Gesicht, auf dem geschrieben steht: Man wirft sie hinaus, und dann kommen sie zurück. Was tut das? Vorwärts auf den schmalen Pfaden, durch die engen Gäßchen, an den dort fließenden Bächen entlang, die in den nahen Schneegefilden entspringen. Bald befinden wir uns von neuem in den Korn- und Mohnblumenfeldern. Und dort liegt der Fluß von Ispahan, nur wenig tief fließt er in seinem Bett von Kieselsteinen dahin; er könnte als Verkehrsweg dienen, wenn er sich ins Meer ergösse, statt in die unterirdischen Lager einzudringen und schließlich in dem See zu münden, den wir zu Anfang unserer Reise inmitten der Einöden haben liegen sehen; an seinen Ufern trocknet man hunderte von diesen Wandbekleidungen, auf die man Muster in Form eines Tempelportals druckt, und die dann ganz Persien, die ganze Türkei überschwemmen.

Es ist eine prachtvolle, seltsame Brücke, auf der wir der Stadt entgegenziehen; sie stammt, wie aller Luxus in Ispahan, aus der Zeit des Schah Abbas; sie ist dreihundert Meter lang und besteht aus zwei übereinander liegenden, spitzbogigen Arkaden, deren graue Steine durch das herrliche Blau der Glasur hervorgehoben werden. Gleichzeitig mit uns hält eine Karawane ihren Einzug, eine sehr lange Karawane; sie kommt aus den Wüsten des Westens, und ihre Kamele sind alle mit wilden Federbüschen geschmückt. Zu beiden Seiten der Fahrstraße, die die Mitte der Brücke einnimmt, liegen die für Fußgänger bestimmten Wege, geschützt von anmutigen, fayencebekleideten Bogenwölbungen; sie gleichen gotischen Klostergängen.

All die schwarzen, gespensterhaften Frauen, die auf den überdachten Pfaden lustwandeln, halten einen

Rosenstrauß in der Hand. Rosen, überall Rosen. All die kleinen Zuckergebäck- und Teeverkäufer am Wege haben ihre Aufsatzplatten mit Rosen überladen, haben Rosen in den Gürtel gesteckt, und die in Lumpen gehüllten Bettler unter den Spitzbogen entblättern die Rosen zwischen ihren Fingern.

Die blauen Kuppeln, die blauen Minaretts, die blauen Zinnen zeigen uns jetzt die Einzelheiten ihrer Arabesken, die den Zeichnungen alter Gebetsteppiche gleichen. Und unter dem wundervollen Himmel, der sich über Ispahan wölbt, tummeln sich viele Taubenschwärme, sie fliegen auf, sie kreisen in der Luft, sie lassen sich von neuem auf den fayencebekleideten Türmen nieder.

Nachdem wir die Brücke überschritten haben, erreichen wir eine große, gerade Allee, die allen unseren bis jetzt gesammelten Eindrücken von orientalischen Städten widerspricht. Zu beiden Seiten des Weges läuft eine Hecke von dichten Rosenbüschen entlang; im Hintergrunde sieht man die Gärten liegen, aber die Häuser, die vielleicht schon verfallenen Paläste, schimmern nur undeutlich zwischen den hundertjährigen Bäumen hindurch; das Laub ist gar zu dicht. Diese Rosenwände, die hier auf offener Straße stehen, und die die Vorübergehenden plündern können, haben in toller Üppigkeit geblüht, und da jetzt die Zeit der Ernte gekommen ist, da man jetzt an die Essenzbereitung geht, stehen die verschleierten Frauen mit der Schere in der Hand zwischen den Büschen und schneiden und schneiden; sie lassen einen Blätterregen herniederfallen; überall Körbe, gefüllt mit Rosen, überall Berge von Rosen auf der Erde... Erzählte man uns nicht in Djoulfa, daß wir einen üblen Empfang haben würden in dieser

Stadt der großen Bäume und der Blumen, die so offen daliegt, und in die man uns so ruhig hineinziehen läßt?

Aber die Eingeschlossenheit, die Beklommenheit der Ruinen und des Geheimnisvollen wartet unser bei der ersten Biegung des Weges. Plötzlich finden wir uns wie in Chiraz in einem Labyrinth von verlassenen, dunklen Gäßchen, zwischen hohen, fensterlosen Mauern wieder, und auch hier ist der Boden mit Unrat, mit Gebeinen, mit verreckten Hunden bedeckt. Alles ist unbewohnt, baufällig und finster; zuweilen sehen wir durch einen Riß in der Mauer einige Häuser, aber diese können nur Geistern und Eulen als Unterschlupf dienen. Und in der unendlichen, grauen Eintönigkeit der Wände streuen die immer reizvollen alten Türen mit ihren wunderbar glasierten Einfassungen ihr Mosaïk in kleinen blauen Stückchen auf die Erde, so, wie die Bäume im Herbst ihre Blätter über den Boden säen. Es ist kalt, und man atmet schwer zwischen diesen Trümmern, durch die wir im Gänsemarsch dahinziehen, und mehr als einmal verlieren wir unsere störrischen Tiere, die uns nicht folgen wollen, aus dem Auge. Wir wandern, wir wandern immer weiter, ohne recht zu wissen, wohin.

Unser Führer scheint auch nicht zuversichtlicher als die Armenier in Djoulfa in bezug auf den Empfang zu sein, den man uns wird zuteil werden lassen. Zuerst wollen wir es in den Karawansereien versuchen, später können wir uns immer an die Einwohner wenden...

Wir erreichen jetzt die großen gewölbten Schiffe der Basare und befinden uns plötzlich mitten im Volksgewühl, hier ist es schattig. und kühl. Die Stadt kann also doch nicht überall ausgestorben sein, denn ein lautes Gesumme dringt an unser Ohr. Aber es ist fast dunkel, und das Kommen und Gehen der burnusgekleideten Kaufleute, der gespensterhaften Frauen, der Reiter, der Karawanen, das Treiben, in das man plötzlich nach den vielen Trümmern, nach dem großen Schweigen hineingerät, erscheint zuerst fast märchenhaft.

Die Basare Ispahans, einst die reichsten Handelsplätze Asiens, sind eine Welt für sich. Ihre steinernen Schiffe, ihre Reihen hoher Kuppeln verlieren sich in der Unendlichkeit, sie kreuzen sich, regelmäßige Plätze, und diese sind mit Springbrunnen geschmückt, und sind inmitten ihres Verfalls noch immer großartig anzusehen.

Löcher, Kloaken, ein holperiges Pflaster, auf dem man ausgleitet; nur mühsam dringen wir vorwärts, wir werden von den Leuten, von den Tieren gestoßen, und immer wieder müssen wir uns mit unseren Maultieren beschäftigen, die sich in dem seltsamen Gewühl verlieren.

Zu beiden Seiten dieser Alleen öffnen sich die Karawansereien, sie werfen eine Flut von Licht auf den Weg. Alle besitzen sie ihren unter freiem Himmel gelegenen Hof, wo die Reisenden ihre Kalyan im Schatten einer alten Platane, neben einem plätschernden Springbrunnen, zwischen den Büschen der rosenroten, der weißen Rosen rauchen, kleine, ganz gleiche Zimmer, die zwei oder drei übereinander liegende Stockwerke bilden, gehen auf die inneren Gärten und erhalten ihr Licht durch die blauglasierten Spitzbogen.

Wir haben an der Tür von drei, vier, fünf Karawansereien um Einlaß gebeten, und immer wurde uns die Antwort zuteil, daß alles überfüllt sei.

Hier wohnt scheinbar niemand; aber welch ein trauriges, dunkles Schmutzloch ist dies, das am Ende eines verlassenen, einstürzenden Stadtviertels liegt! — Um so schlimmer! Es ist nach zwölf Uhr mittags, wir sterben vor Hunger, wir können nicht mehr, also laßt uns hineingehen. — Außerdem weigern sich unsere Maultiere und Maultiertreiber, ihren Weg fortzusetzen, sie werfen alles von sich auf das Pflaster, vor die Tür, in der einsamen, unheimlichen Straße, die unter den dicken Gewölben fast ganz in Dunkelheit gehüllt daliegt. — „Alles ist überfüllt", antwortete uns der Wirt mit seinem höflichsten Lächeln... Was jetzt anfangen?...

Ein alter Mann mit schlauem Gesicht verfolgt uns seit einem Augenblick, jetzt nähert er sich uns und will mich im Vertrauen sprechen: Ein Herr, der sich in Geldverlegenheit befindet, flüstert er mir ins Ohr, hat ihn beauftragt, ein Haus zu vermieten. Es mag ein wenig teuer sein, fünfzig Tomans (zweihundertfünfzig Franks) im Monat, aber immerhin, wenn ich es mir ansehen möchte... Und er führt mich weit, sehr weit, eine halbe Meile durch Trümmer- und Schutthaufen hindurch, um schließlich, am Ende einer Sackgasse, eine wurmstichige Tür zu öffnen, die in eine Totengruft zu führen scheint.

Ach! Welch eine wunderbare Wohnung ist dies! Ein Garten, oder vielmehr ein Nest von Rosen: schlanke Rosenstämme, hoch wie Bäume, Kletterrosen, die die Mauern unter einem Netz von Blüten verbergen. Und im Hintergrunde liegt ein kleiner Palast aus Tausendundeiner Nacht, mit einer langen, schlanken Säulenreihe, in altem persischen Stil, der noch von der achämenidischen Architektur, von dem Glanz des Königs

Darius erzählt. Im Innern herrscht der alte, sehr reine Orient; ein hoher Saal, einst Weiß mit Gold, jetzt aber in Elfenbeinton, durch ein verblaßtes Purpurrot belebt. An der Decke sieht man ein Mosaik aus winzig kleinen Spiegelteilchen zusammengesetzt, es leuchtet mit dem Glanz getrübten Silbers, und dann die Anläufe jener unvermeidlichen Ornamente der persischen Paläste, sie gleichen Perlen aus Stalaktit oder ungezählten Bienenzellen. Die Diwane sind mit graugrüner Seide bedeckt, in die ein altmodisches Muster von roten Flammen hineingewebt ist. Kissen, Teppiche aus Kerman und Chiraz. Im Hintergrunde gewähren die Türen, deren Bogen gleichsam aus Stalaktit ausgezackt zu sein scheinen, einen Blick in eine begrenzte Ferne, wo es bereits dunkelt. Und über diesem allen liegt der beunruhigende Reiz des Verfalls, des Geheimnisvollen, des Abenteuerlichen. Und in den süßen Hauch der Rosen mischt sich der unbestimmte Duft der Haremessenzen, mit denen alle Stoffe durchtränkt sind...

Schnell will ich meine Leute und mein Gepäck herbeiholen, während der gute Kerl seinen Herrn benachrichtigt, daß der Handel zu jedem beliebigen Preis geschlossen ist. Für mich, den durchreisenden Fremden, ist es ja ein ungeahnter Zeitvertreib, ein solches Haus zu bewohnen, das in einer Stadt wie Ispahan, umgeben von den Ruinen, in Schweigen gehüllt, daliegt!

Aber ach! Bald höre ich in der Straße jemanden hinter mir herlaufen; es ist der brave Alte, der mir ganz bestürzt zuruft: Der Herr in Geldverlegenheit lehnt das Anerbieten mit Entrüstung ab. „Christen!“ — hat er geantwortet, „nicht für tausend Tomans den Tag; sie sollen sich scheren, nach Djoulfa oder zum Teufel!“

Es ist halb zwei Uhr. Wir sind mit jedem beliebigen Lager zufrieden, wenn wir uns nur im Schatten ausruhen und zu einem Ende kommen können.

In einem Hause armer Leute, über einem Hof, wo zerlumpte Kinder herumwimmeln, will uns eine alte Frau ein Hundeloch vermieten, vier aus Stampferde errichtete Mauern und ein Dach aus Zweigen, weiter nichts; zuerst aber muß sie bei ihrem Vater die Erlaubnis einholen, und das ist äußerst umständlich, denn der Greis ist schon kindisch, ist blind und taub, und unendlich lange dauert es, bis man ihm erst ins eine, dann ins andere Ohr die ganze Geschichte hineingetutet hat.

Kaum hatten wir uns dort oben zur Ruhe hingelegt, als ein ohrenbetäubender Lärm zu uns hinaufdrängt und uns stört: Der Hof ist voller Leute, ebenso die Straße; und wir sehen die alte Frau schluchzend in der Menge stehen, die auf sie einschreit und mit Fäusten droht.

— Was bedeutet dies? fragt man sie, sie beherbergt Christen! Heraus mit dem Geld! Heraus mit ihrem Gepäck, sofort hinaus mit ihnen!

— Nein, diesmal weichen wir nicht!

Ich lasse meine Tür verrammeln und der Menge durch einen Herold mitteilen, daß ich weit eher bereit wäre, alle Schrecken einer Belagerung zu ertragen, als hinabzugehen; und dann stellen mein französischer Diener und ich uns ans Fenster und lassen unsere Revolver blitzen, — nachdem wir sie zuvor entladen hatten, um allen etwaigen Unglücksfällen vorzubeugen.

VIERTER TEIL

Auf einem Stück Papier, das ich im ersten Augenblick der Belagerung meinem treuesten Perser anvertraute, hatte ich in meiner Not einige Worte an den einzigen Europäer, der in Ispahan wohnt, an den Fürsten D..., den russischen Generalkonsul, gekritzelt. Mein belagertes Haus liegt zufälligerweise dem seinen ungefähr gegenüber, und alsbald sehe ich zwei kosakische Kerle, in der offiziellen großen Livree gekleidet, herbeieilen, alles verneigt sich vor ihnen. Man hat sie mir schleunigst gesandt, und sie überbringen mir jetzt die liebenswürdigste Einladung des Fürsten, bei ihm abzusteigen, und trotz der Furcht, unbescheiden zu erscheinen, bleibt mir wirklich nichts weiter übrig, als die Einladung anzunehmen. Ich willige also ein, den Platz zu räumen und mit erhobenem Haupte den beiden silbergalonierten Befreiern zu folgen, während die Menge, die im Grunde nicht bösartig, sondern vielmehr kindlich ist, mir eigenhändig mein Gepäck nachträgt. Im Hintergrunde eines großen Gartens — der natürlich voller Rosen, selbstverständlich aber hoch umfriedigt ist — liegt ein geräumiges, reinliches, helles Haus, und ich empfinde es als seltsames Wohlbehagen, als ein wunderbares Gefühl der Ruhe, daß ich mich nach dem täglichen Aufenthalt in den Lehmhöhlen, in dem Durcheinander der Karawansereien, plötzlich in einer Wohnung von europäischem Komfort, umgeben von orientalischem Luxus wiederfinde. Der Fürst und die Fürstin D... sind übrigens reizende Wirte, sie verstehen es, mich vom ersten Augenblick an fühlen zu lassen, daß ich ihnen nicht ein zufällig aufgelesener Wegelagerer, sondern ein erwarteter, willkommener Freund bin.

Sonntag, 13. Mai.

Spät wache ich auf, beim Gezwitscher der Vögel, und noch bevor mir das Bewußtsein ganz zurückgekehrt ist, habe ich ein Gefühl der Sicherheit und der Muße: der Tcharvadar wird mich heute morgen nicht zum Aufbruch anspornen; ich brauche mich nicht auf den Weg zu machen, brauche nicht auf schlechten Pfaden, über Spalten und Risse dahinzureiten. Mich umgeben nicht mehr die durchlöcherten, schwärzlichen Mauern, nicht mehr Erde und Unrat; das Zimmer ist geräumig und weiß, hat breite Diwans und bunte orientalische Teppiche. Der Garten vor meiner Tür ist ein einziges, großes Rosenbeet, einige gelbe Ginsterpflanzen, die an verschiedenen Stellen in goldenen Büscheln hervorspringen, beleben es, und darüber wölbt sich ein Maienhimmel so klar, so tief, wie man ihn in anderen Gegenden kaum kennt. Die Vögel, Bachstelzen, Meisen, Nachtigallen tragen ihr bräutliches Lied bis an die Schwelle meiner Tür. In der Luft zittert gleichsam der Rausch des Lenzes; es ist die große Schönheit des persischen Frühlings, die so bald vor dem sengenden Sommer entflieht, es ist die wilde Begeisterung der Rosenzeit zu Ispahan, die nicht schnell genug ihre Säfte verschwenden kann, die in wenigen Tagen alle ihre Blüten, ihren ganzen Wohlgeruch ausströmen muß.

Außerdem habe ich beim Erwachen das Gefühl, daß jetzt der schwierige Teil der Reise überstanden ist, — daß jetzt — glücklicherweise und leider! — Persien und die Wüsten hinter uns liegen. Ispahan ist eine der letzten Etappen auf dem gefährlichen Wege, denn es steht in Verbindung mit dem Norden, mit Teheran und dem Kaspischen Meer, über das ich den Heimweg antreten werde; die Furcht vor den Räubern ist jetzt überflüssig, und die Pfade, auf denen die Karawanen dahinziehen, können nicht mehr so ganz unmöglich sein, denn man weiß schon von Reisenden zu erzählen, die diese Strecken zu Wagen zurückgelegt haben sollen.

Was meinen Aufenthalt hier anbetrifft, so brauche ich keine Belästigungen zu befürchten, da ich unter dem Schutz der russischen Fahne stehe. Aber die Leute in Ispahan scheinen den Fremden nicht so günstig gesonnen zu sein wie die Bevölkerung in Chiraz oder in Koumichah, wenn ich spazieren gehe, wird mir jedesmal eine Wache mitgegeben, ebensosehr des Schutzes wie des Anstandes wegen: zwei mit Stöcken bewaffnete Soldaten eröffnen den Marsch; hinter ihnen ein galonierter Kosak in der Livree des Fürsten. Und in diesem Aufzug verlasse ich heute, an einem schönen Maienmorgen, zum erstenmal das Haus, um den Kaiserplatz* zu besuchen, das Wunder der Stadt, das im siebzehnten Jahrhundert von den ersten Europäern, die hier eindringen durften, so sehr angestaunt wurde.

Nachdem wir durch mehrere gewundene Gäßchen

* Meïdan Schah.

über Löcher und Trümmerhaufen dahingeeilt sind, umgibt uns von neuem der ewige Schatten der Basare. Das Gewölbe, das wir jetzt erreicht haben, gehört den Schneidern; Burnusse, blaue Kleider, grüne Kleider, Kleider aus buntem Kaschmir werden hier in einer Art von Kathedrale, die unendlich lang und wohl dreißig bis vierzig Fuß hoch ist, genäht und verkauft. Ein ganz mit Emaillemosaik ausgelegter Bogen zeigt von der Erde bis zur äußersten Spitze des Gewölbes eine Öffnung, durch die wir plötzlich den Platz Ispahans vor uns liegen sehen, der in keiner europäischen Stadt seinesgleichen findet, weder was die Größe, noch was die Pracht anbelangt. Er ist im reinen Rechteck erbaut, wird von gleichmäßigen Gebäuden eingerahmt und hat eine so gewaltige Ausdehnung, daß die Karawanen, die langen Reihen der Kamele, die Züge, die ihn in diesem Augenblick unter einem wunderbar strahlenden Morgenhimmel kreuzen, daß dies alles sich hier zu verlieren scheint; seine vier Seiten werden zum größten Teil von den langen, geraden Schiffen der Basare gebildet, mit ihren übereinander liegenden, riesengroßen, gemauerten Spitzbogen aus graurotem Stein, die sich in eintönigen, endlosen Reihen dahinziehen; aber, um diese zu große Gleichgültigkeit der Linien zu unterbrechen, leuchten die seltsamen, herrlichen Gebäude uns gleich kostbaren Porzellanstücken von verschiedenen Seiten entgegen. Im Hintergrunde, in majestätischer Zurückgezogenheit und doch im Mittelpunkt von allem, liegt die kaiserliche Moschee*. Alles ist aus blauem Lapislazuli, aus blauem Türkis, ihre Kuppeln, ihre Portale,

* Die Masjed Chah.

ihre ungeheuren Spitzbogen, ihre vier Minaretts, die gleich riesengroßen Spindeln in die Luft hineinragen. Mitten auf der rechten Seite sieht man den Palast des großen Kaisers, den Palast des Schah Abbas, seine schlanke Säulenhalle im alten assyrischen Stil, die auf einem dreißig Fuß hohen Sockel ruht, hebt sich wie etwas Leichtes, Luftförmiges in dem leeren Raume ab. Auf unserer Seite blitzen die Minaretts, die Kuppeln aus gelber Glasur auf, hier liegt die alte Freitagsmoschee, eine der heiligsten und der ältesten in ganz Iran*. Und dann überall in der Ferne andere blaue Kuppeln, andere blaue Minaretts, andere blaue Türme, von Tauben umkreist, sie tauchen zwischen den Wipfeln der Platanen auf. Und schließlich am äußersten Rande der Ebene umrahmen die Berge dies große Bild mit ihren leuchtenden Schneezacken.

In Persien, wo vor undenkbaren Zeiten die Leute die gewaltige Arbeit der Bewässerung unternahmen, um ihre Wüsten fruchtbar zu machen, geht nichts ohne fließendes Wasser; so sieht man auch hier zu beiden Seiten des großartigen Platzes klare Bäche durch weiße marmorne Rinnen dahineilen; sie kommen aus weiter Ferne und speisen zwei Alleen und Rosengebüsche. Und dort unter kleinen Zelten rauchen die vielen müßigen Träumer ihre Kalyan und trinken ihren Tee; die einen kauern auf der Erde, die anderen sitzen auf Bänken, die sie über den Bach gelegt haben, um in nächster Nähe den kühlen Hauch genießen zu können, den die kleine vorüberfließende Welle mit sich bringt. Hunderte von Leuten, die verschiedensten Tiere bewegen sich auf

* Die Masjed Djummah.

diesem Platz, ohne ihn doch jemals ganz zu füllen, denn er ist unendlich groß, und immer liegt seine Mitte fast ganz verlassen, in ein Meer von Licht gebadet, da. Schöne Reiter führen ihre Pferde im Galopp vor — im persischen Galopp, wo sie mit straffen Zügeln dem Hals ihres Pferdes die Biegung eines Schwanenhalses geben. Scharen von turbangekleideten Männern verlassen nach der Morgenandacht die Moscheen, sie erscheinen zuerst in den großen, wahnsinnig blauen Portalen und verlieren sich dann in der Sonne. Kamele ziehen langsam vorüber, Truppen kleiner, mit schweren Lasten beladener Esel trippeln heran. Gespensterhafte Damen reiten auf ihren weißen Eselinnen spazieren, in der Hand haben sie überaus prächtige Gerten aus gesticktem Samt mit goldenen Fransen besetzt. — Und doch, wie jämmerlich würde dies Treiben, würden die heutigen Trachten sich neben dem machen, was man auf demselben Platze unter der Herrschaft des großen Kaisers sehen konnte, als die Vorstadt Djoulfa noch mit Reichtümern überschwemmt war! Zu seiner Zeit floß alles Geld Asiens nach Ispahan; die Glasurpaläste schossen so schnell wie das Maiengras aus der Erde hervor; und Kleider aus Brokat, Kleider aus gold- und silbergewirkten Stoffen wurden tagtäglich auf den Straßen getragen, ebenso wie die Agraffen aus kostbaren Steinen. Wenn man näher hinsieht, so ist man entsetzt über den Verfall aller dieser Gebäude, die beim ersten Anblick noch so glanzvoll erschienen! — Dort oben, die schöne luftförmige Säulenhalle des Schah Abbas hat sich unter dem Dach, das schon einzustürzen beginnt, geneigt. An der Seite, wo die winterlichen Winde wehen, sind alle Minaretts der Moscheen, alle Kuppeln zur Hälfte ihres geduldigen Fayencemosaiks beraubt und scheinen von einem grauen Aussatz angenagt zu sein; mit der Fahrlässigkeit, die den Persern eigen ist, lassen sie dem Verfall seinen Lauf; und außerdem wäre dies alles heute auch nicht mehr auszubessern: man hat weder das nötige Geld noch die Zeit, und das Geheimnis dieses wunderbaren Blaus ist seit langen Jahren verloren. Man bessert also nichts aus, und dieser einzig dastehende Platz, der mehr als dreihundert Jahre alt ist, wird niemals den Schluß des Jahrhunderts erleben, in das wir jetzt hineingehen.

Wie Chiraz die Stadt Kerim-Khans war, so ist Ispahan die Stadt des Schah-Abbas. Jederzeit ist es den Herrschern Persiens eine Kleinigkeit gewesen, ihre Hauptstadt zu wechseln, auch dieser Prinz entschloß sich ungefähr im Jahre 1565, hier seinen Hof zu errichten und aus dieser schon sehr alten und außerdem durch den Durchzug des Tamerlan fast ganz verödeten Stadt etwas zu machen, was die Welt in Erstaunen setzen würde. Zu einer Zeit, wo wir selbst im Westen an enge Plätze, an winkelige Gäßchen gewohnt waren, ein ganzes Jahrhundert, bevor man die stolzen Perspektiven Versailles' erschuf, hat dieser Orientale das großartige Ebenmaß, die Entfaltung der Alleen ersonnen und geschaffen, die noch nie ein Mensch nachzuahmen verstanden hat. Das neue Ispahan, das aus seinen Händen hervorging, widersprach allen Vorstellungen, die man sich damals über den Entwurf der Grundrisse machte, und heute rufen seine Ruinen auf diesem persischen Boden den Eindruck einer großen Ausnahme hervor. Es erschiene mir natürlich, wenn ich, wie in Chiraz, mich im Schatten neben den friedlichen Leuten niederließ, die eine Rose zwischen den Fingern halten; aber meine Ehrenwache ist mir lästig, und außerdem wäre es hier scheinbar gar nicht möglich: man würde mir den Tee mit Verachtung reichen, würde mir die Kalyan verweigern.

So laßt uns vorwärts wandern, da mir die süße Trägheit der Muselmänner versagt ist.

Um die kleine Sahara der Mitte zu vermeiden, halten wir uns am äußersten Rand des Platzes, wir schreiten an der endlosen Flucht der großen gemauerten Arkaden vorüber, damit ich mich wenigstens der kaiserlichen Moschee nähern kann, deren riesenhaftes Portal dort hinten mich wie der zauberhafte Eingang zu einer blauen Grotte anzieht! In dem Maße, wie wir vorwärts schreiten, scheinen die Minaretts und die Kuppel des tiefen Heiligtums — all das, was hinter dem Vorhof beschützt und geheiligt daliegt — scheinen die Gegenstände zu entweichen, zu verschwinden, während ich mich immer mehr dem Portale nähere, dem Spitzbogen, der sich in seinem Mauergeviert, mit seinen seltsam leuchtenden Fayenzen, so hoch wie ein Triumphbogen erhebt. Steht man unter diesem gewaltigen Tor, so sieht man einen Wasserfall von blauem Stalaktit von dem Gewölbe herabstürzen, er teilt sich in regelmäßige Wassergarben, dann in symmetrische Strahlen und gleitet an den inneren Mauern herab, die mit wunderbarer blauer, grüner, gelber und weißer Emaille bestickt sind. Diese herrlich glänzenden Muster stellen Blumenzweige dar, durch die sich feine, weiße, religiöse Inschriften ziehen, darunter sieht man ein Gewirr von Arabesken in den verschiedensten Türkisschattierungen. Die Wasserfälle, die Ströme von Stalaktit oder

Schlüsselstein, stürzen von dem Gewölbe herab, fließen bis zu den kleinen Säulen herab, wo sie sich schließlich ausruhen; auf diese Weise bilden sie ganze Reihen kleiner, wunderbar fein ausgezackter Bogen, die sich in einer harmonischen Verschlingung unter dem riesengroßen Hauptbogen reihen. Das Ganze, unbeschreiblich verworren, unbeschreiblich glänzend, mit seinen Farben, die den Edelsteinen anzugehören scheinen, ruft doch den Eindruck der Ruhe und der Einheit hervor, sobald man sich unter seinem kühlen Schatten befindet. Und im Hintergrunde dieses Peristyls liegt die Tür, die den Christen verschlossen bleibt, die Tür der heiligen Stätte, sie ist breit und hoch, aber man könnte sie klein nennen, so erdrückend wirkt der Umfang des Eingangsportals; sie ist eingelassen in die dicken, mit lapislazulifarbener Glasur bekleideten Wände; sie scheint in einem Reich zu versinken, wo das Blau allein herrscht.

Als ich in die russische Gesandtschaft zurückkehre, ist das Tor, das einzige in der Mauer, mit alten goldenen Stickereien, mit alten Gebetsteppichen geschmückt, die man aufs Geratewohl, wie für eine vorüberziehende Prozession, mit Nadeln an der Wand befestigt hat. Scheinbar will man mich hiermit locken, die armenischen und jüdischen Kaufleute haben von der Ankunft eines Fremden Wind bekommen und sind herbeigeeilt. Ich erbitte für sie die Erlaubnis, den Rosengarten betreten zu dürfen —, und von jetzt an gehört die Aufstellung der Kinkerlitzchen, die mir angeboten werden, die Handelsabschlüsse in den verschiedensten Sprachen, mit zu meinem morgendlichen Zeitvertreib.

Nachmittags spazieren meine mit Stöcken bewaffnete Begleitung und ich durch die Basare, wo stets ein gedämpftes Tageslicht und die angenehme Kühle der Gewölbe herrscht. Alle Gänge drohen einzustürzen, viele liegen verfallen, verlassen da; die Alleen, in denen die Verkäufer sich noch aufhalten, sind ihrer alten Pracht fast ganz beraubt, aber noch findet man dort die lärmende Menge, und tausend drollige, ins Auge fallende Gegenstände, die Plätze, wo diese Alleen sich kreuzen, sind stets von großen, herrlichen, hochschwebenden Kuppeln überdacht, durch deren Öffnung in der Mitte die hellen Strahlen persischer Sonne herniederfallen: Jeder dieser viereckigen Plätze hat seinen Springbrunnen, sein Marmorbassin, in das die Rosenhändler ihre schönen Sträuße tauchen, aus dem die Menschen, die Esel, die Kamele und die Hunde trinken.

Der Basar der Färber, der monumental, traurig und finster daliegt, erinnert an eine unendlich lange, mit schwarzem Tuch ausgeschlagene gotische Kirche, bis oben hinauf, bis zum Gewölbe hängen die Stoffe, von denen die Farbe herabtropft, — dunkles Blau für die Männerkleider, Schwarz für die Schleier der gespensterhaften Frauen.

In dem Basar der Kupferschmiede, der sich eine halbe Meile weit erstreckt und unaufhörlich von dem höllischen Lärm der Hämmer widerhallt, sind die anmutigsten Wasserkaraffen aufgestellt, und die kupfernen Schenkkannen, mit ihren schlanken, seltenen Formen, leuchten in neuem Glanz in den Schaufenstern der Läden, durch den rauchgeschwängerten Schatten hindurch.

Wie in Chiraz, so ist auch hier der Basar der Sattler der größte, er glitzerte von Stickereien, Goldperlen und

Pailetten. Die verschiedenen orientalischen Gebrauchsgegenstände der Karawanenreisenden sind hier in ungezählten Mengen ausgestellt! Ledersäcke mit seidenen Stickereien verziert, stark vergoldete Pulverhörner, Kürbisflaschen mit Gehängen überladen; kleine Schalen aus ziseliertem Metall, mit deren Hilfe man das Quellwasser am Wege schöpft. Und dann folgen die Gerten aus Samt und Gold, sie sind für die weißen Eselinnen der Damen bestimmt, die paillettenbenähten Zaumzeuge der Pferde oder der Maultiere, die Glockenkränze, deren Geläute die wilden Tiere zurückschreckt. Und schließlich sieht man all das, was zu der wirklichen Eleganz der Kamele gehört: Perlenreihen, die durch die Nasenlöcher gezogen werden, Quersäcke mit bunten Fransen; Kopfstücke mit Glasperlen verziert, Federbüsche und kleine Spiegel, in denen die Sonnenstrahlen oder die Mondstrahlen während der Reise aufgefangen werden. Einer der großen Spitzbogen sendet uns plötzlich eine Flut von Licht entgegen, und wieder liegt der kaiserliche Platz vor uns, stets wirkt er ergreifend durch seine ungeheure Ausdehnung und seine Pracht, mit seinen regelmäßigen Arkadenreihen, seinen Moscheen, die mit gewaltigen glasierten Turbanen bedeckt zu sein scheinen, seinen spindelförmigen Minaretts, an denen sich von unten nach oben in spiralförmiger Linie weiße Raupen, wunderbar blaue Arabesken, hinaufschlängeln.

Schnell wollen wir den großen Platz durchschreiten, der jetzt in der glühenden Sonnenhitze ganz verlassen daliegt, unter einem anderen, ähnlichen Spitzbogen suchen wir von neuem Schutz, tauchen wir von neuem in der Kühle der Gewölbe unter.

Der Basar, in dessen Schatten wir uns jetzt befinden, gehört den Bäckern. Hier herrscht eine glühende Temperatur, die Öfen sind in allen Läden geheizt; der Duft der gebackenen Naschwerks dringt uns entgegen. Viele Rosensträuße in den kleinen Schaufenstern, zwischen den Zuckersachen und den Torten; verschiedenfarbiger Sirup in Gläsern; Eingemachtes in großen, alten, chinesischen Porzellangefäßen, die unter der Herrschaft des Schah-Abbas hierher gekommen sind; eine Wolke von Fliegen. Ungezählte schwarze Frauen mit weißen Masken. Und vor allem die entzückenden Kinder, die man merkwürdigerweise ganz wie große Leute kleidet; kleine Knaben in langen Gewändern und gar zu hohen Hüten; kleine Mädchen mit gemalten Augen, niedlich wie Puppen anzuschauen, sie tragen überfallende Hemden, kurze Röcke und darunter Hosen.

Auf dem folgenden Platz, der ganz verfallen daliegt, bilden viele Menschen einen Kreis um den Springbrunnen: auf dem Rande des marmornen Beckens sitzt ein alter Derwisch und predigt; unter den Strahlen, die von der Kuppel herabfallen, leuchtet sein Bart und sein Haar weiß auf, er scheint hundert Jahre zu zählen, zwischen den knöchernen Fingern hält er eine Rose.

Und dann erreichen wir den Basar der Juweliere, niemand geht hier hindurch. Man verkauft ziseliertes Silber, Kästchen, Schalen, Spiegel, Kalyan-Karaffen; unter den trüben Scheiben des Kasten. um die man in höchster Vorsicht noch eine blaue seidene Schnur gewunden hat, liegen alte Schmucksachen zum Verkauf, aus Silber oder aus Gold, aus echten oder unechten Edelsteinen; dort sieht man auch ungezählte Agraffen, deren Bestimmung es ist, die kleine weiße, mit zwei

Löchern versehene Maske, die das Gesicht der Frauen verhüllt, hinter dem Kopf zusammenzuhalten. Fast alle Kaufleute sind Greise mit weißen Bärten, sie hocken in dunklen Nischen, jeder hält seine kleine Wage in der Hand, auf der die Türkise abgewogen werden, und jeder verfolgt seinen Traum, den kaum ein Käufer stört. Der Staub, die Fledermäuse, die Spinngewebe, der schwarze Schutt sucht diesen verödeten Basar heim, wo doch so viele wunderbare Dinge schlafen.

Wir beschließen unseren Tag in einem ausgestorbenen, verfallenen Ispahan, das sich, je tiefer die Sonne sinkt, in immer dunklere Schatten hüllt. Es ist dies der gewaltige Stadtteil, in dem nach der afghanischen Verheerung, nach den Schrecken der großen Belagerung, die der Sultan Mahmoud vor bald zweihundert Jahren gegen die Mauren unternahm, alles Leben erstorben ist. Ispahan hat sich nach diesem zweiten, schrecklichen Sturm, der seine Einwohner von siebenhunderttausend auf kaum sechzigtausend zusammenschmelzen ließ, nie wieder aufrichten können, außerdem führte Kerim-Khan fast unmittelbar darauf den gänzlichen Verfall herbei, indem er die Hauptstadt des Kaiserreiches nach Chiraz verlegte. In einer Ausdehnung von mehr als einer Meile liegen die Häuser, die Paläste, die Basare verlassen da, alles bricht zusammen. Auf den Straßen, in den Moscheen haben die Füchse und die Schakale ihre Löcher gegraben und sich dort wohnlich niedergelassen; und hier und dort zerbröckelt die schöne Mosaik, zerbröckeln die schönen Fayencen und legen sich wie eine himmelblaue Asche auf die Steinhaufen, über die graue Erde. Abgesehen von einem Schakal, der uns in dem Eingang zu seiner Höhle seine spitze Schnauze zeigt, begegnen wir keinem lebenden Wesen, wir schreiten durch das kalte Schweigen dahin, und der einzige Laut, der an unser Ohr dringt, ist der Widerhall unserer Schritte und der Stöße, die meine beiden Wächter mit ihren Stöcken gegen die Steine führen. Aber überall blühen die Frühlingsblumen, Margueriten, Rittersporn, Mohn, Heckenrosen, auf dem Rand der Mauer bilden sich kleine bunte Gärten; der Tag geht klar und goldig zur Neige, in der Ferne dort hinten auf den Gipfeln erglühen die Schneegefilde in wunderbar zartem Rot, und bevor die Nacht hereinbricht, läßt das Licht noch einmal sein ganzes Farbenspiel über dieser Verwüstung leuchten.

Wir müssen spätestens um die Dämmerstunde zurückgekehrt sein, denn die alte Hauptstadt des Schah-Abbas kennt kein nächtliches Leben. Das Tor des fürstlichen Hauses wird bei Hereinbruch der Dunkelheit hermetisch verschlossen, und alsbald verriegelt man auch die alten, eisenbeschlagenen Türen, die die verschiedenen Stadtviertel voneinander trennen. Das unentwirrbare Labyrinth der Stadt, wo binnen kurzem vollständige Finsternis herrschen wird, zerlegt sich in unendlich viele, abgesonderte Teile, die bis zum Tagesanbruch in keiner Verbindung miteinander stehen. Das große Schweigen des Islam senkt sich über Ispahan herab.

Die Rosen durchschwängern die Nacht mit ihrem Duft, die Rosen des Gartens, der von hohen Mauern eingerahmt und geschützt daliegt; meine Zimmer gehen auf ihn hinaus. Kein Geräusch von Fußtritten dringt von draußen an mein Ohr, weil niemand sich mehr im Freien aufhält; kein Rollen der Räder, weil es hier keine Wagen gibt; nur von Zeit zu Zeit trägt die klare, klangreiche Luft uns die Töne kreischender, trauriger Stimmen zu; die Muezzine schmettern ihren Aufruf zum Gebet durch die Luft, die Nachtwächter schreien von dem einen geschlossenen Viertel zum anderen ihre Antwort hinüber; die wachenden Hunde bellen, die Schakale heulen in der Ferne. Und seltsam hell leuchten die Sterne; wir befinden uns noch immer in einer ziemlichen Höhe, ungefähr in derselben Luftlinie mit den Gipfeln der größten Berge Frankreichs.

Montag, 14. Mai.

Der Schah-Abbas wollte auch, daß seine Hauptstadt mit unvergleichlichen Gärten, mit wunderbaren Alleen geschmückt sei. Der Weg Tscharbag, eine der Straßen, die nach Djoulfa führt, und die der herrlichen Brücke folgt, auf der wir den ersten Tag zur Stadt hineinritten, war einst eine Promenade, wie es keine zweite auf Erden gab, man könnte sie die Champs-Elysee von Ispahan nennen, eine vierfache Plantagenreihe, eine halbe Meile lang, die drei gerade Alleen bildet; die Allee in der Mitte, für Reiter und Karawanen bestimmt, mit großen, regelmäßigen Fliesen gepflastert, die seitwärts gelegenen Alleen in ihrer ganzen Ausdehnung durch Springbrunnen, blühende Beete, durch Rosenhecken begrenzt, und am Rande, zu beiden Seiten, hatte man die offenen Paläste * erbaut, deren Mauern ganz mit Fayen-

* Diese Paläste, mit ihren Balkons, waren in erster Linie für die Frauen des Harems bestimmt, man erbaute acht und nannte sie: Die „Acht Paradiese“.

cen bekleidet, deren Decken mit Arabesken und vergoldetem Stalaktit geschmückt waren. Als bei uns der Hof des Sonnenkönigs von Anmut und Reichtum widerstrahlte, war der Hof des Schahs von Persien der einzige, der sich mit ihm messen konnte. Kurz bevor Ispahan von den Barbaren des Westens überflutet wurde, erreichte es den Höhepunkt seines Glanzes, seiner verfeinerten Ausschmückung, und Tscharbag war der Ort, wo sich alle Anmut — wie sie nicht einmal Versailles gesehen haben kann — zusammenfand. Zu den Stunden der Parade strömten die verschleierten Schönen auf den Terrassen der Paläste herbei, um ihren Herren zuzuschauen, die auf den weißen Fliesen, zwischen den beiden, die Allee abgrenzenden Rosenhecken ihre Rosse tummelten. Die stolzen Pferde mit dem vergoldeten Sattelzeuge galoppierten in edler Haltung dahin, sie zeigten die starke Biegung des Halses, wie sie die Perser noch heute bei ihren Pferden erstreben. Und die schlanken Reiter trugen sehr enge, sehr anschmiegende Kleider aus Kaschmir oder aus golddurchwirktem Brokat; sie trugen Ringe und Armbänder, und ihr hoher Kopfputz war mit Agraffen geschmückt, sie glitzerten von Edelsteinen; die Fresken und die alten Miniaturen haben uns die Einzelheiten ihrer ein wenig dekatenten Moden überliefert, die in gutem Einklang mit dem ganzen Lebensbild jener Zeit, mit der wunderbaren, zarten Ausschmückung der Paläste, mit der unendlichen Duchsichtigkeit der Luft, mit dem großen Blütenreichtum standen.

Tscharbag, so wie es heute in der Sonne an diesem schönen Maienmorgen vor mir liegt, mutet es mich unsagbar traurig an, ein fast verödeter Verbindungsweg zwischen den beiden Trümmerhaufen Ispahan und Djoulfa. Die mehr als dreimal hundert Jahre alten Platanen sind zu Riesen herangewachsen, die absterben, die ihrer Krone beraubt sind. Die Fliesen zeigen große Risse, traurig schießt das Gras dort hervor. Die Wasserbassins sind ausgetrocknet oder haben sich in stagnierende Sümpfe verwandelt. Die blühenden Beete sind verschwunden, und die letzten Rosen bilden nur noch ein wildes Gestrüpp. Jeder, der Lust hat, kann die wenigen, noch aufrechtstehenden Paläste betreten, wo die empfindlichen Wände zu Staub zerfallen, und wo die Afghanen aus Fanatismus bei ihrer Ankunft die Gesichter der schönen, gemalten Damen auf den Fayencetafeln zertrümmert haben. Mit seinen noch lebenden Alleen ist Tscharbag, — der Zeuge eines ruhmvollen Jahrhunderts, das dem unseren noch nicht so fern liegt —, weit mehr von Heimweh befallen, als die Trümmer aus der ganz alten Vergangenheit.

Nach unserem Besuch, den wir der großen toten Allee abstatteten, kehren wir ins Innere von Ispahan zurück; unser Weg geht durch die Basare, wo es immer wundervoll kühl und schattig ist. Dort führte mich mein Begleiter zuerst zu den Seidenwebern, die die Brokatstoffe für die Feierkleider, die Taffetseiden * anfertigen; im Hintergrunde trauriger, tief gelegener Wohnungen, in die nur ein wenig Licht aus der überdachten dunklen Straße fällt, sind die Webstühle aufgestellt. Und dann gelangen wir zu den Leuten, die die in den Oasen der Umgegend geerntete Baumwolle verarbeiten, und dann zu denen, die nach einem uralten

* Es ist bekannt, daß der Taffet aus Persien kommt, ebenso wie sein Name.

Verfahren diese Stoffe mittels großer Platten aus graviertem Holz bedrucken. Es herrscht auch hier fast vollständiges Dunkel in dem unterirdischen Gemach, wo man die vielen tausend Wandbehänge (die stets das Portal einer Moschee darstellen) färbt, um sie dann, wie es seit undenkbaren Zeiten geschah, in dem Fluß zu spülen, und sie in der schönen Sonne, auf dem weißen Kies der Ufer zu trocknen.

Wir beschließen unsere Wanderung in dem Viertel der Fayencearbeiter; sehr eifrig sind diese noch damit beschäftigt, nach alten, unveränderten Mustern Blumen und Arabesken auf die Steine zu klecksen, die für die neuen persischen Häuser bestimmt sind. Aber weder diese Farben, noch die Glasur können mit denen der alten Kacheln verglichen werden. Besonders gibt es das Blau nicht mehr, das leuchtende, tiefe, fast übernatürliche Blau, das die Kuppeln der alten Moscheen in der Ferne wie Blöcke kostbarer Steine erscheinen ließ, Der Schah-Abbas, der die Kunst der Fayencen so allgemein bekannt gemacht hat, führte aus dem Innern Indiens und aus China seltene Kobalt- und Indigofarben ein, die man dann, nach einem heute nicht mehr bekannten Verfahren, einbrannte. Er hatte auch aus Europa und aus Peking Meister der Zeichenkunst zu sich entboten, und diese stellten, trotz des Korans, menschliche Gesichter neben die persischen Verzierungen. — So läßt es sich auch erklären, daß die glasierten Wandflächen in dem Hause des Fürsten Frauen der westlichen Renaissance mit Mediciskragen zeigen, und wieder andere Frauen mit ganz kleinen, geschlitzten Augen, die auf chinesische Art voller Anmut schön tun.

Meine beiden mit Stöcken bewaffneten Soldaten und mein schöner galonierter Kosak langweilen mich wirklich. Heute nachmittag habe ich mich entschlossen, sie mit Dank fortzuschicken und alleine umherzustreifen. Und was man mir auch sagen mag, ich will versuchen, mich jetzt, wo ich allmählich in Ispahan bekannt bin, auf einer der kleinen Bänke der Teehändler, am Ufer eines kühlen Baches des kaiserlichen Platzes, auf der schattigen Seite niederzulassen. Ich wußte es: man bringt mir ganz freundlich meine winzige Tasse Tee, meine Kalyan und eine Rose; mit meinen Freunden, den Muselmännern, wird man sich immer verständigen können, wenn man es nur anzufangen weiß.

Die Maiensonne brennt seit zwei oder drei Tagen wie Feuer hernieder, man sehnt sich nach dem kühlen Hauch des fließenden Wassers vor den kleinen Cafés, nach der Ruhe im Schatten der Zelte, oder der jungen Bäume. Es ist zwei Uhr; in der Mitte des ungeheuren Platzes, den eine Flut von weißem Licht überschwemmt, liegen nur einige nachlässig ausgestreckte Esel, knien nur einige Kamele im Staube. An beiden Enden des erhabenen, des toten Platzes, erheben sich die beiden großen Moscheen Ispahans und begrüßen sich aus weiter Ferne, sie lassen ihre bunten Kuppeln, ihre seltsamen, mit Arabesken verzierten Spindeln in den hellen Sonnenstrahlen leuchten: die eine sehr alt, sehr heilig, die Freitagsmoschee, ist mit gelbem Gold bekleidet, das durch ein wenig Grün noch mehr hervorgehoben wird; die andere, die Königin allen Blaus, des tiefen Blaus und des blassen Himmelblaus, ist die kaiserliche Moschee.

Bei Sonnenuntergang lenke ich meine Schritte nach

der alten theologischen Schule der Muselmänner, „die Schule der Mutter des Schahs“ genannt; der Fürst D ... war so gütig gewesen, mir eine Begleitung zu geben, die mich bei dem leitenden Priester einführen konnte.

Es ist nicht nötig zu fragen, wer die breite, gerade Allee, die dorthin führt, erbaut hat: Natürlich der Schah-Abbas, stets der Schah-Abbas; alles, was in Ispahan von den winkeligen Gäßchen, wie man sie in den persischen Städten sieht, abweicht, war das Werk dieses Fürsten. Die schöne Allee wird von hundertjährigen Platanen eingerahmt, man hat ihre unteren Zweige nach persischer Art beschnitten, um ihre weißen, elfenbeinernen Stämme noch höher erscheinen zu lassen, und so gleichen sie, die sich erst nach dem Gipfel zu ausbreiten, erst dort oben dicht belaubt werden, in der Tat langen, schlanken Säulen. Zu beiden Seiten des Weges öffnen sich verfallene Tore, einst wurden sie von Fayencen eingerahmt, über sie hinaus ragt als Wappen Irans: Ein Löwe, der ein Schwert vor die Sonne hält.

Diese Universität — sie ist drei Jahrhunderte alt, und ihr Lehrplan ist derselbe, wie am ersten Tage — wurde mit einem Pomp erbaut, der diesem Volk der Denker und der Dichter, das seit alten Zeiten die Bildung des Geistes in Ehren hielt, würdig ist. Man wird sofort von dem wunderbaren Eingang geblendet; in einer glatten, weiß und blau emaillierten Mauer ist eine Art riesengroße Vertiefung eingelassen, eine Art Höhle, zu der sich ein hoher Spitzbogen öffnet, das Innere ist mit einem Regen von blauem und gelbem Stalaktit überzogen. Die Tür zeigt zwei Flügel aus Zedernholz, wohl fünfzehn bis achtzehn Fuß hoch, sie sind von oben bis unten mit einer feinen, silbernen Panzerung bedeckt, mit getriebenem, ziselierten Silber, durch dessen Netz von Arabesken und Rosen sich purpurrote religiöse Inschriften hindurchziehen. Diese Kunstarbeiten haben selbstverständlich unter dem Zahn der Zeit, unter der afghanischen Verheerung gelitten, sie sind abgenutzt, verbeult, stellenweise abgerissen, sie erinnern in traurigster Weise an eine nie wiederkehrende Zeit des wahnsinnigsten Luxus und der ausgesuchtesten Verfeinerung.

Wenn man durch dies ausgezackte Gewölbe in einen monumentalen Vorhof tritt, auf den der Garten folgt, sieht man, wie sich das Gerinnsel des Stalaktit in regelmäßige Arme teilt, die an den inneren Mauern herunterlaufen, ihre Emaillen zeigen ein phantastisches blaues Laubwerk, das von Inschriften, von alten Sprüchen in bläulichen, in weißen Buchstaben durchzogen wird; im Hintergrunde liegt der Garten, von einer gewaltigen Fayencebucht eingeschlossen: ein trauriges Eden, wo die Rosensträuche, die Rosenbüsche im Schatten der dreihundert Jahre alten Platanen blühen. Zu beiden Seiten des Pfades, der zu irgendeinem Zauberschloß zu führen scheint, haben die bescheidenen, kleinen Zuckerwerk-, Erdbeeren- und Teehändler ihre Tische, ihre rosengeschmückten Platten aufgestellt. Und wir begegnen einer Schar Studenten, die das Schulgebäude verlassen, junge Leute mit fanatischem, eigensinniges Blick, mit dunklen Gesichtern unter den großen Priesterturbanen.

Der Garten ist ein Viereck, wird von wohl fünfzig Fuß hohen glasierten Mauern eingeschlossen, und ehrwürdige Platanen, die so groß wie Affenbrotbäume sind, bedecken ihn mit ihren Zweigen und hüllen ihn in ihren grünen Schatten ein. In der Mitte steht ein Springbrunnen, liegt ein Marmorbassin, und überall zu beiden Seiten der kleinen Alleen mit ihren grünlichen Kacheln vereinen sich die beiden Blumenarten, die man stets in allen persischen Gärten sieht: die echten süßduftenden rosenroten Rosen und die einfachen weißen Heckenrosen. Rosenhecken und Rosensträucher strecken ihre überschlanken Zweige unter dem Druck der hohen blauen Mauern und der alten Platanen unendlich weit von sich, sie umklammern die gewaltigen Stämme und fallen gleichsam tränend zurück, immer aber sind sie unermüdlich im Blühen. Da der Zutritt zu diesem Platz allen vorübergehenden Muselmännern gestattet ist, so sieht man hier die braven Leute aus dem Volk, die von der Kühle und dem Schatten angelockt wurden, auf den Fliesen sitzen oder liegen und ihre Kalyan rauchen, deren kleine, vertraute, glucksende Töne man von allen Seiten hört. Und von oben dringt das Gezwitscher der gefiederten Welt zu uns herab; die Zweige sind voll von Nestern; Meisen, Buchfinken, Spatzen haben diesen ruhigen Zufluchtsort zu ihrer Wohnstätte ausersehen, und auch die Schwalben haben überall an allen Dächern ihre Nester angeklebt. Diese Mauern, die den Garten einschließen, werden von oben bis unten von einer einzigen, unendlichen, ganz blauen Mosaikfläche bekleidet, und darauf baut sich eine dreireihige Bogenöffnung auf, durch die das Licht in die Zellen fällt, wo die jungen Priester ihren einsamen Gedanken nachhängen. Je in den vier Wänden des rechteckigen Platzes nimmt ein gewaltiger Spitzbogen die Mitte ein, er gleicht dem Eingangstor und zeigt ein Gewölbe, an dem die Fayencetröpfchen herniederfließen, in dem Eiszapfen in Lapislazuli und safrangelber Farbe leuchten.

Und der Spitzbogen im Hintergrunde ist der prächtigste von allen vieren, er wird auf beiden Seiten von Minaretts geschmückt, jenen blauen Spindeln, die in den Himmel hinaufragen; er führt zu der Moschee der Schule, deren turbanartige Kuppel man dort oben über dem alten Gezweig erglänzen sieht. In den Minaretts schlängeln sich in spiralförmigen Windungen von unten lange religiöse Inschriften aus weißer Glasur hinauf bis zur Spitze, wo sie in einer Flut von Licht gebadet daliegen; die Kuppel ist übersät mit gelben Emailleblumen, mit grünem Emaillelaubwerk, die wie im Kaleidoskop ihre unentwirrbaren Linien über die blauen Arabesken ziehen. Wenn man das Auge über den Schatten, der hier unten herrscht, erhebt, so sieht man durch das hohe Blätterdach, unter dem das Alter und der Verfall verborgen liegt, an einem klaren Himmel, die ganze Pracht der Juwelen glitzern, und die großen, lichtreichen Wellen der persischen Sonne fluten darüber hin.

Alter und Verfall, sobald man nur näher hinsieht; eine letzte Täuschung läßt uns an wunderbare Herrlichkeiten glauben, aber auch sie wird nur noch wenige Jahre leben; die Kuppel ist gespalten, die Minaretts werden ihres feinen, durchsichtigen Schmuckes beraubt, und die glasierte Bekleidung, deren Farbe heute noch so leuchtend ist wie im großen Jahrhundert, fällt schon an vielen Stellen ab, graue Steinflächen, Löcher und Risse kommen zum Vorschein, in denen das Gras, die wilden Pflanzen wuchern. Ich habe den Eindruck, als wenn dies alles hoffnungslos dahinschwindet, dahinschwindet wie das alte, bezaubernde Persien, ohne daß es je wieder hergestellt werden könnte.

Auf kleinen, steilen, dunklen Treppen, wo mehr als eine Stufe fehlt, steigen wir zu den Zellen der Studenten hinauf. Die meisten liegen schon lange verlassen da, angefüllt mit Asche, Vogelschmutz, Eulenfedern; nur in einigen wenigen zeigen alte, heilige Manuskripte, zeigt ein Gebetsteppich, daß man hier noch hineintritt, um sich zu sammeln. Diese Zellen haben zum Teil Aussicht auf den schattenreichen Garten, auf seine grünlichen Fliesen und seine Rosengebüsche, auf das ganze kleine, traurige Gehölz, wo man das Lied der Vögel und das ruhige Plätschern der Kalyan hört; zum Teil blicken sie auf die weite Ebene, auf das Weiß der Mohnfelder, das am Horizont durch einen schmalen Strich der Wüste abgeschnitten wird, auf ein anderes silberhelles Weiß dort hinten: die Schneegefilde der Gipfel. Welch einen wunderbaren Zufluchtsort bieten diese Zellen, umgeben von der Ruhe dieser Trümmerstadt, umgeben von der Einöde, allen denen, die sich den Träumen des orientalischen Mystizismus hingeben wollen...!

Ein Gewirr von Treppen und Gängen führt uns zu dem alten Priester, der dies Schemen von einer Schule leitet. In dem Schatten einer blauen, glasierten Grotte liegt seine Wohnung, eine Art Loggia mit einem Balkon, von wo aus er das ganze Innere der Moschee beherrscht. Und es ist ein ergreifender Eindruck, plötzlich dies Heiligtum, diese Gebetsnische erscheinen zu sehen, Dinge, von denen ich glaubte, daß sie mir, dem Ungläubigen, stets verborgen bleiben würden. Der hagere, blasse Priester in schwarzem Kleid, mit schwarzem

Turban, sitzt auf einem Gebetsteppich, und ihm zur Seite sein Sohn, ein Kind von zwölf Jahren, gleichfalls in Schwarz gekleidet, mit einem kleinen, schwärmerischen Gesicht, das unter dem heiligen Schatten seine Farbe verloren hat; zwei oder drei ernste Greise hocken daneben, jeder hält eine Rose in der Hand, mit derselben ein wenig gezierten Anmut, die den Figuren auf den alten Miniaturen eigen ist. Sie träumten oder besprachen heilige Dinge; nach tiefen Verbeugungen und langen Höflichkeitsreden bietet man uns Kissen an, bringt uns Kalyans, Tee, und dann beginnt die Unterhaltung, wir sprechen langsam, sie riechen an ihren Rosen mit greisenhafter Geziertheit, oder verfolgen mit starrem Auge den Sonnenstrahl, der an den wunderbaren Glasuren im Hintergrunde des Heiligtums hinabsickert. Die Schattierungen dieser Moschee, das Glitzern dieser Wände halten mich davon ab, dem Gespräch zu folgen; ich glaube durch ein bläuliches Eis, in den kristallisierten, aus Stalaktit erbauten Palast eines unterirdischen Geistes hineinzusehen. Lapislazuli und Türkis in ewiger Abwechslung, eine Apotheose des Blaus. Die Ströme kleiner, blauer Eiszapfen, kleiner, blauer Prismen fließen von der Kuppel herab und überfluten an einzelnen Stellen die vielen blauen Muster der Wände... In ihren Einzelheiten erscheint die Zeichnung unentwirrbar, aber sie ruft doch als Ganzes den Eindruck der Einfachheit und der Ruhe hervor: dies ist, wie überall, das große Geheimnis der persischen Kunst.

Aber welch ein trauriger Verfall. Der Priester, mit dem schwarzen Turban, beklagt sich, daß er seine wunderbare Moschee in Staub zusammenfallen sehen muß. „Schon lange“, sagt er, „habe ich meinem Kinde verboten, herumzulaufen, damit keine Erschütterung hervorgerufen wird. Täglich höre ich etwas fallen, höre die Glasuren fallen... Zu der Zeit, in der wir leben, nehmen die Großen kein Interesse daran, und ebenso das Volk... Was soll man dabei machen?" Und er führt die Rose an seine abgemagerten, wachsgelben Nasenflügel.

In ihrer Gesellschaft war man umgeben von einem Traum aus alten Zeiten, von einem unwandelbaren Frieden, und zwar in dem Maße, daß uns beim Hinaustritt aus den schönen, silberziselierten Türen, die Allee der Platanen, durch die einige lebende Wesen, einige Reiter, einige Züge von Eseln und Kamelen ziehen, modern, ja belebt erscheint...

Vor Hereinbruch der Nacht bleibt mir noch ein wenig Zeit, um auf dem großen Platz haltzumachen, wo die religiöse Stunde des Moghreb mit einer Zeremonie verbunden ist, die aus dem ganz alten Islam stammt, die auf die uranfängliche Religion der Magier zurückzuführen ist. Die kaiserliche Moschee war während des ganzen Tages ein einziges Blau, sobald sie sich aber unter den Strahlen der untergehenden Sonne für eine kurze Minute in ein starkes Violett verwandelt, erscheint ein Orchester am anderen Ende des Platzes, in einer Loggia oberhalb des großen Portales, das der gelben, glasierten Moschee gegenüber liegt: gewaltige Trommeln und lange Trompeten, wie in den Tempeln Indiens. Nach vieltausendjähriger Überlieferung bietet man der Sonne Persiens, genau in dem Augenblick, wo sie stirbt, einen Gruß dar. Wenn die Strahlen erlöschen, ertönt die Musik, plötzlich und wild; laute, hohle Schläge, die sich überstürzen, der Lärm eines nahen

Gewitters, der sich über den ganzen, jetzt bald verödeten Platz ergießt, wo nur noch einige Karawanen am Boden liegen, und die Trompetenstöße gleichen dem Gebrüll eines Tieres, das sich vor dem fliehenden Licht im Todeskampf windet... Morgen früh werden die Musikanten auf denselben Platz hinaufsteigen, um der aufgehenden Sonne ein lärmendes Morgenständchen darzubringen...

— Und also tut man auch am Ufer des Ganges, derselbe Gruß, der der Geburt und dem Sterben dieses herrschenden Gestirns das Geleite gibt, hallt zweimal täglich über ganz Benares wider...

In der Dämmerung, nachdem man in das russische Haus zurückgekehrt, nachdem die Tür geschlossen ist, erinnert nichts an Ispahan, bis morgen hat man von Persien Abschied genommen. Und es ist ein seltsamer Eindruck, sich plötzlich in einem liebenswürdigen, verfeinerten Winkel Europas wiederzufinden: der Fürst und die Fürstin sprechen unsere Sprache wie die ihre; den Abend verbringen wir im Kreise, geschart um das Klavier, und man weiß wirklich nicht, daß ganz in der Nähe eine fremde Stadt und die Wüsten liegen, die uns von der zeitgenössischen Welt trennen.

Das einzige, was ich diesem Hause, der offenen, anmutigen Gastfreundschaft vorzuwerfen habe, das sind die Hunde, die es bewachen, ein halbes Dutzend dieser boshaften Tiere verfolgen mich noch immer als Wegelagerer; und wenn ich einmal nach Hereinbruch der Nacht, mit der Meute hinter mir drein, die Allee des Gartens, die hundert Meter lange Rosenallee, die meine Wohnung von dem Hause meiner Wirte trennt, durchkreuze, so ist dies ein weit gefährlicheres Abenteuer, als durch die Wüsten des Südens, von woher ich komme, zu ziehen.

Dienstag, 15. Mai.

Heute morgen stellt mich der Fürst D... Seiner Hoheit Zelleh-Sultan, dem Bruder Seiner Majestät des Schahs, dem Vezir von Ispahan und Irak, vor. Aufeinander folgende Gärten führen bis zu seinem Schloß, sie sind natürlich voller weißer Heckenrosen und rosa Rosen; sie werden verbunden durch Tore, vor die man Wächter aufgestellt hat, und diese Tore tragen alle das persische Wappen: über dem Gesims ein Löwe und eine Sonne.

Ich erwartete bei diesem Satrapen den Luxus von Tausendundeiner Nacht, einen sprichwörtlichen Reichtum zu finden; aber es war eine vollständige Täuschung, sein moderner Palast könnte jedem Beliebigen gehören, wenn nicht die wunderbaren Teppiche wären, die zu betreten eine Entweihung ist. In dem Salon, wo Seine Hoheit uns empfängt, liegen Bücher auf dem Schreibtisch aufgestapelt, und geographische Karten hängen eingerahmt an den Wänden. Zelleh-Sultan ist verbindlich und geistreich, er hat einen schneidenden Blick, ein bitteres Lächeln. Ich lasse hier eine kurze Schätzung der beiden benachbarten Völker folgen, die wörtlich von ihm stammt: „Von den Russen haben wir stets nur gute Dienste erfahren. Von den Engländern im Süden unseres Landes beständige Eroberungsversuche, und zwar mit Benutzung von Mitteln, wie sie das ganze Weltall an ihnen kennt."

In derselben Gegend der Stadt liegen die großen Gärten und das verlassene Schloß der alten Sophis-Könige, Nachfolger des Schah-Abbas, deren Dynastie sich immer eleganter, immer verfeinerter bis zur afghanischen Überschwemmung hielt (1721 nach unserer Zeitrechnung). Auch hier herrschen die Heckenrosen, aber vor allem die rosenroten Rosen, man sieht jedoch auch jene altmodischen Blumen, die man bei uns kennt, und die man „Priesterblumen" nennt: Löwenzahn, Rittersporn, Ringelblume, Tausendschön und Levkojen. Die Rosenstöcke wachsen hier so groß wie Bäume, die Platanen sind Riesen — immer von unten beschnitten, wie weiße Säulen geformt —, sie bilden regelmäßige Alleen, die mit ihrer ein wenig dunklen Fliesenpflasterung, die langen, geraden, altmodisch abgesteckten Wasserbassins einrahmen. Der Palast, der inmitten dieser Schatten, dieser zwei- oder dreihundert Jahre alten Lustgärten thront, nennt sich der Palast der vierzig Spiegel. Man sieht ihn stets über seinem eigenen Bilde liegen, das von einer ruhigen Wasserfläche zurückgeworfen wird, darum nennt man ihn auch den Palast der vierzig Säulen, obgleich er in Wirklichkeit nur zwanzig hat, aber die Perser zählen das umgekehrte Spiegelbild mit, das seit Jahrhunderten nicht von dieser blanken, trostlosen Fläche vor der Schwelle verschwunden ist. In unseren Augen erscheint dieser Palast die seltsame Linienführung, die übertriebene Schlankheit der achämenidischen Baukunst zu besitzen; die wunderbar hohen, gebrechlichen Säulen tragen ein flaches Dach, und sogar die langen gestützten Platanen, die es umgeben, setzen in dem Park die aufrechtstrebende Linie fort. Ungeheure Vorhänge, seit der Verheerung der Barbaren verschwunden, bildeten scheinbar den Abschluß vor den Sälen, in die das Auge heute bis zum Hintergrunde, wie in eine Art prächtig ausgestatteter Halle vordringen kann. Zur Zeit der prunkvollen Empfänge, als alle diese Vorhänge geöffnet waren, konnte man von draußen den Schah in einer glitzernden, goldenen Ferne, gleich einem Götzenbild auf seinem Thron sitzen sehen. Der Hauptfarbenton zeigt ein mattes Gold, ein blasses Rot; aber die Säulen mit ihrer Mosaikbekleidung aus Spiegelstückchen, die das Alter oxydiert hat, schimmern wie Silber.

Der weit geöffnete, schweigende Palast scheint nicht der Wirklichkeit anzugehören, und doch ist sein Spiegelbild in diesem traurigen Wasserbecken noch weit unwahrscheinlicher. An dem Rande des viereckigen Bassins, das schon so lange das Schloß der verschwundenen Könige widerspiegelt, halten ungekünstelte, kleine Statuen aus grauem Kiesel, so wie in Persepolis, Blumentöpfe in die Höhe. Der Umkreis ist mit großen, grünlichen Fliesen gepflastert, über die einst die vielen gestickten, vergoldeten Babuschen dahineilten. Und überall Rosen, Heckenrosen, die sich an den glatten, weißen Stämmen der Platanen hinaufwinden.

Im Innern herrscht das rote Gold, herrschen die geduldigen Spiegelmosaiks, die stellenweise noch wie Diamanten funkeln können; unter den kleinen Kuppelgewölben vereinen die Arabesken und Zellen sich zu einer nicht entwirrbaren Verschlingung. Ganz im Hintergrunde erhebt sich in der Mitte ein gewaltiger spitzbogiger Rahmen und umgibt den Thron und den Herrscher gleichsam mit einer Strahlenkrone; er scheint wie mit Eiszapfen, mit Rauhreif ausgelegt zu sein; und über den Gesimsen fügen sich die Bilder in wunderbar feiner Ausführung aneinander, sie stellen Festgelage, Schlachtenszenen dar; man sieht dort einige altertümliche, übertrieben schöne Könige, mit langen Augenwimpern, mit langen, seidenweichen Bärten, der Körper ist in Goldbrokat gehüllt, und sie sind mit Edelsteinketten behangen.

Hinter diesen traumhaften Sälen, die sich immer wieder auf der Oberfläche des Wassers verdoppeln, liegen, geschützt von den Bäumen, zahllose Nebengebäude, sie erstrecken sich bis zu dem Palast, der heute von Zelleh-Sultan bewohnt wird. Es waren dies die Harems der Prinzessinnen, der untergeordneten Frauen, auch lagen hier die Speicher für die aufgehäuften Vorräte, für die phantastischen Reichtümer: Speicher für die Kasten und Kisten, Speicher für die Fackeln, Speicher für die Gewänder usw., und hier hat man auch das Weinlager zu suchen, von dem Chardin im siebzehnten Jahrhundert uns erzählt, daß es angefüllt sei mit Schalen und Karaffen, „aus venezianischem Glas, aus Porphyr, aus Beilstein, aus Korallen, aus kostbaren Steinen". — Es gibt hier sogar unterirdische Säle aus weißem Marmor, die man für die heißen Sommertage erbaut hatte, und an deren Wänden wirkliches Wasser herabfloß.

Von meinen morgendlichen Streifzügen kehre ich in dem Augenblick zurück, wo die Muezzine zum Mittagsgebet rufen (es ist zwölf Uhr, oder kurz davor). In Ispahan geben die Gebetsausrufer die Stunde an, wie es bei uns die Schläge der Turmuhren tun. Sie singen mit ernstem Ton, was man in den anderen Ländern des Islam nicht kennt. In der benachbarten Moschee stehen mehrere Muezzins zusammen, sie rufen, sie wiederholen in langgezogenen Lauten den Namen Allahs, und es umgibt sie das Schweigen des Mittags, der Schlaf und das Licht, das mit jedem Tage stechender wird. Während ich ihnen lausche, scheine ich dem Weg ihrer Stimme folgen zu können, ich fühle sie über die geheimnisvollen Wohnungen der Umgegend dahinstreichen, über alle diese Gärten voller Rosen, in deren Schatten die Frauen, die man niemals sieht, ohne Maske vertrauensvoll im Schutz der hohen Mauern sitzen.

Mittwoch, 16. Mai.

Nachmittags gehe ich unter sicherer Führung auf die Suche nach seltenen Nippsachen, die nicht in den Schaufenstern aufgestellt werden, sondern die man in den Häusern, in Truhen verborgen hält und nur den bevorzugten Käufern zeigt. Auf alten, engen Treppen, deren Stufen so weit voneinander entfernt sind wie die Sprossen einer Leiter, durch dunkle, winkelige Gäßchen dringen wir in, ich weiß nicht wie viele, altertümliche, mißtrauisch, heimlich dreinblickende Wohnungen ein. Die Zimmer, wo man uns Kissen zum Sitzen anbietet, sind klein, ihre Wände sind mit zellenartigen Geweben und Arabesken bedeckt; sie werden nur spärlich beleuchtet durch die dunklen Höfe, deren kachelausgelegte Mauern seltsam mit menschlichen Figuren, Tieren und Blumen bekleckst sind. Zuerst trinken wir eine kleine Tasse Tee, denn es gehört zum guten Ton, daß man uns sofort eine Tasse anbietet. Dann werden die Zedernläden, die mit ungeahnten Altertümern angefüllt sind, langsam vor uns geöffnet, und man zieht einen Verkaufsgegenstand nach dem andern hervor, den man aus altem Plunder und Flitterkram herausschälen muß. Dies alles stammt aus dem großen Jahrhundert des Schah-Abbas, oder wenigstens aus der Zeit der Sophis-Könige, seinen Nachfolgern, und diese Ausgrabung, diese Aufstellung in dem Staub und dem Schatten, zeigt uns, wie zart, wie vornehm, wie anmutig die geduldige Kunst der Perser war. Hier sieht man Kästchen in allen Formen aus Martin-Lack, ihr wunderbares Kolorit hat der Zeit widerstanden, sie sind mit den Bildern vornehmer Perser bemalt, und zwar ist ihre Zeichnung von ungekünstelter Anmut, von seltener Genauigkeit, die kleinsten Einzelheiten ihrer Wappen, ihrer Edelsteine können eine Prüfung durch die Lupe bestehen; jener Teil der iranischen Bevölkerung, der mir zu sehen versagt ist, wird hier mit einer Art verliebten Anbetung zur Darstellung gebracht: schöne Frauen aus früheren Jahrhunderten, ihre Schönheit ist sichtbar übertrieben, Sultaninnen mit runden, rotgeschminkten Wangen, mit gar zu langen, von schwarzen Ringen umgebenen Augen, sie neigen den Kopf in gezierter Anmut und halten eine Rose in ihren zu kleinen Händen... Und manchmal begegnet man neben den echt persischen Bildern einem anderen, das plötzlich an die holländische Renaissance erinnert: das Werk eines westlichen Künstlers, der große Kaiser Ispahans hatte ihn zu sich entboten, und in seiner Abenteuerlust ist er dem Ruf gefolgt.

Man zeigt uns feine Emaillearbeiten, die auf Silber oder Gold gelegt sind, Waffen Aladins, golddurchwirkte Brokatstoffe, die die Schultern der Sultaninnen umhüllten, Schmuckgegenstände, Stickereien, Teppiche, wie man sie nur in Persien findet, einst wurden diese von den Nomaden angefertigt, und ihre Arbeit erforderte zehn volle Jahre eines Menschenlebens; Teppiche, seidiger als Seide, samtartiger als Samt, die engen, engen Zeichnungen erscheinen uns so rätselhaft wie die Schönschreibekunst des Koran. Und schließlich sehen wir Fayencen, die heute kaum mehr aufzufinden sind, ihre Glasurkleidung hat im Laufe der Jahrhunderte einen Zersetzungsprozeß durchgemacht und zeigt deshalb jene seltenen goldenen oder kupferroten Töne.

Nachdem wir die verfallenen Häuser verlassen haben, wo die Überreste der toten Herrlichkeiten uns mit dem Wunsch nach Frieden, mit einem Heimweh nach der Vergangenheit erfüllen, kehre ich, heute ohne Begleitung, nach der „Schule der Mutter des Schahs" zurück, um mich im Schatten der hundertjährigen Platanen, in dem alten, von Fayencemauern eingeschlossenen Garten auszuruhen. Und hier finde ich eine noch größere Stille, eine noch größere Abgeschiedenheit als am Vorabend. Vor dem wunderbaren Eingang bettelt ein Derwisch, ein in Lumpen gehüllter Greis, er sitzt, den Kopf gegen die silber und hochrot leuchtende Schmiedearbeit gelehnt, ganz winzig am Fuß dieser gewaltigen Tür da, fast nackend, halbtot, mit Erde und Staub bedeckt, schreckeneinflößend hebt er sich von diesem Hintergrund der höhnischen Herrlichkeiten ab. Auf das große glasierte Tor folgt die grüne Nacht des Gartens, und die leise Musik, die diesem Platz eigen ist; ganz oben, dem Himmel und dem Licht nah, singen die Schwalben und die Meisen; unten hört man das leise Gurgeln der ausgestreckten Raucher und das Geplätscher des Wasserstrahls in dem Springbrunnen. Die

Leute haben mich schon gesehen und beunruhigen sich nicht, ohne Widerspruch zu begegnen, setze ich mich, wohin ich will auf die grünlichen Fliesen. Vor mir sehe ich in die Verschlingungen, in die Büsche, in das Geriesel der weißen Heckenrosen hinein, sehe die Heckenrosen sich an den Platanen hinaufschlängeln, deren gewaltige Stämme, fast so weiß wie die Blüten selbst, den Säulen eines Tempels gleichen. Und dort oben, wo die Vögel wohnen, durch die Spalte des Blätterdaches hindurch, leuchtet die Glasur auf und erinnert an die Minaretts, an die Kuppeln, an die ganze Herrlichkeit, die sich unter den Sonnenstrahlen ausbreitet. In Ispahan, in der Stadt der blauen Ruinen, kenne ich keinen Zufluchtsort, der anziehender wäre als dieser alte Garten.

Als ich nach dem Hause des Fürsten zurückkehre, ist es gerade die Hauptstunde des Muezzin, die unbestimmte, die scheidende Stunde, wo man zum letztenmal am Tage den Aufruf zum Gebet vernimmt. Das Abendlied zittert durch die Luft, und gleichzeitig kreisen die Segler am Himmel; sehr deutlich unterscheidet man den immer wiederkehrenden Namen: Allah; aber die schönen wohlklingenden Stimmen, die Eintönigkeit des Vortrags erinnern fast an Glockengeläute, man könnte glauben, es sei der Ruf eines frommen Glockenspiels, der über diesen alten Terrassen, über den alten Mauern Ispahans ertönt.

Donnerstag, 17. Mai.

Rosen, überall Rosen; in dieser kurzen Jahreszeit, die so schnell dem alles versengenden Sommer Platz macht, lebt man in einer Flut von Rosen. Sobald ich des Morgens meine Tür öffne, beeilt sich der Gärtner, mir einen Strauß zu bringen, der frisch gepflückt noch ganz feucht von dem Tau der Maiennacht ist. In den Cafés reicht man uns eine Rose zur traditionellen kleinen Tasse Tee. In den Straßen bieten uns die Bettler Rosen an, die wir aus Mitleid nicht zurückweisen, die wir aber kaum zu berühren wagen, weil sie aus solchen Händen kommen.

Heute erscheinen in Ispahan zum erstenmal in diesem Jahr die kleinen Esel, die Eisträger, um die unschuldigen Getränke, das klare Wasser zu kühlen; ein Knabe führt sie, er treibt sie von Tür zu Tür und meldet sie durch einen lauten, singenden Schrei an. Das Eis hat man aus den weißen Schneeregionen geholt, die man dort oben auf den Gipfeln der Berge leuchten sieht, man hat es in Körben auf den Rücken der Esel geladen und mit Zweigen gegen die Sonne geschützt, — natürlich zieren auch einige Rosen den Korb.

Viele kleine Esel kreuzen meinen Weg, als ich mich heute morgen zu einem Babuschenhändler begebe, dem ich für schweres Geld das Versprechen abgelockt habe, mir heimlich drei Frauen Ispahans zu zeigen. Wir klettern zusammen auf eine verfallene Mauer hinauf, um durch ein Loch in den Garten hineinzusehen, wo man heute bei der Rosenernte beschäftigt ist. Und wirklich, dort stehen drei Frauen, sie halten große Scheren in der Hand, schneiden Rosen und legen diese in Körbe, zweifellos, um aus den Blättern Essenzen zu bereiten. Ich hatte gehofft, daß sie hübscher wären; die Damen, die auf den altmodischen Schachteln gemalt sind und auch die wenigen unverschleierten Bäuerinnen, denen wir unterwegs in den Dörfern begegnet sind, haben mich verwöhnt. Sehr blaß, ein wenig zu fett, sind sie trotzdem anziehend mit ihren altmodisch naiven Augen. Bestickte, paillettenbenähte Seidenstoffe verhüllen ihr Haar. Sie tragen überfallende Hemden, und über den Hosen kurze, abstehende Röcke, wie die Röcke der Balletteusen; alles dies scheint aus Seide zu sein, und ist mit Stickereien verziert, die an das Jahrhundert des Schah-Abbas erinnern. Übrigens versichert mich mein Führer, daß es Frauen der besten Gesellschaft sind.

Freitag, 18. Mai.

Heute ist Freitag, der Sonntag des Muselmanns, und da muß ich wie alle anderen in die Felder hinausgehen. Ein Sonntag im Mai, das immer gleiche Fest des Frühlings und des blauen Himmels. Die großen Alleen des Schah-Abbas, die von Platanen, von Pappeln, von Rosenbüschen eingerahmt werden, sind mit Fußgängern überschwemmt, alle streben sie hinaus nach den Gärten oder einfach hinaus nach den grünen Kornfeldern. Scharen von Männern mit Turbanen oder schwarzen Astrachanmützen wandern träge und träumerisch daher, jeder hält eine Rose in der Hand. Scharen von gespensterhaften Frauen, auch sie sind selbstverständlich mit einer Rose geschmückt und tragen fast alle ein Baby an ihrer Brust, dessen kleiner, mit einer goldenen Mütze bedeckter Kopf zur Hälfte zwischen ihren Schleiern zum Vorschein kommt. Heute entvölkert sich Ispahan, es leitet alles Leben, das ihm noch zwischen seinen Ruinen geblieben ist, in die Oase hinaus.

Außer den neben mir einherschreitenden Spaziergängern ist das freie Land, wo wir bald anlangen, von den ganz schwarzen Frauen überschwemmt, die sich schon frühmorgens auf den Weg gemacht haben müssen. Man sieht sie nebeneinander in den weißen Mohnfeldern, zwischen den bunt blühenden Kornblumen, dem roten Mohn sitzen. Niemals sah ich Sonntags einen solchen Müßiggang unter einem so strahlenden Himmel, inmitten so leuchtend grüner Felder.

Ich sitze zu Pferde und reite ziellos vorwärts. Da ich mich zufällig einem Trupp persischer Reiter angeschlossen habe, die anscheinend wissen, wohin sie wollen, so sehe ich mich plötzlich umgeben von den Ruinen eines Palastes, den glitzernden Ruinen der Spiegelmosaike, den wunderbaren, zerbrechlichen Ruinen, die niemand behütet. — Im Jahrhundert des Schah-Abbas gab es vieler solcher Märchenpaläste! — Der Ehrenhof ist in einen Sumpf verwandelt, ist angefüllt mit Gebüsch und wilden Blumen; und ein kleiner Teehändler hat in Anbetracht des Freitags seine Öfen in einer der wunderbaren Säulenhallen aufgestellt, deren Decken mit einer überraschenden Pracht, mit einer zarten Anmut verziert, vergoldet sind. Dies war einst der kaiserliche Palast, die Liebhaberei eines Herrschers, der Thronplatz ist noch leicht erkennbar. Hinten, in einem zweiten, ein wenig schattigen Saal, liegt die Estrade, wo er sich ausruhte, liegt der gewaltige Spitzbogen, der ihm als Heiligenschein diente. Er ist natürlich ganz mit Stalaktit behangen und wird von zwei goldenen Chimäras überragt, die in einzelnen Teilen einen chinesischen Einfluß verraten; aber der Hintergrund wirkt ganz überraschend; statt wie sonst eine unentwirrbare Verschlingung von Rosetten und Zellengeweben zu zeigen, deren kleinste Flächen von Gold umrahmt sind, ist er leer, öffnet sich auf ein Gemälde in der Ferne, das in Wirklichkeit weit herrlicher ist als alle Schmiedearbeiten der Welt: Gebadet von den hellen Sonnenstrahlen liegt dort das Panorama von Ispahan, das der vollendete Kunstgeschmack sich erwählt hat, liegt dort die Stadt der rosenroten Erde und der blauen Fayencen, über der seltsamen Brücke mit den beiden aufeinander ruhenden Bogengängen, vor den Bergen und den Schneegefilden, läßt sie ihre Kuppeln, ihre Minaretts, ihre unnatürlich farbigen Türme in der Sonne leuchten. Eingerahmt von diesem Spitzbogen, von dem rot- und goldfunkelnden Schatten aus gesehen, in dem wir uns befinden, wirkt dies alles wie ein orientalisches, sehr phantastisches Gemälde, wie ein sehr durchsichtiges Fächergemälde.

Es hält sich hier niemand mehr auf, der dies betrachten könnte, was einst die Augen der Kaiser erfreut haben muß; der kleine Teehändler am Eingang hat nicht einmal mehr Zuspruch. Lange stehe ich hier allein unter den schönen, bald einstürzenden Decken, während ein Hirte mein Pferd auf dem Hof, zwischen dem Brombeergesträuch, dem Mohn und dem Windhafer am Zügel hält.

Eine halbe Stunde weiter entfernt, in den Feldern von weißem Mohn und Veilchen, erhebt sich ein zweiter Palast, eine zweite Liebhaberei eines Herrschers, ein zweiter Thronplatz. Er nennt sich „das Haus der Spiegel“, und seinerzeit wird er einem Palast von Rauhreif und Eiszapfen geglichen haben; er ist gänzlich verfallen, aber an den noch übriggebliebenen Teilen des Gewölbes glänzen tausende von Spiegelstückchen, die das Alter oxydiert hat, gleich Salz. Ein bescheidener

Tee- und Kuchenverkäufer steht im Schatten dieser Ruine, und meine Ankunft stört eine Gesellschaft von gespensterhaften Frauen, sie hatten sich fröhlich zu einer kleinen Mahlzeit im Gras auf dem Hofe niedergelassen, aber jetzt verstummen sie und senken vor meinem Anblick ihren Schleier herab.

Wie immer muß ich vor Sonnenuntergang in die Stadt zurückgekehrt sein. Übrigens ist der Abend nach einem so strahlenden Mittag traurig, ein Wind hat sich erhoben, der aus der Richtung der Schneefelder kommt, er führt eine leise Erinnerung an den Winter mit sich, während gleichzeitig die Wolken am Himmel dahinziehen.

Auf dem schmalen Pfade, auf dem ich zurückkehre, inmitten der Kornfelder, der Kornblumen und des Mohns schreitet eine Frau mir entgegen, sie ist natürlich ganz schwarz und trägt eine weiße Maske, sie geht langsam mit gesenktem Kopf, man könnte sagen, sie schleppe sich dahin: irgendeine arme Alte, die zum letztenmal den Monat Mai erlebt, und ihr Nahen stimmt mich traurig... Hier steht sie zwei Schritte vor mir, die einsame, müde Spaziergängerin... Ein Windstoß zerrt an ihrem langen Trauerschleier, ihre weiße Maske löst sich und fällt zu Boden!... Ah! welch ein Lächeln fange ich auf zwischen den strengen schwarzen Falten!... Sie ist zwanzig Jahre alt, sie ist eine kleine Schönheit, drollig und schelmisch, mit ihren runden, rosenroten Wangen, Onyxaugen, die aus dem Flaum des Rabengefieders gemacht zu sein scheinen, ganz wie die Sultaninnen auf den alten Schachteln... Wovon mochte sie träumen, diese kleine Person, da sie eine so schmerzliche Haltung zeigte?... Halb beschämt über ihr Mißgeschick, halb belustigt, schenkt sie mir ein reizendes Lächeln: aber sehr schnell befestigt sie wieder ihre weiße Maske und läuft leichtfüßiger als ein junges Zicklein durch die Felder dahin.

Als ich um fünf Uhr nachmittags auf der Brücke anlange, herrscht dort ein großes Gedränge. Alle Freitag-Spaziergänger kehren eilends zurück, denn in Persien fürchtet man sich immer vor der Nacht; rechts und links von der großen Straße, auf den beiden überdachten Wegen, die gotischen Klostergängen gleichen, zieht sich eine ununterbrochene Kette von schwarzen Frauen dahin, ihre müden Babys klammern sich an sie, und lassen sich ziehen.

In dem Basar, den ich durchkreuzen muß, bringt die Rückkehr von dem Felde zu dieser Stunde Leben und Treiben mit sich, und dies freut mich, denn ich kenne nichts Traurigeres, als wenn diese zu langen Gewölbe an den Festtagen von einem Ende bis zum anderen verödet daliegen, ohne die Pracht der Stoffe, der Sattelzeuge, der Waffen, ohne die geöffneten Läden.

Mein Weg führt durch die größten aller Gewölbe, durch die Gewölbe des Kaisers; oben an den Decken laufen die noch immer leuchtenden Fresken entlang, die das Bild des Herrschers darstellen, besonders häufig aber sieht man ihn auf den Kuppeln, auf den großen, die Plätze überdachenden Kuppeln verewigt: der Schah-Abbas mit seinem langen, bis zum Gürtel herabwallenden Bart, wie er zu Gericht sitzt, der Schah-Abbas, wie er auf die Jagd geht, der Schah-Abbas, wie er in den Krieg zieht, wohin das Auge fällt, überall der Schah-Abbas. Ich eile vorwärts in der geheimnisvollen, schweigenden Begleitung der verschleierten Frauen, die

Heckenrosen und echte Rosen mit sich nach Hause tragen. Von Zeit zu Zeit wirft die Bogentür einer Karawanserei oder der blaue Bogen einer Moschee einen Lichtstreifen auf den Weg, der die Dunkelheit noch dunkler erscheinen läßt. In einer Nische, halb versteckt durch ein ganz vergoldetes Gitter, steht ein Mensch mit weißem Bart und einem Gesicht, das hundert Jahre alt sein könnte, umgeben von einer Schar gespensterhafter Frauen; es ist dies ein alter, heiliger Derwisch; er bewacht eine kleine Wunderquelle, die hinter dem schönen Gitter aus dem Felsen hervorspringt, er füllt die bronzenen Becher mit Wasser, und seine vertrocknete Hand reicht sie durch die Stäbe hindurch der Reihe nach den Damen, diese lüften ein wenig den Schleier und trinken darunter, indem sie darauf achten, daß ihr Mund nicht zum Vorschein kommt. Dies alles trug sich bei mattem Dämmerlicht zu, und jetzt, als ich den Basar verlasse, scheint der kaiserliche Platz durch einige rote, bengalische Flammen erleuchtet zu sein. Die Sonne wird untergehen, denn hier stehen die Musikanten mit ihren langen Trompeten und ihren gewaltigen Trommeln, auf dem gewohnten Balkon erwarten sie die nahe Stunde, bereit, ihren schreckeneinflößenden Gruß in die Luft hinauszuschicken. Aber wo sind denn all die Wolken geblieben? Zweifellos hält sich kein bedecktes Wetter in diesem Lande, diese trockene, reine Luft saugt die Dämpfe auf. Der blaßgelbe Himmel ist rein und klar und gleicht einem riesengroßen Topas, und an den verschiedenen Seiten des Platzes wechselt der große Reichtum der Glasuren seine Farbe, wie an jedem schönen Abend breiten sich rosige und goldige Tinten über ihm aus.

Mein Gott! ich habe mich verspätet, denn dies ist das letzte Erglühen der Minaretts und Kuppeln, das Schlußbild allen Blendwerks; die Gebäude erstrahlen in rotem Glanz, die Sonne geht unter... Und als ich durch die große Einöde, über den Platz dahinschreite, bricht der Lärm der Trompeten dort oben los, ächzend, stöhnend, und die Trommelschläger schlagen den Takt dazu, und ihr Schlag gleicht dem Rollen des Donners.

Um schnell von hier in das russische Haus zurückzugelangen, versuche ich den Weg durch die Gärten des Zelleh-Sultan; man wird jetzt allmählich wissen, daß ich der Fremde bin, den der Fürst D... aufgenommen hat, und vielleicht läßt man mich deshalb passieren.

Und in der Tat, an allen aufeinander folgenden Toren schauen die Wächter, die zwischen den Rosenbüschen ihre Kalyan rauchen, mir wortlos nach. Aber ich hatte nicht vorausgesehen, wie bestrickend und reizvoll diese Stunde in den Blumenalleen ist, und ich empfinde große Lust, hier länger zu verweilen. Man ist wie berauscht von den ungezählten Rosen, deren Düfte sich abends unter den Bäumen vereinen. Und der Gesang der Muezzine, der plötzlich über Ispahan schwebt, erscheint nach dem Blasen der Trompeten von einem süßen, himmlischen Klang, man könnte glauben, es seien Orgeln und Glocken, die in der Luft zusammenklingen.

Da es mein letzter Tag ist (ich reise morgen), so habe ich ausnahmsweise die Erlaubnis erbeten, in später Abendstunde umherzustreifen, und meine Wirte waren so gütig, die Nachtwächter benachrichtigen zu lassen, welchen Weg ich einzuschlagen gedächte, damit sie mir die schweren Tore mitten in den Straßen öffnen könten, die man nach Sonnenuntergang verriegelt, und die einen Verkehr von einem Viertel zum andern verhindern.

Es ist ungefähr zehn Uhr, als ich das Haus des Fürsten verlasse, zum Erstaunen der Kosaken, der Wächter an dem einzigen Ausgang. Und sofort tauchen wir in dem Schweigen und in der Dunkelheit unter. Keine Hauptstadt ruft in dem Maße wie das nächtliche Ispahan den Eindruck des Todes und der Verlassenheit hervor. Unter den Gewölben klingen die Stimmen viel zu laut, und gleichsam, als befände man sich in einer Totengruft, wirft das Pflaster den Schall der Tritte dumpf zurück. Zwei Wächter folgen mir, ein dritter geht mir vorauf; er trägt eine drei Fuß hohe Laterne, die er von rechts nach links schwingt, um mir die Löcher, die Kloaken, den Schmutz und die toten Tiere zu zeigen. Zuerst begegnen wir in großen Abständen ähnlichen Fackeln, sie leuchten einem verspäteten Reiter oder einer Schar verschleierter Frauen, die in Begleitung eines bewaffneten Mannes daherkommen, und dann zeigt sich bald kein einziger Mensch mehr auf den Straßen. Schreckliche, graugelbe Hunde, herrenlose Hunde; sie nähren sich von Abfall, schlafen rudelweise an dieser oder jener Ecke zusammen und knurren den Vorübergehenden an; sie sind jetzt die einzigen, lebenden Wesen in diesen Straßen, aber sie erheben sich nicht einmal, sondern begnügen sich damit, den Kopf aufzurichten und die Zähne zu zeigen. Sonst rührt sich nichts. Außer den gespaltenen Ruinen auch nicht ein Haus, das nicht furchtsam verschlossen wäre. Bis an die Zähne bewaffnet schleicht der Wächter des Viertels auf leisen Babuschen hinter uns her. Wenn man vor der eisenbeschlagenen Tür anlangt, die sein Reich abgrenzt und den Weg versperrt, ruft er mit laut tönendem Schrei den Wächter herbei; dieser antwortet zuerst aus weiter Ferne, dann kommt seine Stimme immer näher, und schließlich öffnet sich das Tor unter lautem Geknarr der Schlüssel, der Riegel und der rostigen Angeln. Alsdann betreten wir ein neues Reich der Schatten und der zusammenstürzenden Ruinen, während die Tür sich hinter uns schließt und uns plötzlich noch mehr von dem Hause trennt, aus dessen Bereich wir uns immer weiter entfernen. Und so geht es fort, kein Grabesviertel, das wir durcheilen, steht in Verbindung mit dem vorhergehenden, aus dem wir kommen. In den überdachten Gegenden herrscht ein Geruch von Schimmel, Fäulnis und Unrat; es ist dort so dunkel, daß man glauben könnte, man befände sich zwanzig Fuß tief unter der Erde. Aber unter freiem Himmel schaut man das Wunder der Sterne Persiens, mit denen sich keine anderen Sterne der Welt vergleichen können, sie erscheinen noch weit strahlender zwischen den gespaltenen Mauerresten, zwischen den Trümmerhaufen, in dem Rahmen des Verfalls und der Schatten. Alles trägt dazu bei, diese Atmosphäre so durchlässig, so leicht zu machen, daß kein funkelndes Licht zurückgehalten werden kann: Die Höhe, die Nachbarschaft dieser Sandwüsten, die niemals Wasserdünste ausatmen. Die Sterne Persiens haben dasselbe Feuer wie die reinen Diamanten, sie haben, sieht man genau hin, ein buntes Feuer, ein rotes, ein violettes, ein bläuliches Feuer. Und dann sind sie unzählig, stellen Tausende von Welten dar, die in anderen Gegenden auf unserer Erde nicht sichtbar sind, die aber in diesem Lande, aus der Tiefe der Unendlichkeit heraus, zu den Menschen hinabstrahlen.

Welch ein Gegensatz, dieser jämmerliche Verfall hier auf dem Boden! Trümmerhaufen, Schutt und Unrat, das ist schließlich alles, was von diesem Ispahan übriggeblieben ist, das in der Ferne und unter den Strahlen der Sonne noch die große, bezaubernde Stadt spielt...

Über unseren Köpfen dehnen die Gewölbe sich aus, werden immer gewaltiger; wir erreichen die Stadtviertel, die der Schah-Abbas erbaut hat, und jetzt machen wir vor dem Tor einer der Hauptadern des Basars halt. Der Wächter, unser Führer, stößt einen langgezogenen Schrei aus, und bald antwortet eine Stimme in der Ferne, eine schleppende, unheilverkündende Stimme, die ein endloses Echo zurückwirft, gleichsam, als stieße man nachts in einer Kirche einen Hilferuf aus. Derjenige, der hinter dem Zedernportal steht, antwortet, daß er den Schlüssel nicht finden könne, daß ein anderer ihn behalten habe, und so weiter, Und die Hunde der Straße werden unruhig, wachen überall auf und stimmen ein Konzert an, ihr Gebell pflanzt sich in dem klangreichen, überdachten Labyrinth immer weiter fort. Inzwischen aber entfernt sich der Mann, der vorgibt, den Schlüssel zu suchen, sei es aus bösem Willen, sei es aus Angst, sicher aber ist, daß er uns das Tor nicht öffnen wird. Deshalb laßt uns auf einem Umweg durch andere Straßen versuchen, endlich das Ziel unseres Ausfluges zu erreichen.

Das Ziel ist der kaiserliche Platz, den ich ein letztes Mal vor meiner Abreise in dunkler Nacht sehen möchte. Endlich liegt dieser Platz vor uns, man hat uns das hohe Tor des Färberbasars geöffnet, und schwach beleuchtet von all den kleinen, dort oben funkelnden Diamanten, erscheint er noch größer, als bei hellem Tageslicht. Eine ganze Karawane schläft dort an einem der Torflügel, die starke Ausdünstung der knienden Kamele trübt die reine Luft; und ringsumher liegen die Wächter, gleichsam als befände man sich auf freiem Felde. Außerdem schreiten einige gespensterhafte Frauen in zwei kleinen Abteilungen durch diese Einöde, beiden geht ein Laternenträger, gehen Wächter vorauf: Die Frauen kehren sicher von einem Fest, von irgendeinem Haremsfest zurück, zu dem die Ehemänner keinen Zutritt haben, und das im Innern der fast verschlossenen Wohnungen gefeiert wird. Einen dieser geheimnisvollen Trupps sehen wir in weiter Ferne, ganz hinten am anderen Ende des Platzes vorübergehen, fast könnte man glauben, es sei ein Zug winziger Zwerge. Man hört das Rufen, das Klopfen an den Toren des Viertels, die geöffnet werden sollen, und dann ertönt das Knarren der Riegel, und die beiden dunklen Flecke, der eine nach dem anderen, tauchen in den gewölbten Gängen unter, wir bleiben allein mit der schlafenden Karawane zurück, allein auf dem großen, auf dem zu dieser Stunde erhabenen Platze, zwischen den symmetrischen Reihen der gemauerten Arkaden.

Während der Platz gewachsen zu sein scheint, ist die kaiserliche Moschee dort unten, deren Umrisse sich scharf von dem bläulichen Himmel abheben, zusammengeschmolzen, ist kleiner geworden, — wie es auch mit den Bergen und Denkmälern geht, wenn man sie zur nächtlichen Stunde aus weiter Ferne betrachtet. Aber sobald man sich ihr nähert, sobald sie ihre Bedeutung in dem Raum einnimmt, wächst sie zu einem Wunder an, das, durch diese unnatürliche Klarheit gesehen, inmitten der Abgeschiedenheit und des ewigen Schweigens, noch überraschender wirkt. Die Sterne, die kleinen bunt schillernden Diamanten lassen ihr funkelndes Licht von oben aus der unermeßlichen Leere auf sie herabfallen, lassen ihre Fayencen, ihre glatten Flächen, die Bogen ihrer Kuppeln und ihrer spindelförmigen Türme, in mattem Glanz erstrahlen. Und sie versteht es auch jetzt noch, ihr Blau zur Geltung zu bringen, wo alle anderen Farben auf der Erde verblaßt sind; ganz blau hebt sie sich von den Tiefen des nächtlichen Himmels ab, die neben ihrer Glasur fast schwarz, von einem sternenbesäten Schwarz erscheinen. Und man könnte sagen, sie sei zu Eis erstarrt, denn nicht nur begegnet uns wie immer ein Friede unter ihren Mauern, sondern sie ruft auch den Eindruck hervor, als strahle sie Kälte aus.

Sonnabend, 19. Mai.

Heute morgen um sieben Uhr, bei herrlichstem Sonnenschein, schreite ich zum letztenmal durch den Garten, der von den schönen Ispahanrosen überschwemmt wird. Hier habe ich mich eine Woche ausgeruht. Jetzt reise ich ab, setze meinen Weg nach dem Norden fort. Und wahrscheinlich werde ich meine liebenswürdigen Wirte niemals wiedersehen, mit denen ich diese Abende in einer fast vertraulichen Gemeinschaft verbracht habe.

Obgleich von hier nach Teheran kaum ein richtiger Weg führt, so werde ich doch zu Wagen reisen, denn mein armer französischer Diener, der noch sehr von den ausgestandenen Strapazen mitgenommen ist, würde gar keinen Ritt vertragen. Vor der Tür steht mein seltsamer Wagen schon angespannt; eine Art Viktoria, von besonders starker Bauart, deren Federn durch Stricke befestigt und verstärkt sind; in Frankreich würde man ein, höchstens zwei Pferde davorspannen; hier gibt man mir vier, vier kräftige Pferde zum Ziehen, sie tragen ein buntes, mit Kupfer beschlagenes Sattelzeug, so wie es in Persien gebräuchlich ist. Auf dem Bock haben zwei Männer Platz genommen, beide sind mit Revolvern bewaffnet, der Kutscher und sein Gehilfe, der stets bereit sein muß, im kritischen Augenblick an die Spitze des Gespanns zu springen. Acht Pferde folgen, sie tragen mein Gepäck und meine Perser; die kleineren Sachen, die ich hinten am Wagen befestigt hatte, muß ich auf Befehl des Kutschers bis auf die Hälfte vermindern, „denn“, sagt er, „wenn wir umschmeißen sollten ...“

Wir gebrauchen fast eine Stunde, um aus dem Labyrinth Ispahans hinauszugelangen, wo unsere Pferde, die es gar zu eilig haben, möglichst viel Unheil in den engen Straßen anstiften, sie fahren gegen die Schauläden oder werfen beladene Maultiere um. Bald geht's durch das Dunkel der Basare, bald unter strahlendem Himmel zwischen den Ruinen im schnellen Trab hindurch, der Wagen rumpelt über die Steine dahin, man schnellt empor und könnte fast die Knochen zerbrechen. Bettler laufen neben uns her, sie werfen uns Rosen zu und wünschen uns glückliche Reise.

Darauf folgt das freie Land, das frische Grün der Pappeln und der Weiden, die junge Farbe der Gerstenfelder, die ganz mit Kornblumen übersät sind, das weiße Licht der Mohngärten.

Um zwölf Uhr befinden wir uns von neuem inmitten des Staubes und des gewöhnlichen Verfalls irgendeiner Karawanserei, wo wir eingekehrt sind; — in weiter Ferne verschwindet die Stadt der blauen Kuppeln, die Stadt der taubenfarbenen Ruinen hinter uns.

Und während der Abendetappe sehen wir uns wieder in der Wüste, in der Wüste, die wir auf dem Wege nach Teheran nicht mehr vermuteten, eine wirkliche Wüste mit weiten Sandflächen, mit flimmerndem Licht, mit Karawanen und Luftspiegelungen, — mit den schönen blauen Seen, die drei Minuten sichtbar sind, die uns anlocken und dann wieder verschwinden ... Durch dies alles im Wagen durchzufahren, im scharfen Trab über die Pfade der Kameltreiber dahinzurollen, das ist wirklich für mich eine ganz neue, seltene Begebenheit.

Sonntag, 20. Mai.

Mourchakar heißt das Dorf, in dem wir diese Nacht geschlafen haben, und unser Wagen hat Aufsehen erweckt; als er gestern abend ausgespannt vor der Tür der Karawanserei stand, sprangen die vom Felde zurückkehrenden Tiere zur Seite, sie fürchteten sich, ihm zu nahe zu kommen.

Den ganzen Tag sind wir ohne ernste Schwierigkeiten in scharfem Trab durch diese ziemlich „befahrbare" Wüste über den alten persischen Boden, über die harte Erde dahingerollt, über einen Teppich von süßduftenden Blumen, wie wir ihnen seit Chiraz schon so oft begegnet sind. Die Berge rechts und links mit ihren Schneegefilden scheinen wir schon zu kennen; ein großes Gewirr von Felsen, niemals zeigen sie das geringste Grün, sie erinnern an all die anderen, die sich vor vielen Tagen als eine eintönige Kette zu beiden Seiten unseres Weges hinzogen.

Und abends sahen wir in einem Tal eine frische, kleine Oase liegen, das Dorf ist nicht mehr befestigt, es scheint sich nicht mehr zu fürchten, wie die anderen Dörfer in den südlichen Gegenden, es breitet sich im Gegenteil friedlich am Ufer eines Baches, zwischen den Obstbäumen und den Blumen aus.

Aber welch ein ungewöhnliches Treiben herrscht vor seinem Eingang, in der Ebene! Es muß irgendeine große Persönlichkeit sein, die mit einem Gefolge von Satrapen reist: sechs Wagen, ungefähr zwanzig von den mit rotem Tuch bedeckten Holzkäfigen, in denen die Frauen auf den Rücken der Maultiere eingeschlossen sitzen, wenigstens fünfzig Pferde, herrliche Zelte, die auf dem Gras errichtet sind; und zwischen den Bäumen hat man Stoffe aufgehängt, sie schließen einen kleinen Wald ein, augenscheinlich, um den Harem des durchreisenden Herrn vor den Blicken der Menschen zu schützen. — Man erzählt uns, es sei ein neuer Vezir, der von Teheran nach Fars geschickt wird, um diese Provinz zu regieren, und der sich jetzt auf seinen Posten begibt. Die ganze Karawanserei ist von seinem Gefolge besetzt, so ist es unnötig, dort nach einem Raum für uns zu fragen.

Aber niemals haben Dorfbewohner uns so gastfreundlich empfangen, wie es diese tun, die jetzt einen Kreis um uns bilden — alle in langen, gemusterten persischen Kleidern, sehr strammsitzend in der Taille, mit weiten, wallenden Ärmeln, mit großen Hüten, die man weit zurückschiebt auf dem fast immer edlen, schönen Kopf. Man streitet sich darum, wer uns sein Haus öffnet, und wer uns unser Gepäck nachträgt.

Das Lehmzimmerchen, das wir dankend annehmen, liegt auf einer Terrasse und sieht in einen Obstgarten hinab, der voller Kirschbäume steht, und durch den die fließenden Bäche dahinrauschen. Es ist sehr sauber, mit Kalk geweißt und mit bescheidenen Spiegelmosaiks verziert, die hier und dort in der Mauer eingelassen sind. Auf dem Kamin, zwischen den orientalischen Karaffen und den kupfernen Kästchen, hat man vorjährige Granaten und Äpfel in einer geraden Reihe hingelegt, ganz so wie es in Frankreich die Bauern tun. Hier herrscht nicht mehr die einfache Derbheit der südlichen Oasen, man fühlt sich nicht mehr so weit von der Heimat entfernt; viele Sachen erinnern fast an die Dörfer bei uns.

Montag, 21. Mai.

Morgens bewegt ein frischer Windhauch die Kirschbäume und drückt die grünen Ähren nieder, das Lager der Satrapen erwacht, und es beginnen die Vorbereitungen zum Aufbruch, zuerst springen die schönen Vorreiter mit geschultertem Gewehr in die Sättel, deren Knöpfe in silbernem oder perlmutterartigem Glanz erstrahlen, und die mit goldenen Fransen besetzt, mit Gold bestickt sind. Im Galopp sprengen die Reiter einzeln davon. Und dann nimmt man die Staatskutschen in Angriff, vier Pferde werden vorgespannt, zwanzig Diener; silbergalonierte Leute, mit hohen Stiefeln und langen Tuniken, ganz nach der tscherkessischen Mode gekleidet, sind dabei angestellt.

Beim Schreibunterricht

Der Satrap sitzt vornehm und müde in dem Grase, neben seinen schönen, jetzt bald zum Aufbruch fertigen Wagen, er raucht nachlässig seine Kalyan, aus ziseliertem Silber, die von zwei Dienern gehalten wird. Man spannt sechs Pferde vor seinen Wagen, vier an die Deichsel und zwei davor, auf denen die Vorreiter in ihren silbergestickten Gewändern sitzen. Und sobald der Gebieter alleine in seine prachtvoll ausgestattete Karosse gestiegen ist, fährt alles im gestreckten Galopp der Wüste zu, wo der Vortrupp sich schon in der Ferne verliert.

Aber uns interessiert besonders der Harem, der Harem, der jetzt auch hinter den eifersüchtigen Vorhängen seine Vorbereitungen trifft; wir hegen die unbestimmte Hoffnung, daß irgendeine Schöne, dank der Zwanglosigkeit des Lagerlebens, ihr Gesicht zeigen wird; den kleinen Wald, in dem sie alle eingeschlossen sind, verhüllen noch immer die undurchsichtigen Vorhänge, aber man sieht, daß dahinter ein großes Treiben herrscht, Eunuchen laufen herein und heraus, sie schleppen Säcke und Schleier, tragen auf goldenen Tellern Leckerbissen herbei. Augenscheinlich werden die Gefangenen gleich erscheinen.

Die Sonne steigt höher am Himmel, und ihre Wärme erfüllt uns mit Wohlbehagen; im weiten Umkreis ist das Gras mit Blumen besät, man hört das Rauschen der Bäche, man atmet den Duft der wilden Krauseminze ein, und auf den Bergen glitzert der Schnee; es ist angenehm hier zu warten, und deshalb laßt uns bleiben ...

Endlich lösen die Vorhänge sich alle zugleich, durch die gemeinsame Handhabe der Eunuchen, und fallen zu

Boden. Ach, das ist eine große Enttäuschung. Wohl sehen wir die schönen Frauen, ungefähr zwanzig an der Zahl, aber alle stehen sie gerade, steif da, von Kopf bis zu Füßen in ihre schwarzen Schleier gehüllt, das Gesicht bedeckt durch eine Maske: dieselben ewig gleichen Schatten, denen wir schon überall begegneten.

Wir wollen aber wenigstens jetzt ihrem Aufbruch beiwohnen, da wir schon eine volle Stunde verloren haben. Die Frauen, die die vierspännigen Karossen besteigen, müssen Prinzessinnen sein, man sieht es an ihren kleinen Füßen, an den kleinen behandschuhten Händen, an den Edelsteinen, die hinten am Kopf die weiße Maske zusammenhalten. Die anderen dagegen sind untergeordnete Gattinnen oder Dienerinnen, sie klettern zu zweien auf die Rücken der Maultiere, in die mit rotem Tuch ausgeschlagenen Käfige. Und alle entfernen sich unter Aufsicht der Eunuchen auf demselben Wege nach der Küste zu, den der Satrap eingeschlagen hat, und dessen Pferde noch immer dahinjagen müssen, denn sein Wagen ist nur als schwacher Punkt ganz hinten in der strahlenden Ferne sichtbar.

Jetzt brechen wir selbst in der entgegengesetzten Richtung auf. Sofort befinden wir uns mitten in der Einöde, wir folgen von neuem den Pfaden der Karawanen, die sich in dem Maße, wie wir vorwärtsdringen, immer mehr mit Schädeln und Gerippen bedecken, die einem endlosen Friedhof für Maultiere und Kamele gleichen.

Dort kreuzen wir die verspätete Nachhut des Vezirs: dieselben bewaffneten Reiter, dieselben roten Tragsessel, in denen die Frauen gefangen sitzen, sehr große Tragsessel, die auf zwei zusammengekoppelten

Maultieren ruhen, und zu deren kleinen Fenstern die schönen Reisenden hinausblicken, um uns vorüberfahren zu sehen; den Schluß bilden eine endlose Reihe Lasttiere, sie tragen eingelegte oder ziselierte Kästchen, Ballen, mit wunderbaren Teppichen bedeckt, Kupfergeschirr, Silbergeschirr, silberne Karaffen, große silberne Teller.

Und dann begegnen wir auf dem harten Lehmboden der Wüste keinem menschlichen Wesen, bis wir um die Mittagsstunde in einer traurigen, einsam gelegenen Karawanserei haltmachen, wir sind umgeben von Skeletten, von Kinnladen und von Wirbelknochen und finden hier nicht einmal das nötigste Futter für unsere Pferde.

Nachmittags dehnt sich die Wüste schwärzlich zwischen zwei Bergketten von derselben Farbe aus, deren Felsen große Brüche und den Glanz von Steinkohlen zeigen. Und plötzlich glaubt man den Ozean sich auf unserem Wege unter den seltsam dunklen Wolken ausbreiten zu sehen: Es sind dies die tiefgelegenen Ebenen (natürlich im Verhältnis zu uns, denn sie liegen noch tausend Meter über dem Meeresspiegel); und in der Luft erheben sich gewaltige Staub- und Sandwolken, ein furchtbarer Wind, der sich jetzt auch uns nähert, hat sie emporgewirbelt.

Gewöhnlich, wenn ein zu steiler Hügel unseren Weg versperrt, den unser Gespann vielleicht nicht zu erklimmen vermag, so treibt unser Kutscher seine vier Pferde in wütendem Lauf vorwärts, er spornt sie durch Rufe an und peitscht mit beiden Armen auf sie los. Bei den Abstiegen im Gegenteil hält er sie nach Leibeskräften zurück, aber diesmal stürzen sie wie zu einem Aufstieg davon, und wir rollen mit einer schwindelerregenden

Geschwindigkeit in die Ebene hinab, der Wind nimmt uns den Atem, und der Staub brennt in den Augen. Niemals habe ich wirkliche Wolken so dicht, so schwarz gesehen, wie es diejenigen sind, die uns jetzt entgegenfliegen, um uns in ihren dunklen Mantel einzuhüllen. Hier und dort steigen Sandhosen so kerzengerade wie Rauchsäulen von der Erde auf, sie scheinen ohne Glanz, ohne Flamme zu brennen. Die neue Wüste, in die wir so schnell hinabgefahren sind, ist voller Dunkelheit, voll Luftspiegelungen, ihre ganze Oberfläche zittert und verändert sich; es liegt etwas Schreckliches, etwas Furchteinflößendes in der Luft; übrigens ist der Wind glühend, man kann nicht mehr atmen; die Sonne verdunkelt sich, man möchte von hier entfliehen, und auch die Pferde leiden, ein unbestimmter Schrecken beflügelt ihren Lauf.

Geblendet, den Mund voller Sand, kommen wir unten an, und da liegt glücklicherweise auch der kleine, einsame Weiler, wo wir die Nacht verbringen werden, es war Zeit: zehn Schritte vor uns konnten wir nichts mehr unterscheiden, die Sonne, die noch hoch am Himmel steht, ist nur eine matte, gelbe Scheibe, ist so dunkel, wie eine durch den Rauch gesehene Lampenkuppel. Eine Sonnenfinsternis oder der Weltuntergang scheint sich auf uns herabzusenken. In einer Art Grotte aus geschwärztem Lehm, dem Zimmer der Karawanserei, dringt der Sand durch die Löcher hinein, die als Tür und Fenster dienen, man erstickt, — und trotzdem müssen wir hierbleiben, denn draußen würde es noch schlimmer sein; hier ist der einzig geschützte Platz gegen die glühende, dunkle Wolke, die sich draußen über die weite Einöde lagert.

Dienstag, 22. Mai.

Die Nebel gestern abend, der dumpfe, brennende Sturm müssen ein böser Traum gewesen sein. Beim Erwachen heute morgen ist alles ruhig, die Luft hat ihre tiefe Durchsichtigkeit wiedererlangt, und der Tag bricht strahlend an. Um den Weiler dehnt sich die rosenrote Sandwüste aus; und die Berge, die wir bei unserer Ankunft nicht gesehen hatten, liegen hier ganz in der Nähe und ragen mit ihren weißen Schneegipfeln in den Himmel hinauf.

Unsere heutige Etappe verspricht leicht zu werden, denn die Sandflächen liegen gleich einer ebenen Landstraße vor uns, eine Landstraße, die, fünf bis sechs Meilen breit, sich in unendlicher Länge, zwischen den beiden uns immer noch folgenden Bergketten, erstreckt.

Und die Etappe wird auch kurz sein, höchstens ein Dutzend Meilen; heute abend erreichen wir die große Stadt Kachan; sie wurde einst von der Gemahlin des Kalifen Harun-al-Raschid, der Sultanin Zobéide, gegegründet, von der Sultanin, die uns aus „Tausendundeiner Nacht" bekannt ist.

Den ganzen Vormittag verfolgen wir die mit Knochen besäten Pfade, lautlos rollen wir über den weichen Sand dahin, der hier den gewohnten Lehm- und Steinboden ersetzt. Ein beständiges Zittern, der Vorläufer der Luftspiegelungen, bewegt die überhitzte Ferne; oben heben die Gipfel sich mit wunderbarer Klarheit, mit einer herrlichen Farbenpracht von dem Himmel ab, während auf der Erde, über dem Sand, der unter unseren Wagenrädern einsinkt, alles Unbestimmtheit, alles Flimmern ist. Und gegen Mittag beginnen die anmutigen Luftspiegelungen um uns herum, von denen wir uns jetzt aber nicht mehr täuschen lassen, beginnt das Versteckspiel der kleinen blauen Seen, die hier, die dort auftauchen, die verschwinden, an anderer Stelle erscheinen, um wieder zurückzukehren...

Aber gegen Abend erhebt sich wie gestern ein Wind, und sofort fliegt der Sand auf; die Kämme der uns umgebenden Dünen scheinen zu rauchen. Staubwolken, Staubhosen bilden sich, die Sonne leuchtet gelblich und erblaßt; von neuem herrscht unter dem schreckeneinflößenden Himmel eine Sonnenfinsternis.

Man befindet sich auf einem ausgestorbenen Planeten, der nur den Schatten einer Sonne kennt; der Gesichtskreis hat sich mit einer erschreckenden Geschwindigkeit verkleinert; zwei Schritte vor uns liegt alles in einem gelben Nebel gebadet, kaum unterscheidet man die Mähnen der Pferde, die der Wind wie Furienhaare zerzaust. Man erkennt die Pfade nicht wieder, man ist geblendet, man erstickt...

— Ich sehe nichts, ich sehe Kachan nicht, — ruft uns der Kutscher zu, der den Kopf verloren hat, und dessen Mund sich bei diesen drei Worten ganz mit Sand füllt.

Wir glauben gern, daß er Kachan nicht findet, schon vor dem Sturm sah das Auge ja nichts als die Wüste... Das Gespann hält an. Wer sagt uns, wo wir sind, und was soll daraus werden?

Dies muß eine Halluzination sein: wir glauben das Läuten von Kirchenglocken zu vernehmen, von großen Glocken, zahllosen Glocken, die sich uns immer mehr nähern... bis sie unmittelbar vor uns ertönen... Und plötzlich taucht ein Kamel auf, es streift uns fast, ein phantastisch aussehendes Tier, dessen Umrisse im Nebel verschwimmen. An seinen Seiten schaukeln Kupfergefäße, sie schlagen mit dem Lärm einer großen Glocke aneinander. Ein zweites folgt, gebunden an den Schwanz des ersten, und dann drei, und dann fünfzig, und dann hundert; alle sind mit Schalen, mit Gefäßen, mit Krügen, mit vielgeformten, kupferroten Sachen beladen, die einen Höllenlärm verursachen, Kachan ist im wahrsten Sinne des Wortes die Stadt der Kupferarbeiter, sie versorgt die Provinz und die Nomaden mit den Wirtschaftsgeräten, die in ihren Basaren gehämmert werden; täglich befrachtet sie ähnliche Karawanen, und diese machen sich noch von weitem im ganzen Umkreis der großen Einöde hörbar.

— Wo ist Kachan? fragt unser Kutscher eine menschliche Erscheinung, die einen Augenblick auf dem Rücken eines Kamels über einem Haufen von Trinkgefäßen sichtbar wird.

— Gerade vor euch, kaum eine Stunde von hier, antwortet der Unbekannte mit ersticktcr Stimme, denn sein Gesicht verhüllt ein Schleier zum Schutz gegen den vielen Sand, den man hier schluckt. Er verschwindet vor unseren Augen in dem trockenen Nebel.

Gerade vor uns... Drum laßt uns auf die Pferde lospeitschen, damit sie wenn möglich vorwärtslaufen, laßt uns versuchen die Stadt zu erreichen. Übrigens legt sich das Unwetter, der Wind flaut ab, es ist weniger dunkel; auf der Erde liegen Knochen, wir müssen uns auf richtiger Fährte befinden.

Noch eine halbe Stunde fahren wir auf gut Glück darauf los. Und dann erscheint plötzlich ein helles Licht, erscheint plötzlich die Stadt der Sultanin Zobeide, viel höher als wir sie suchten: die Kuppeln, die Minaretts, die Türme. Die Stadt ist uns nahe und erscheint doch so fern, denn ihre Linien sind ganz verschwommen. Noch eingehüllt in den Nebel, vor einem schwarzen Himmel, beleuchtet von der untergehenden Sonne, erhebt sie sich, und rot leuchtet sie auf, die alte Stadt aus Lehm, rot wie jene Kupfergefäße, die vor kurzem so viel Lärm um sich verbreiteten. Und auf der Spitze jedes Minaretts, auf der Spitze jeder Kuppel sitzt sehr gravitätisch ein Storch, ein Storch, den Nebel und Sand vergrößert haben, und der in unseren Augen den Umfang eines Riesenvogels annimmt.

FÜNFTER TEIL

Im Rücken der Stadt der Sultanin Zobéide, die uns so plötzlich dort oben ihre unzähligen Kuppeln gezeigt hat, und die einer großen kupferroten Erscheinung gleicht, liegen diesmal wirkliche Wolken, sie bilden diesen tiefschwarzen Hintergrund; — Wolken, durch die der Blitz immer wieder seine blasse Zickzacklinie zieht. Das Unwetter, dem wir kaum entronnen sind, das Unwetter des Staubes und des Sandes, setzt seinen Weg nach der Wüste zu fort, wir sehen seinen schweren Schleier, seine dantische Dunkelheit hinter uns am Horizonte dahinfliehen. Immer mehr klärt es sich auf, immer mehr nehmen die Umrisse an Bestimmtheit zu, die Gegenstände werden wirklich, wir durchkreuzen jetzt die Felder der Oase, die Korn-, die Mohn-, die Reis- und die Baumwollfelder, die ziemlich unter dem Unwetter gelitten haben. Was die Stadt anbelangt, so erschien sie auf den ersten Blick hin wunderbar, aber wir lassen uns nicht mehr täuschen, wie alles andere, so ist auch sie nur ein Trümmerhaufen. — Es handelt sich jetzt darum, dort hineinzudringen, und dies ist nicht leicht; für einen Reiter wäre es schon schwierig, aber für einen vierspännigen Wagen ist es ein Rätsel; lange müssen wir suchen, müssen uns für einen Weg entscheiden, müssen diesen aufgeben und einen neuen einschlagen: Nirgends haben diese menschlichen Ameisen, die Iraner, in dem Maße überraschend und eifrig gearbeitet, haben so tief gegraben, wie gerade hier. Zwischen den Trümmern der vielen Lehmmauern, von denen fast keine mehr aufrecht steht, die man nie wieder aufbauen wird, zwischen den Bächen mit ihrem ausgehöhlten, tiefen Bett, besonders aber zwischen den zahllosen Löchern, aus denen man die Bauerde genommen hat, und die nun ewig klaffend daliegen werden, läuft kein einziger Weg, führt kein einziger Pfad. Eins meiner äußeren Pferde fällt in einen Keller, zieht beinahe das ganze Gespann und uns selbst mit sich, aber es bleibt mit seinem Zaumzeug hängen und es gelingt ihm, wieder hochzuklettern — und schließlich erreichen wir das Tor.

Dumpf grollt der Donner, als wir in die Stadt eindringen, die dunkel und gewaltig daliegt; Moscheen, Türme, altertümliche, schwere, vierkantige Pyramiden mit stufenförmigen Etagen, wie man sie bei einigen indischen Tempeln sieht, ein kühner Lehmhaufen, der heute inmitten seines Verfalls noch groß erscheinen will.

Wir fahren über einen Platz, wo ein Derwisch in weißem Gewande mit einem langen zinnoberrot gefärbten Bart zwanzig sehr artigen Kindern, die auf Steinen im Kreis um ihn sitzen, den Koran erklärt.

Wir sehen ein Minarett von wenigstens sechzig Meter Höhe, groß und einsam steht es da, es ist erschreckend schief, ist schiefer als der Turm von Pisa (dies ist der Hinrichtungsort der Ehebrecherinnen; man stürzt sie von oben herab, und zwar von der sich neigenden Seite, um ihnen den Augenblick, der dem Fall voraufgeht, um ihnen den leeren Raum, in den sie stürzen werden, noch schrecklicher erscheinen zu lassen).

Und dann folgen die großen gotischen Spitzbogen und die Nacht der Basare. Alles, was in Kachan lebt und lärmt, hat sich hier unter diesen Gewölben zusammengefunden, in diesen langen, hohen Schiffen, in denen man kaum sehen kann, wo Hunderte von großen Kamelen, die noch ihr lockiges Winterfell tragen, den Platz versperren. Um dort durchdringen zu können, mußten wir unsere beiden äußeren Pferde abspannen, denn wir nehmen zu viel Raum in der Breite ein, und außerdem machen uns die zwei Pferde, die wir behalten haben, noch Sorge genug, sie fürchten sich vor den schreienden Stimmen, sie fürchten sich vor der Nähe der Kamele; trotz der Anstrengung des Tages sind sie schwer zu zügeln, sie bewegen sich nur in Sätzen und Sprüngen vorwärts. Der Donner rollt immer lauter, und, als wir durch den Basar der Kupferschmiede fahren, wo die Arbeiter ihre letzten Hammerschläge vor Hereinbruch der Nacht mit doppelter Wucht herabsausen lassen, wird der Lärm so ohrenbetäubend, daß unsere Tiere scheuen; wir müssen aussteigen und ausspannen. Und dann sind wir wehrlos gegen die Kaufleute, die auf uns eindringen, sich unserer Hände bemächtigen und uns mit sich fortziehen. Nirgends sahen wir so viele rotgefärbte Bärte, so hohe schwarze Hüte; alle Leute gleichen Astrologen. Wir mögen wollen oder nicht, wir müssen ihnen folgen; bald finden wir uns in den fast unterirdischen Seidenspinnereien wieder, wo die Arbeiter Katzenaugen haben müssen, wenn sie sehen wollen; bald unter freiem Himmel, auf einem Hof, dessen rotblühende Granatbäume ein wenig Licht hindurchfallen lassen, dort packt man zu unseren Füßen die Schätze Aladins aus, die damascierten Waffen, die Brokatstoffe, die Schmucksachen, die Edelsteine. Besonders lange hält man uns bei den Teppichverkäufern gefangen, wir werden gezwungen, eine Kalyan zu rauchen und eine Tasse Tee zu trinken, man breitet die unvergleichlichen Gewebe Kachans vor uns aus, die wie das Gefieder der Kolibris schillern; jeder Gebetsteppich stellt ein Gebüsch mit zahllosen Vögeln dar, dessen Äste sich symmetrisch in dem Portal einer Moschee verzweigen, und immer ist die Farbenzusammenstellung ein Wunder. Die Preise sind stets zu Anfang übermäßig hochgeschraubt, wir erheben uns voller Entrüstung und wollen aufbrechen; dann hält man uns am Ärmel zurück, zündet unsere Kalyan wieder an, und zwingt uns zum Sitzen. In dieser Weise geht übrigens stets die Komödie des orientalischen Kaufhandels vor sich.

Es ist dunkel, als wir endlich die große Karawanserei erreichen, wo unser Wagen schon angelangt ist; eine ganz verfallene Karawanserei natürlich, aber von einer solchen monumentalen Größe, daß kein Basilikaportal sich in der Ausdehnung mit diesem blauen, von Fayencen bekleideten Eingang messen kann. Ein alter Mann mit blutrotem Bart führt uns nach den oberen Zimmerchen, durch die zu dieser Stunde der Gewittersturm fegt.

Hier kreuzen sich die Wege, die von den westlichen Wüsten nach Kachan führen, und die Wege, die bis zum Kaspischen Meer laufen: Ein beständiges Kommen und Gehen von Karawanen herrscht infolgedessen in dieser Stadt. Als der Tag zur Neige geht, sehen wir unter uns, durch den Spitzbogen des Portals, wenigstens zweihundert, in einer langen Reihe aneinander gebundene Kamele hineinströmen; seltsame Kamele, mit barbarischer Pracht ausgeschmückt, sie tragen Federbüsche auf dem Höcker, Hahnenfedern auf der Stirn, Fuchsschwänze an den Ohren, unechte Halskrausen aus aufgezogenen Muscheln. Die Kamelreiter, ihre Führer, haben alle flache, typisch mongolische Gesichter, sie sind mit kleinen, kurzen, buntgestreiften Röcken bekleidet, und ihre Kopfbedeckung besteht aus einer riesengroßen Pelzmütze. Dieser ganze Zug scheint geradeswegs von Djellahadah, aus Afghanistan, zu kommen, scheint die unendlichen Salzebenen durchquert zu haben und zieht jetzt, majestätisch und langsam, mit Glockengeläute hinein. Es sind so viele Tiere, daß es ganz dunkel ist, als die letzten erscheinen, die beim Licht der Blitze so unwirklich anzuschauen sind. In einer nahen Moschee singt man mehrstimmig ein Lied, eintönig wie das Brausen des Meeres. Und alle Geräusche vereinen sich, um uns in unseren ersten Schlaf hinüberzutragen: die religiösen Lieder, der Name Allahs, den man mit süßer Schwermut in den verschiedensten hohen Tönen singt, das Glockengeläute der Karawanen, das Grollen des sich entfernenden Donners, das Plätschern des Regens, und die leisen Klagen des Windes in den Mauerspalten.

Mittwoch, 23. Mai.

Heute legen wir einen achtstündigen Weg durch die einsamste aller Einöden zurück. Abends wird vor einem armseligen Weiher haltgemacht: zehn kleine Lehmhäuser, denen ein heller Bach Leben zuträgt, einige winzige Kornfelder, ein Gebüsch von drei oder vier Maulbeerbäumen, über und über besät mit weißen Maulbeeren; das ist alles, soweit das Auge sieht im ganzen Umkreise, nichts als Wüste. Die Leute scheinen sehr arm zu sein, und wahrscheinlich ist der Ort ungesund, denn sie sehen leidend aus. In dem Loch, unserem Zimmer, haben die zutraulichen Schwalben mehrere Nester über dem Kamine gebaut; streckt man den Arm aus, so könnte man die Jungen erreichen, deren kleine Köpfe alle sichtbar sind.

Und wir kommen gerade an dem Tage an, als die Ältesten des Dorfes — etwa zehn vertrocknete alte Leute — bestimmt haben, ihre erste Maulbeerernte abzuhalten. Dies soll zur Stunde der Vesper, der Kalyan und des süßen Müßigganges vor sich gehen, zur Stunde, wo wir mit zwei oder drei Hirten in der Tür der verfallenen Herberge sitzen, und dem sanften Gemurmel des einzigen, herrlichen Flusses lauschen und die Sonne an dem weiten Horizont untertauchen sehen. Die wenigen Kinder sind alle zerlumpt und blaß, sie schließen einen Kreis um die verkrüppelten Maulbeerstämme, die man jetzt schütteln will, und diesmal leuchtet die Freude der Erwartung in ihren sonst so schwermütigen Augen auf. Bei jedem Stoß fällt ein Regen von Früchten auf den traurigen, harten Boden herab, und die Kleinen stürzen sich wie Sperlinge, denen man Körner hinstreut, darüber, während der magerste der Greise die allzugroßen Leckermäuler zurückhält und mit Strenge darüber wacht, daß die Teilung gleichmäßig geschieht. Diese Bäume sind der einzige Schatz im meilenweiten Umkreise; und höchstwahrscheinlich denkt man in dem einsamen Dorf wochenlang im voraus an die Ernte, die in der Dämmerstunde vor sich geht, die man sich für die langen Maienabende aufspart... Ist das Fest vorüber, so senkt sich die kalte Nacht herab, die Abgeschiedenheit macht sich noch fühlbarer. Diese kleine menschliche Ansiedlung kennt keine Mauern, wie sie die Oasen des Südens umgeben; die Tür zu unserer Herberge läßt sich nicht einmal schließen, und mit dem Revolver in der Hand schlafen wir ein.

Donnerstag, 14. Mai.

Frühmorgens brechen wir auf, um noch heute abend die Stadt zu erreichen, wo die heilige Fatime, die Enkelin des Propheten, ruht.

Nach fünf- oder sechsstündigem Weg, in einer strahlenden Wüste, deren Pfade mit Gerippen besät sind, gegen zwölf Uhr mittags, um die Stunde des Blendwerks und der Luftspiegelungen, leuchtet dort hinten, in der unbestimmbaren Ferne, ein Gegenstand auf, etwas, was sich dem Auge, den Sternen gleich, nur durch seine Strahlen zeigt; ein aufgehendes Gestirn, eine goldene Kugel, eine Feuerkugel, etwas ganz Ungeahntes, etwas nie Gesehenes.

— Koum! sagt der Rosselenker, indem er mit dem Finger darauf zeigt... Also dies ist die berühmte goldene Kuppel, die in der mittäglichen Sonne funkelt, die einem Leuchtfeuer mitten am hellen Tage gleicht, die die Karawanen aus tiefer Wüste heranlockt... Sie erscheint und verschwindet wieder, ganz nach Laune des hügeligen Bodens, und nachdem wir mehr als eine Stunde in dieser Richtung dahingetrabt sind, ohne daß wir uns ihr merklich genähert hätten, ist sie plötzlich nicht mehr sichtbar.

Es ist vier Uhr nachmittags, als wir die Bäume der Ooase Koum, die Kornfelder und schließlich die Stadt entdecken; ein gewaltiger, grauer Trümmerhaufen, und immer und überall Schutt, Spalten und Risse. Natürlich sieht man, wohin das Auge auch fällt, die verschieden gestalteten Kuppeln, Zinnen und Minaretts, graubraune Türme, rosenrote Türme, die von einem blauglasierten Turban bedeckt zu sein scheinen. Und jede aufragende Spitze ziert ein Storch, gravitätisch steht er in seinem Nest. Hier gibt es viele verlassene Gärten, die mit Granatbäumen angefüllt sind, deren Boden durch die fallenden Blütenblätter blutrot gefärbt wird... Aber wo ist die goldene Kuppel, das Grab der Fatime, das wir von weitem zwischen den Luftspiegelungen des Mittags sahen? Wir müssen geträumt haben, denn nicht die geringste Spur von ihr ist sichtbar.

Von Zeit zu Zeit, beim Rollen unseres Wagens, beim Läuten unserer Schellen, öffnet sich eine Tür, und irgendeine Frau zeigt ihr eines Auge, die Hälfte ihres stets hübschen Gesichtes, um zu sehen, was sich dort zuträgt. Ungefähr zwanzig kleine Babys, alle wunderbar schön, mit Amuletts behangen, mit brandrot gefärbten Haaren, laufen hinter uns her, ganz erstaunt über unser Gespann, und mit diesem Gefolge halten wir unseren Einzug in dem Basar. Von neuem hüllt uns das plötzliche Dunkel der Basare ein, während zwanzig langer Minuten haben wir die größten Schwierigkeiten zu bestehen, immer wieder streifen wir inmitten der zottigen Kamele, ein Hindernis nach dem anderen, und unsere vier Pferde schnauben, der Moschusgeruch erfüllt sie

Straßencafé

mit Abscheu. Dort drängen sich die schön gekleideten Iraner, die Afghanen, mit den spitzen Mützen, die Beduinen Syriens, deren Kopf glänzende Seidenstoffe und seidene Bänder schmücken; die verschiedensten Leute, eine große Menge hält sich hier auf, und kaum kann man die Hand vor Augen sehen.

Aber dann gelangen wir durch den Ausgangsbogen in die helle Abendluft hinaus, und endlich liegt die strahlende Kuppel wieder vor uns, ganz nah thront sie inmitten einer feenhaften Umgebung, die, um uns zu blenden, von irgendeinem Zauberer aufgebaut zu sein scheint. An dem Ufer eines ausgetrockneten Flusses, an dem Bett aus weißen Kieseln, über das eine Bogenbrücke mit einem Fayencegeländer führt, breitet ein märchenhaftes Panorama sich aus; in bunter Reihe, in wilden Verschlingungen, übereinander aufgetürmt sind hier die Portale, die Minaretts und die Kuppeln, alles trieft von Gold; alles, was unmittelbar über dem Erdboden liegt, ist aus blauer Glasur, alles was sich vom Erdboden erhebt, ist aus grüner Glasur, hat jenen metallischen Glanz, der auch dem Schwanz des Pfaues eigen ist; in dem Maße, wie der Bau in die Luft hinaufsteigt, zeigt er ein immer reicheres Gold, er endet schließlich nach dem Himmel zu in goldenen Spitzen. Neben den wirklichen Minaretts, die groß genug sind, daß die Muezzine dort zum Singen hinaufsteigen können, gibt es zahllose schmächtige Spindeln, in die man nicht hineinklettern kann, auch sie streben aufwärts und glänzen wie Goldschmiedearbeit. So neu, so schön, so flammend, so überraschend liegt dies alles in dieser Stadt der Trümmer und des Staubes...

Mitten in der Pracht und dem Glanz wachsen tiefrote Bäume, überall blühende Granatbäume; man könnte sagen, es habe Korallenperlen geschneit. Und im Hintergrunde zeichnen sich die hohen Gipfel, zweimal höher als unsere Alpen, beleuchtet von der untergehenden Sonne, rosenrot von einem meergrünen Himmel ab.

Meine Augen haben schon so unendlich viel gesehen, aber sie erinnern sich an nichts, das so überwältigend, so phantastisch, so ausgesprochen orientalisch war, wie dieser Anblick, den uns das Grab der heiligen Fatime gewährte, an einem Maienabend, als wir aus einem dunklen Schiff heraustraten.

Es gibt also in Persien noch Dinge, die nicht verfallen sind, und die man noch heute, wie in den Zeiten zu Tausendundeiner Nacht, aufbauen und wiederherstellen kann.

Der Schah Nasr-ed-din ließ im neunzehnten Jahrhundert die heilige Moschee, wo heute sein Vater und seine Mutter neben Fath-Ali-Thah und der Enkelin des Propheten ruhen, mit unsinnigem Luxus vollständig neu herrichten, ließ sie mit goldenem Mosaik bekleiden.

Die Karawanserei ist scheinbar noch weit entfernt, sie liegt an der anderen Seite der Bogenbrücke, des wasserlosen Flusses. Darum schicken wir den Wagen voraus, und bevor die Sonne untergeht, wollen wir die Moschee besehen.

Ein gewaltiger, seltsamer Platz dient ihr als Vorhof; er stellt gleichzeitig einen alten, staubigen Friedhof und einen lärmenden Hof der Wunder dar. Das scheinbare Pflaster, die langen Fliesen, auf denen man geht, sind dicht nebeneinander liegende Gräber, der Boden ist angefüllt von den Gebeinen aller Zeiten, er ist mit menschlichem Staub vermischt. Und da die Reliquien der heiligen Fatime zahllose Pilger anziehen, da sie Wunder wirken, so ist hier aus allen Teilen Persiens ein trauriges Völkchen zusammengelaufen, um sich ringsumher niederzulassen. Neben den Verkäufern der Rosenkränze und der Amulette, die an der Erde ihre Waren auf Lumpen ausbreiten, zeigen die verkrüppelten Bettler ihre blutigen Gliederstümpfe; andere entblößen ihren Aussatz, ihre Krebsgeschwüre, oder ihre brandigen Wunden, die mit Fliegen bedeckt sind. Derwische mit langen Haaren schreiten singend vorüber, das Auge gen Himmel gerichtet; andere lesen mit wilder Begeisterung in den alten Büchern. Alle sind in staubige Lumpen gekleidet, alle sehen ungastlich und angsteinflößend aus; derselbe Fanatismus spricht aus dem zu feurigen Auge und aus dem erloschenen Auge.

Mitten auf diesem Platze, auf diesem Gräberfelde, umgeben von der grauen, schmutzigen, lumpengekleideten Menge, erscheint der frische Glanz einer solchen Moschee noch unwahrscheinlicher.

Im Innern des Heiligtums wird ein unausdenkbarer Reichtum herrschen, aber wir Ungläubigen sind ohne Erbarmen davon ausgeschlossen, und wir müssen an dem Tor der äußeren Umzäunung stehenbleiben... Aber diese Mauer ist schon von oben bis unten mit Glasur bekleidet und herrlich anzuschauen; sie umschließt eifersüchtig — wie die Mauer eines persischen Gartens ihre Bäume umschließt — die Minaretts und die Spindeln aus grüner und goldener Glasur, die gleich schlanken Stämmen aus der Erde hervorschießen und die eigentliche Moschee und die funkelnden Kuppeln einrahmen.

Das Volk quält uns, es schleppt seine Wunden, seinen Gestank und seinen Staub hinter uns her, es verfolgt uns bis an das Tor, wo es uns mit hundert schrecklichen Händen zurückhalten würde, wollten wir weiter vordringen. Auf der Schwelle stehenbleiben und von dort aus Umschau halten, ist alles, was uns erlaubt wird.

Der Sockel des Gebäudes ist aus weißem Marmor, er stellt eine gerade Reihe von Vasen dar, Vasen, aus denen alle Blumen hervorzusprießen scheinen, die unter der Glasur an die Wände gemalt sind; Rosenzweige, Irispflanzen beginnen kaum einige Fuß hoch über dem Boden; sie schlingen sich an den blauen Arabesken empor, wie es die Kletterpflanzen an einem Baumgeländer tun würden, sie steigen aufwärts und vereinen sich mit dem goldenen Mosaik der Friese und der Kuppeln. Ich glaube nicht, daß es auf der Welt — vielleicht mit Ausnahme der Tempel des heiligen Berges Japans — ein Gebäude gibt, das von außen mit einer solchen Pracht, mit einem solchen Glanz der Farben bekleidet wäre, wie dieses Grabmal es ist, das man hier, in der alten Stadt der Trümmer und des Staubes, zwei Schritte von den Wüsten entfernt liegen sieht.

Freitag, 25. Mai.

Während des Schlafes hatten wir vergessen, in welcher unvergleichlichen Nachbarschaft wir uns befinden, und auf welche Herrlichkeiten unsere elende Herberge zeigt. Die Tür der Terrasse öffnen und vor sich das Grab der heiligen Fatime bei Sonnenaufgang liegen sehen, das ist ein selten ergreifender Anblick: über den ganz mit Korallen besäten Bäumen, den rotblühenden

Granatbäumen, erhebt sich ein Bauwerk von orientalischer, fast übertriebener Anmut, es glitzert von oben bis unten wie die Gewänder des Schah-Abbas; goldene Spitzen, goldene Kuppeln, blaue und rosenrote Spitzbogen; Türme und Türmchen mit so wechselnden Lichtern, daß sie den Vögeln der Inseln entlehnt zu sein scheinen; und hinter dem allen die Ruinen und der leblose Horizont der Einöden.

Die Stadt Koum hatte bei unserer Abreise noch eine andere Überraschung für uns in Bereitschaft, eine wirkliche Landstraße liegt vor uns, sie ist gepflastert wie bei uns, wird von zwei kleinen Gräben und einer Reihe Telegraphenstangen eingerahmt, sie führt durch die unendlichen Felder. Und sie erscheint uns als der Gipfel der Zivilisation.

Zwar reicht sie nicht weit, und im Laufe des Tages befinden wir uns von neuem in der tiefen Wüste, wo der Pfad sich kaum auf dem Sand, in den glänzenden Salzfeldern, zwischen den vielen Luftspiegelungen, abzeichnet. Aber unser nächtliches Quartier, umgeben von Weiden und Platanen, in dem Weiler einer grünen Oase, hat nichts mehr von der wüsten Karawanserei an sich, die wir vorzufinden gewohnt sind; dies ist fast eine Herberge, wie man sie in unseren europäischen Dörfern antrifft, mit einem Gärtchen, und einem Gitter am Rande des Weges. Das ganze Land liegt übrigens so zuversichtlich, so alltäglich da.

Aber trotzdem ist die sich herabsenkende Nacht noch voller Reize, und man fühlt jetzt, daß die Wüste nicht weit entfernt sein kann; die Gebetsstunde hat etwas Rührendes in diesem kleinen Garten unter den Linden und den Weiden, mit seinem Kuckucksruf und seinem

Froschgequak; während die persischen Katzen mit ihrem langen, seidigen Fell leise in den dunklen Alleen umherstreichen, knien die Reisenden nieder, oft sieht man die Armen in ihren baumwollenen Gewändern neben den in Kaschmir gekleideten Reichen auf ein und demselben Teppich knien.

Sonnabend, 26. Mai.

Unser Himmel ist dasjenige, was sich am meisten verändert, je mehr wir uns dem Norden nähern, die unvergleichliche Klarheit der Luft, unsere beständige Augenweide, ist für immer verschwunden.

Man glaubte nicht mehr an den Regen, und heute ist er da. Während unserer siebenstündigen Etappe fällt er als feiner Sprühregen auf uns herab, ganz wie der Regen in der Bretagne. Wir legen uns in einem alten, kalten Hause mit triefenden Mauern zur Ruhe nieder, das verlassen und einsam im Hintergrunde eines gewaltigen Gartens steht. Wie gestern ruft der Kuckuck, quaken die Frösche. Das Haus ist umgeben von jungen Pappeln, von Rosensträuchern, von Ligustrum, von langen Gräsern. Und der Sturm zerzaust das zarte, junge Maiengrün.

Mit Mißtrauen und Bedauern werden wir morgen in Teheran einziehen; nach den alten Hauptstädten aus früheren Zeiten, nach Ispahan und Chiraz, wird uns diese Stadt gar zu modern, gar zu wenig persisch erscheinen.

Sonntag, 27. Mai.

Im Regen, unter einem dunklen Himmel, brechen wir auf. Unmerklich neigen sich die Pfade, und so steigen wir schließlich in die weniger verlassenen, in die grüneren Ebenen hinab. Korn- und Heufelder, aber immer noch keine Bäume, zuweilen Streifen Landes von klebriger, weißlicher Erde, wo nicht einmal das Gras mehr wachsen kann. Unsere ganze Umgebung ist wirklich häßlich. Die Schönheit liegt über uns, zwischen den schwarzen Wolken; wenn die Sonne durchbricht, zeigen die schrecklichen Berge uns in einer schwindelnden Höhe ihre langen Schneegewänder, und schließlich sehen wir durch einen Spalt, höher, als wir ihn zu suchen wagten, die Spitze des Berges Demavend, der Teheran überragt; er ist mehr als sechstausend Meter hoch, und niemals legt er sein leuchtendes weißes Leichentuch ab.

Trotz des eisigen Regens und der winterlichen Kälte begegnen wir vielen Menschen: Karawanen, gespensterhaften Frauen auf Eselinnen oder zu Wagen; Reitern in schönen Tuchkleidern, die schon ganz das Äußere von Städtern zeigen. Man fühlt, daß man sich der Hauptstadt nähert, und unser Kutscher hält an, zieht einen Haufen roter Bänder aus seinem Sack hervor und schmückt hiermit die Mähnen unserer vier Pferde, denn es ist Sitte, daß man also geziert nach einer glücklich überstandenen Reise zur Stadt hineinfährt.

Zu beiden Seiten des Weges stehen jetzt schmächtige, arme Bäume: verkrüppelte Ulmen, stark von der Kälte mitgenommene Granatbäume; beklagenswerte Maulbeerbäume, die auf jedem Zweig zwei oder drei

Straßenjungen schaukeln, und diese tun sich gütlich an den kleinen, weißen Früchten. Jetzt haben wir die endlosen Friedhöfe erreicht; auf der schrecklichen, weichen, grauen Erde, wo auch nicht der kleinste Grashalm wächst, ziehen sich die Kuppeln der Grabgewölbe oder die einfachen, fast immer verfallenen Gräber in langen Reihen dahin.

Ein Sonnenstrahl zeigt uns zwischen zwei Regengüssen, rechts an unserem Wege eine Kuppel aus funkelndem Golde, die an das Mausoleum der Fatime erinnert: es ist die Moschee des Schahs Abd-ul-Azim, eine heilige Stätte und zugleich der unverletzliche Zufluchtsort der persischen Verbrecher; vor zehn Jahren fiel der Schah Slasr-ed-din hier unter dem Dolch eines Abenteurers.

In diesem Lande, wo die Bäume nicht von selbst wachsen, werden sie oft groß und prächtig, wenn die Menschen sie neben ihre kleinen Bewässerungskanäle zwecks Beschattung ihrer Wohnungen, pflanzen. Das Dorf der Vorstadt, durch das wir in diesem Augenblick hindurchfahren, liegt ganz in Grün getaucht, und Teheran dort vor uns scheint noch heute den Namen „die Stadt der Platanen" zu verdienen, den man ihr im dreizehnten Jahrhundert gab. Aber wir, die wir bis jetzt daran gewöhnt waren, die Städte in Licht gebadet, zwischen den Luftspiegelungen in strahlender Pracht auftauchen zu sehen, wir finden, daß dieser Haufen kalter, grauer Häuser, unter einem trüben Regenhimmel gelegen, seltsam unfreundlich wirkt!

Immer zahlreicher werden die Vorübergehenden. Alles Leute, die uns kreuzen und die die Stadt zu verlassen scheinen. Wahrscheinlich die alljährlich wiederkehrende Frühlingsauswanderung; der Sommer in Teheran ist so dürr und ungesund, daß die Hälfte der Bevölkerung sich im Mai entfernt, um erst im Herbst zurückzukehren. Gespanne aller Art ziehen vorbei — und alle biegen sie aus vor den toten Pferden, deren Bauch die Geier geöffnet haben, und die jetzt in kurzen Zwischenräumen auf der Landstraße liegen, ohne daß jemand daran dächte, sie zu entfernen.

Wie dunkel ist alles oberhalb der Hauptstadt Irans! Wolkenwände, hinter denen man Bergwände ahnt, füllen den Himmel mit ihren fast erschreckenden Massen an. — Und stets sieht man durch denselben Spalt den Demavend, der uns in verschwommenen Umrissen seine silberne Spitze auf einem dunklen Hintergrund zeigt, man sieht, daß dies keine Wolke, daß es etwas „Festes" ist, daß es zu der Gattung der Felsen gehört, aber es scheint zu hoch hinaufzuragen, als daß es der Erde angehören könnte, man möchte fast sagen, es neige sich vorwärts... Wahrscheinlich ist es ein Teil eines fremden Gestirns, das sich geräuschlos hinter dem Nebelvorhang nähert — und die Welt wird untergehen...

Die Tore Teherans. Sie leuchten in dem klatschenden Regen. Von vier kleinen ornamentalen Türmchen werden sie geschmückt, und diese sind fein wie Peitschenstiele, und das Ganze bedeckt ein Überzug von glasierten Ziegeln, gelbe, grüne, schwarze Ziegel, die zu einer Zeichnung zusammengestellt sind, wie man sie auf der Haut der Eidechsen oder Schlangen sieht.

In der Stadt erwartet uns die schon geahnte Enttäuschung. Durch die Regengüsse sind die Gäßchen, die bis zur Herberge führen, in schmutzige Flüsse verwandelt, sie laufen zwischen Steinhaufen dahin, und diese kennen keine Fenster, sie sind trübselig und farblos, und bei ihrem Anblick liefe man am liebsten davon.

Das Wirtshaus aber ist das Schlimmste von allem; die jämmerlichste Karawanserei war besser als dies dunkle, alte Zimmer, das auf einen feuchten Garten, auf triefende Bäume zeigt. Und ich begrüße die liebenswürdigen Herren der Gesandtschaft als Befreier, denn sie bieten mir die Gastfreundschaft des französischen Hauses an.

Die Gesandtschaft ist wie alle anderen schon aus Teheran geflohen, zwei Meilen von den Mauern entfernt, am Fuße des weißgekleideten Demavends hat sie sich für den Sommer auf dem Lande niedergelassen, und dorthin werden auch wir heute abend übersiedeln, wenn mein Gepäck, das noch mit meiner Nachhut auf den irgendwo steckengebliebenen Pferden schwebt, angekommen sein wird.

Inzwischen will ich mich ein wenig in dieser Stadt umsehen, die ich gerne so bald wie möglich verließe.

Hier gibt es nichts wirklich Altes, nichts wirklich Schönes. Vor hundertfünfzig Jahren war Teheran noch ein unbekannter Flecken, aber da kam Agha Muhammed Khan, der Eunuchenfürst, der den Thron an sich gerissen hatte, auf den Einfall, die persische Hauptstadt hierher zu verlegen.

Zuerst nach den Basaren. Sie sind groß und sehr besucht. Dieselben gotischen Gewölbe, wie wir sie schon überall sahen; man verkauft hier ungeahnte Mengen von jenen Teppichen, die nach einem neuen Verfahren gewebt und gefärbt werden, und die im Vergleich zu den Teppichen Ispahans, Kachans und Chiraz' gar zu gewöhnlich erscheinen.

Wir wollen den Sonnenschein zwischen zwei Regengüssen benutzen, um auf die Dächer zu klettern, von wo aus man einen allgemeinen Überblick hat. Immer wieder sieht man auf zahllose kleine Terrassen und Kuppeln herab, aber es fehlt das Licht, das ihnen in den alten, unveränderten Städten, aus denen wir kommen, jenen unvergleichlichen Zauber verleiht, die Kuppeln der Moscheen sind grün oder vergoldet, statt wie im Süden in blauem Türkis zu erstrahlen, die beiden rosenroten Türme aber, die dort hinten aufragen, bezeichnen den Palast des Schahs. — In diesem Augenblick treten die Berge aus den Wolken hervor, und diese Werke, von Menschenhand erbaut, erscheinen winzig klein, wie sie dort am Fuße der erdrückenden Felsmassen liegen. Seine Majestät der Schah ist soeben nach Europa abgereist, und sein Palast mit den rosenroten Türmen liegt verlassen da. Wir haben nicht die Erlaubnis, ihn heute zu besehen. Aber wir wollen es trotzdem versuchen.

Die Wächter, gutmütige Burschen, lassen uns in die Gärten eintreten, die in diesem Augenblick ganz ausgestorben und deshalb besonders reizvoll sind. Diese Gärten bestehen eigentlich nur aus Seen, aus ruhigen, schwermütigen Spiegeln, umgeben von Fayencemauern, auf denen die Störche einherstolzieren. Das Wasser ist in Persien eine große Seltenheit, und deshalb auch eine große Verschwendung, und gerade die Fürsten sparen innerhalb ihrer Mauern nicht damit. Die Gärten des Schahs bestehen fast ausschließlich aus Wasserbassins, die von alten Bäumen und Blumen eingerahmt sind, und in denen sich die Lilienbeete, die hundertjährigen Rüstern, die Pappeln, die riesengroßen Lorbeerbäume, die hohen, eifersüchtigen, die glasierten Mauern widerspiegeln. Alles in dieser königlichen Wohnung, deren Herrscher in fernen Landen reist, ist eingezäunt, verschlossen, leer und schweigend, einzelne Türen sind versiegelt, die Vorhänge sind herabgelassen, sie verdecken alle Fenster, alle Öffnungen des Hauses, die auf die eingefriedigten Seen hinausgehen, — Vorhänge aus gesticktem Leinen, feste große Vorhänge, wie die Segel einer Fregatte. An den Wänden zeugen die modernen Glasurbekleidungen, auf denen man Figuren oder Rosenzweige dargestellt sieht, von einem kläglichen Rückgang in der persischen Kunst, aber trotzdem ist der allgemeine Eindruck noch reizvoll, und entzückend ist ihr Spiegelbild auf der Wasserfläche zwischen den umgekehrten Bäumen und dem Grün. — Es regnet nicht mehr; am Himmel zerteilen sich die Wolken und fliehen dahin; in diesem sehr entlegenen Winkel, wo die vertrauensvollen Wächter uns allein umherstreifen lassen, genießen wir den hellen Nachmittag.

Der gewaltige Vorhang, der hier durch viele Stricke gehalten wird, verbirgt den Thronsaal; dieser ist so alt wie der Palast selbst und ist, nach altem Gebrauch, in seiner ganzen Breite geöffnet, um es dem Volk zu ermöglichen, von weitem ihr Götzenbild sitzen zu sehen, der marmorne Sockel — ohne Treppe, damit die Menge nicht dort hinaufsteigt — hebt den Thron ungefähr zwei Meter über die Gärten empor, und davor spiegelt sich ein großes, viereckiges Wasserbassin, um das sich an hohen Feiertagen alle Würdenträger aufstellen, und wenn der Herrscher erscheint, funkeln dort die prächtigen Burnusse und die Edelsteinagraffen in schweigender Pracht durch das Dunkel des Saales hindurch.

Wir möchten diesen Saal gern sehen. Mit einem Wächter, der ungefähr weiß, was für Leute er vor sich hat, stiften wir ein unschuldiges Komplott, wir klammern uns an die Vorsprünge des Marmors, wir schwingen uns hinauf und gleiten unter dem herabgelassenen Vorhang hindurch, — und wir betreten den Platz.

Hier ist es natürlich ganz dunkel, weil das einzige Licht durch diese große Öffnung fallen soll, die heute durch einen dichten Vorhang abgeschlossen ist. Als erstes unterscheiden wir den Thron, nah, ganz am Rande steht er da; er zeigt eine Altertümlichkeit, die wir nicht erwartet hatten, weiß hebt er sich von der allgemeinen rot und goldenen Ausschmückung ab. Es ist dies einer der geschichtlichen Throne der Mogol-Kaiser, eine Art Estrade aus Alabaster mit goldenen Linien, die von den aus einem Block gehauenen, kleinen, seltsamen Göttinnen und Ungeheuern gehalten wird; der gewöhnliche Springbrunnen, unumgänglich notwendig für die Einrichtung eines persischen Herrschers, nimmt den Vordergrund dieser Estrade ein, wo sich der Schah, bei besonders festlichen Gelegenheiten, auf einem mit Perlen besetzten Teppich sitzend, dem Volke zeigt; sein Kopf ist mit Edelsteinen überladen, und er stellt sich, als rauche er die Kalyan, — eine Kalyan ohne Feuer, auf die man gewaltige Rubinen legt, um die glühende Kohle nachzuahmen.

Wie in den alten Palästen Ispahans, so hebt sich auch hier ein Spitzbogen, der den Herrscher mit einem Heiligenschein umgeben soll, von dem durchsichtig weißen Thron ab. Er ist, ganz in der Art wie die Decken, mit einem Netz von Arabesken und einem Regen von kristallenem Stalaktit verziert. Und dies alles erinnert an die Zeiten der Sophis-Könige; stets ist es dieselbe bezaubernde Grotte, in die die persischen Prinzen ihre Räume zu verwandeln bemüht waren. Zu beiden Seiten des Saales sieht man die Schahs früherer Jahrhunderte auf Fresken verewigt. Männer mit strammsitzenden Goldbrokatgewändern, unnatürlich jung und schön, mit geschweiften Augenbrauen, mit schwarzgeränderten Augen, mit langen Bärten, die von ihren rosenroten Wangen in einer schwarzen, seidigen Welle bis zu den Edelsteinen ihrer Gürtel herabfließen.

Einer von uns hebt abwechselnd eine Ecke des großen Vorhangs in die Höhe, um einen Lichtstrahl in diesen Halbschatten hereinsickern zu lassen; und alsbald leuchten die kristallenen Stalaktite an der dunklen Decke gleich Diamanten auf. Wir haben uns eigentlich einer Übertretung schuldig gemacht, befinden uns auf Schleichwegen, aber das macht diesen heimlichen Spaziergang noch reizvoller. Und eine Katze, eine wahrhaftige Katze — wenn die Perser dies lesen, mögen sie mir diese unschuldige Zusammenstellung der Wörter verzeihen —, eine schöne Angorakatze, gut genährt, zutraulich, an Liebkosungen gewöhnt, ist in diesem Augenblick der alleinige Herrscher der kaiserlichen Pracht, eine Katze sitzt auf dem Thron und sieht uns mit größter majestätischer Herablassung kommen und gehen.

Als wir den Saal verlassen, machen wir noch einmal einen Gang um die Wasserbassins, dasselbe Schweigen, dieselbe ewige Ruhe wie vorhin herrscht hier auch jetzt. Leise gleiten die Schwäne über die blanken Flächen dahin, sie ziehen Linien und Kreise, die das Spiegelbild der hohen, rosenroten Fayencewände, der großen Zypressen, der großen Lorbeerbäume, der Blumen, der schwermütigen Sträucher zerschneiden. Sonst rührt sich nichts in dem Palast, nicht einmal die Zweige, denn es ist windstill; man hört nur die Tropfen von den nassen Blättern zu Boden fallen.

Als der Tag sich zu Ende neigt, verlassen wir Teheran in der entgegengesetzten Richtung durch das Tor, durch das wir heute morgen unseren Einzug hielten; aber der Anblick ist auch jetzt derselbe, dieselbe grün, gelb und schwarze Glasurbekleidung, dieselben zebraartigen Streifen einer Schlangenhaut.

Und bald rollt unser Wagen durch eine kleine Wüste, über Steine, über einen grauen Boden dahin; ein schrecklicher Leichengeruch weht uns entgegen: Gebeine liegen dicht gesät auf der Erde, Leichname, in den verschiedensten Verwesungsstadien begriffen, bedecken den Boden, dies ist der Friedhof der Tiere, der Pferde, der Kamele und der Maultiere. Tagsüber wird dieser Platz von den Geiern heimgesucht, nachts treffen sich hier die Schakale.

Wir fahren auf den Demavend zu, der jetzt ganz frei daliegt; wie kaum ein zweiter Berg der Welt ruft er einen gewaltigen Eindruck hervor, weil ihm nichts auf seinem Wege nach dem Himmel zu folgt; mehr als um die Hälfte ragt dieser Schneekegel einsam über die ganze andere Kette hinaus. Zu seinen Füßen sieht man den grünen Flecken einer Oase, auch sie liegt schon hundert oder hundertfünfzig Meter höher als die Stadt, und dorthin sind die europäischen Gesandtschaften während der heißen Jahreszeit geflüchtet.

Wir verlassen jetzt die kleine Wüste mit ihren Geiern und stoßen zuerst auf einige größere Gehölze, die die fleißige Menschenhand geschaffen hat, sie sind von Mauern umgeben: hier liegen die Sommerwohnungen der vornehmen Herren und die Lusthäuser ihrer Haremsdamen. Der aufsteigende Weg ist bald ganz schattig, er wird von Granatbäumen eingerahmt, von fruchttragenden Maulbeerbäumen, die die Straßenjungen in den langen Gewändern plündern, und endlich erreichen wir die schon von weitem erspähte Oase. In diesem Lande, wo alle Gärten, alles Buschwerk künstlich ist, freut man sich, einen richtigen kleinen Wald, ganz wie bei uns daheim, zu sehen, in dem die Bäume von selbst gewachsen zu sein scheinen, einen Wald, der Strauchwerk, Moose und Farnkräuter hat. — Die französische Legation liegt in diesem Eden, am Fuße des Schneeberges, zwischen Sumpfpflanzen, schlanken Pappeln, langen Gräsern, und um das Haus herum fließen kühle Bäche; man hört den Kuckuck rufen, die Eule schreien; dies ist die ganze Frühlingsbotschaft, der ganze zitternde Reiz eines Frühlings, der sich später als der unsere einstellt, der von kurzer Dauer ist, auf den eine sengende Jahreszeit folgt. Und sobald die Nacht hereinbricht, erschaudert man wie im Winter unter dem Blütendach dieses Waldes.

Montag, 28. Mai.

Um ein Uhr nachmittags verlasse ich das kühle Gehölz, um in die Stadt hinabzusteigen und Besuche zu machen. Teheran ist bei Sonnenschein, der es auch in der Regel verschönert, weniger häßlich als gestern, wo es regnete und Wolken den Himmel bedeckten. Seine Alleen sind mit hundertjährigen Rüstern bewachsen, seine Plätze werden von rießengroßen, altehrwürdigen Platanen beschattet, und auch hier findet man noch entlegene Winkel, die einen orientalischen Reiz besitzen. Überall zeigen sich kleine Läden, in denen die friedlichen Handwerke früherer Zeiten geübt werden. Die Mosaikarbeiter neigen sich über die Tische herab und suchen ihre winzigen Kupfer-, Gold- und Elfenbeinstücke zusammen. Die geduldigen Maler, mit den feingeschnittenen Gesichtern, verzieren die langen Schreibzeugkästen, die länglichen Kästen, in denen die Spiegel der Damen, die Kästen, in denen die heiligen Bücher aufbewahrt werden; mit leichter, sicherer Hand streuen sie die goldenen Arabesken darüber hin, tuschen sie die seltsamen Vögel, die Früchte, die Blumen an. Und die Miniaturmaler schaffen immer von neuem in den verschiedensten Stellungen die kleine Person, die eine Rose zwischen den Fingern hält, die stets die gleiche zu sein scheint, die seit dem Jahrhundert des Schah-Abbas nicht gealtert hat: sehr rosige, sehr runde Wangen, fast keine Nase, fast kein Mund, nur ein paar schwarze Samtaugen, gewaltig große Augen, deren dicke Brauen über der Nase zusammenwachsen. — Es gibt übrigens noch in Wirklichkeit diesen Typ der persischen Schönheit; zuweilen habe ich ihn einen kurzen, blitzähnlichen Augenblick gesehen, wenn ein Windstoß einen Schleier hochwirbelte; und man sagt: daß einige Prinzessinnen bei Hof ihn noch in seiner idealen Vollkommenheit bewahrt haben...

Von allen den Alleen, die mit alten Rüstern bepflanzt sind, mündet die schönste in einen der Eingänge des Palastes; das Tor der Diamanten genannt. Und dieses Tor gleicht einer Art Zauberhöhle, die mit langsam sich bildenden, unterirdischen Kristallisierungen geschmückt ist. Von den Wänden tropft der Stalaktit herab, die Säulen sind mit ungezählten kleinen Spiegelstückchen, kleinen geschliffenen Facetten ausgelegt, und dies alles glitzert bei Sonnenschein in den Farben eines Prismas.

Ich kehre heute nach dem Palast zurück, um dem jungen Thronerben Persiens, Seiner Kaiserlichen Hoheit Choah-es-Saltaneh meinen Besuch abzustatten, er will mich in Abwesenheit seines Vaters empfangen. Leider sind die Salons, in die man mich hineinführt, auf europäische Art möbliert, und der zwanzigjährige Prinz, der mich so liebenswürdig begrüßt, scheint sich wie ein eleganter Pariser zu kleiden. Er ist zart und sehr verfeinert; seine großen, schwarzen Augen mit den fast zu schönen Wimpern erinnern an die Augen seiner Vorfahren, deren Gemälde man in dem Thronsaal sah; wäre er in Goldbrokat gekleidet und mit kostbaren Gemmen geschmückt, so würde er ihr vollkommenes Ebenbild sein. Er hat in Paris gewohnt, hat sich dort amüsiert und weiß als ein kluger Mensch davon zu erzählen, er hält sich auf dem laufenden mit der künstlerischen Entwicklung Europas, und die Unterhaltung mit ihm ist leicht und lebhaft. In sehr kleinen Sèvrestassen reicht man uns Tee. Trotz der Anweisungen, die für die Abwesenheit des Herrschers erlassen sind, trotz der verschiedenen versiegelten Türen, hat Seine Hoheit die Güte zu befehlen, daß ich morgen den ganzen Palast besichtigen kann.

Mein zweiter Besuch gilt dem Großvezir, der morgen für mich ein Diner veranstalten will. Auch dort werde ich aufs liebenswürdigste empfangen. Übrigens, lägen die kostbaren seidenen Teppiche nicht auf der Erde, trüge man hier nicht die kleinen Astrachanmützen auf der Stirn, die letzten Spuren eines orientalischen Kostüms, so könnte man sich in Europa wähnen. Wie schade ist dies, und welch eine Geschmacksverirrung ... Diesen Nachahmungstrieb würde ich schon bei den Hottentotten oder bei den Kaffern verstehen. Aber wenn man die Ehre hat, ein Perser oder ein Araber oder ein Hindu oder selbst ein Japaner zu sein, — mit anderen Worten, wenn man uns mehrere Jahrhunderte in den verschiedensten Dingen der verfeinerten Lebensführung voraus ist, wenn man zu den Leuten gehört, die lange vor uns sich rühmen konnten, eine wunderbare Kunst, eine Architektur, eine große Anmut der Sitten, der Hauseinrichtung, der Kostüme zu besitzen, — so ist es wirklich verfehlt, uns nachahmen zu wollen.

Dann besuchen wir einen der vornehmsten Prinzen Teherans, den Bruder Seiner Majestät des Schahs. Sein Palast liegt in einem Park junger Pappeln, die so lang und schlank sind, wie das biegsame Schilf, der Park wurde für schweres Geld angelegt, es kostete viel, das Wasser von den Bergen hierher zu führen. Die unteren Säle sind ganz mit Spiegelfacetten ausgelegt, sie werden durch lange, von der Decke herabhängende

Stalaktittrauben verziert, und erinnern den Beschauer an die Fingalhöhle, aber sie glitzern weit mehr als die wirklichen, zeigen einen überirdischen Glanz. Der Prinz empfängt uns im ersten Stockwerk, wo hinauf uns eine breite, blumengeschmückte Treppe führt; er trägt Uniform, hat einen weißen Bart, sieht vornehm und zuvorkommend aus und streckt uns eine tadellos weiß behandschuhte Hand entgegen. (Soweit die Fremden sich dessen erinnern können, hat man ihn nie ohne diese stets zugeknöpften, stets neuen Handschuhe gesehen, — und scheinbar will er dadurch vermeiden, die Finger eines Christen zu berühren, denn er soll hinter seinem zuvorkommenden Äußeren einen wilden Fanatismus verbergen.) Die Säle des vornehmen, persischen Herrn sind in europäischem Stil reich ausgestattet, aber die Mauern zeigen eine Glasurbekleidung, und auf der Erde liegen immer wieder die glänzenden, samtartigen Stoffe, die Teppiche, so kostbar wie man sie sonst nirgends mehr sieht. Auf einem Tisch steht ein Imbiß in Bereitschaft: Karaffen mit klarem Wasser, etwa zwölf große, wertvolle, rote Schalen mit den verschiedensten Frühlingsfrüchten, die eine ist mit Aprikosen, die andere mit Maulbeeren, eine dritte mit Kirschen gefüllt, Himbeeren, ja sogar rohe Gurken, auf die die Iraner so lecker sind, hat man aufgetischt. Und wie in dem Schloß, reicht man auch hier den Tee in sehr feinen Sèvrestassen. Wir sitzen vor einer großen, mit Fenstern verschlossenen Maueröffnung, man sieht über den Park, über den Wald junger Pappeln hinaus, die sich gleich einer Wiese von hohem Schilf im Maienwinde bewegen, man sieht auf den Demavend, dessen silberner Kegel in den Himmel hinaufragt. Der Prinz erzählt von seinen Jagden, von den Gazellen- und Pantherjagden in den benachbarten Bergen. An einem klaren Herbsttag ist es ihm gelungen, so erzählt er, die äußerste Spitze des Demavend zu erreichen, der hier vor uns liegt: „Obgleich es kein trübes Wetter war, sah ich doch nichts von der Welt unter mir, es war mir, als beherrsche ich den leeren Raum selbst. Und als dann die Luft noch durchsichtiger wurde, zeichneten sich die Umrisse der Erde allmählich ab, ein ergreifender Anblick; sie erschien hohl, man glaubte sich in der Mitte einer ausgehöhlten Halbkugel zu befinden, deren scharfe Ränder bis zum Himmel hinanstiegen."

Um abends wieder in die französische Legation zurückzukehren, muß ich, wie immer, durch die schrecklich kleine Wüste fahren, wo die Karawanentiere verwesen.

Endlich erreichen wir den Fuß des Berges, und diesmal halten wir an, um eins der bezaubernden Paradiese aufzusuchen, die von Mauern eingeschlossen sind, und die den stets verborgen gehaltenen Prinzessinnen als Zufluchtsort dienen sollen; — das älteste von allen liegt heute verlassen da, es wurde von Agha Mohammed Khan, dem Gründer der jetzigen Dynastie der Kadjaren, angelegt.

Eine Reihe ansteigender Gebüsche, Wasserbassins und Terrassen führen zu einem schwermütigen Lustschlößchen hinan, in dem einst so viele schöne Gefangene geschmachtet haben. Man ist ganz überrascht, zu sehen, wie sicher und üppig die Vegetation sich hier entwickelt hat, die von Menschenhand an diesen Platz getragen wurde, während die Bäume draußen, außerhalb der Mauer, jämmerlich von Wind und Kälte mitgenommen erscheinen. Hier gibt es riesengroße Lorbeerbäume, ihre abgerundeten Kronen gleichen einer Blätterkuppel, hier gibt es Zedern, gewaltige Rüstern. Rosensträuche, mit Zweigen, so dick wie Schiffstaue, stehen in voller Maienblüte, sie klammern sich an die Stämme der Bäume an, und überziehen diese gleichsam mit einem Kleid von Rosen. Die Erde ist mit Moos, mit den Blütenblättern der echten und wilden Rosen bedeckt, ist, zur größten Freude der Vögel, von weißen Maulbeeren übersät. Zahllose Wiedehopfe und Häher, auf die niemals Jagd gemacht wird, hüpfen in den Steigen umher, ohne sich vor uns zu fürchten; die Wiedehopfe sind besonders geheiligt in diesem Gehölz, denn die Seele irgendeiner sagenhaften Prinzessin soll lange in dem Körper eines dieser Tiere gewohnt haben, oder wohnt vielleicht noch heute dort, was man aber nicht mit Bestimmtheit zu sagen vermag... Der alte, kleine, verschlossene Palast, der auf dem höchsten Punkt des schattigen Parkes, auf der höchsten Terrasse erbaut, wurde, fällt jetzt unter dem Zahn der Zeit zusammen, im Sande und auf dem Moos glänzen Glasur- und Spiegelstückchen, die Teile einer früheren, einer zerbrechlichen Dekoration... Und was ist aus den Schönen geworden, die an diesem mißtrauischen, geheimnisvollen Ort gewohnt haben, den Schönsten aller Schönen, die unter Tausenden erlesen wurden? Ihr vollkommener Körper und ihr wunderbares Antlitz, ihre einzige Daseinsberechtigung, die sie liebenswert machten, und um deretwillen man sie eingeschlossen hielt, wo sind sie geblieben in ihren Gräbern? Zweifellos dort, unter irgendeinem kleinen, vergessenen Stein ruhen ihre Gebeine.

Dienstag, 29. Mai.

Heute sollen mir die Säle des Schlosses zu Teheran gezeigt werden, dank dem Befehl des jungen Prinzen.

In den Gärten, im Umkreise der Wasserbassins, herrscht dasselbe Schweigen wie gestern und vorgestern; und auch die Schwäne ziehen dieselben Kreise zwischen den Spiegelbildern der rosenroten Mauern und der großen dunklen Bäume.

Hier gibt es sogar einen Saal mit alten Gobelins, auf denen Nymphentänze dargestellt sind. Viel zu viele europäische Sachen, wohin das Auge blickt, an den Wänden hängen zahllose Spiegel, eine richtige Spiegelausstellung; die verschiedenartigsten Spiegel in Rahmen, aus dem letzten Jahrhundert, mit ganz gewöhnlicher Vergoldung, Spiegel, überall Spiegel, wie bei den Möbelhändlern dicht nebeneinander aufgehängt. Um sich dies erklären zu können, muß man wissen, daß diese Stadt erst seit zwei oder drei Jahren eine fahrbare Straße besitzt, die sie mit dem Kaspischen Meer und mit Europa verbindet; alle Spiegel wurden in Sänften auf steilen Pfaden unter zwei- bis dreitausend Meter hohen Bergen herbeigetragen; wie viele also müssen unterwegs zerbrochen sein, damit ein einziger heil ankommen konnte, und dieser war dann natürlich ein sehr wertvoller Gegenstand! Vielleicht sind die Perser durch diese unzähligen Glassplitter zum erstenmal auf den Gedanken gekommen, die glänzenden Stalaktite als Ausschmückung zu verwenden, mit denen es ihnen gelungen ist, etwas so Überraschendes und einzig Dastehendes zu schaffen.

Eigenartig in diesem Palast sind übrigens nur die

mit Eiszapfen behangenen Gewölbe, eine unerschöpfliche Phantasie hat es verstanden, hier Abwechslung hineinzutragen. Und alles, was wir heute sehen, kann sich nicht im entferntesten mit dem noch in reinem persischen Stil erbauten Thronsaal messen, den wir den ersten Tag auf Schleichwegen betraten.

Im ersten Stockwerk liegt eine Galerie, sie ist so groß, wie die Säle des Louvre und enthält viele kostbare Gegenstände. Der Fußboden, aus rosenroten Fayencen, verschwindet unter seidigen Teppichen, Probestücke verschiedener Zeiten und verschiedener Stile Persiens. Eine übertriebene Menge von Kristallkronleuchtern hängen in langen Reihen dicht nebeneinander, ihre zahllosen Glasstückchen vereinen sich mit den Stalaktiten des Gewölbes und rufen den Eindruck eines zauberhaften Regens, eines Wasserfalles hervor, der noch, bevor er herabstürzte, zu Eis erstarrt ist. Und die Fenster zeigen hinaus auf die traurigen Gärten, auf die ruhigen Spiegelflächen der Wasserbassins. In den Glaskästen, auf den Etageren, den Seitentischen, überall, liegen tausend verschiedene Gegenstände, aus dem Anfang der jetzigen Dynastie stammend: goldene Uhren, mit Edelsteinen besetzt, mit kunstreichen Mechanismen und kleinen Automaten versehen, Weltkarten aus Gold, mit Diamanten übersät; Vasen, Schüsseln, Service aus Sèvres, aus Meißen und aus China, lauter Geschenke der Könige und Kaiser an die Herrscher Persiens. In Abwesenheit des Schahs werden ungezählte Kostbarkeiten in verschlossenen Truhen in den Kellern aufbewahrt; unter der Erde, in den Gewölben des Schlosses, schlafen zahllose Edelsteine von unschätzbarem Wert. Aber ganz im Hintergrunde der Galerie steht in der Mitte des letzten, mit Kristall behangenen Bogens das Wunder aller Wunder, es ist zu schwer, als daß ein Diebstahl möglich wäre, man hat es ohne Hülle, ohne Decke, wie irgendein beliebiges Stück Möbel auf den Fußboden gestellt: der alte Thron der Großen Mogolen, der einst im Palast von Delhi in dem wunderbaren, durchbrochenen Marmorsaal seinen Platz hatte. Er besteht aus einer Estrade aus schwerem Gold, von zwei oder drei Meter Länge, seine acht goldenen Füße sind wie Reptilien gewunden, an seinen vier Seiten bilden Blumenzweige in erhabener Arbeit eine Kante, ihre Blätter sind aus Smaragden, ihre Kronblätter aus Rubinen oder Perlen hergestellt. Auf diesem sagenhaft schönen Sockel prangt in stolzer Pracht ein seltsamer Sessel aus Gold, der ganz mit großen Blutstropfen besprengt zu sein scheint. — Dies sind geschliffene Rubinen in Cabochonform; über der Lehne strahlt eine Sonne aus riesengroßen Diamanten, sobald man Platz nimmt, wird sie durch einen Mechanismus gedreht, und alsdann glitzert und funkelt sie wie ein herrliches Feuerwerk.

Heute abend findet das Diner statt, das Seine Exzellenz, der Großvezir, mir zu Ehren zu geben geruht.

Eine ganz nach europäischer Art gedeckte und mit Blumen geschmückte Tafel; Minister in schwarzem Frack und weißer Binde, mit Großkordons und Orden; dies sah man schon überall. Außer den Kalyans, die zum Nachtisch die Runde bei den Gästen machten, gleicht dies Mahl ganz demjenigen, das unser Minister der auswärtigen Angelegenheiten — der bei uns die Stelle des Großvezirs einnimmt — irgendeinem durchreisenden Fremden in seinen Räumen am Quai d'Orsay geben würde. Zwischen dieser Stadt und Ispahan liegen nur hundert Meilen wüsten Landes, durch das wir in Etappen gereist sind, aber es trennt sie auch drei Jahrhunderte wenigstens, drei Jahrhunderte menschlicher Entwicklung.

Mittwoch, 30. Mai.

Auf dem neuen, fahrbaren Weg kann man mit einem Wagen in vier oder fünf Tagen von Teheran an das Ufer des Kaspischen Meeres nach Recht kommen, und von Recht mit einem russischen Dampfer nach der Petroleumstadt Baku, die an der Schwelle Europas liegt. Aber es ist nicht immer leicht, sich diesen Wagen, und noch weniger leicht, sich die Pferde zu verschaffen, gerade jetzt, wo die kürzlich erfolgte Abreise Seiner Majestät des Schahs und seines Gefolges alle Pferdeställe auf den Poststationen geleert hat.

Und während man von morgens bis abends für mich nach den unauffindbaren Wagen sucht, wird das kleine Gehölz der französischen Legation von jüdischen Kaufleuten überschwemmt, die immer wie durch ein Wunder von der Gegenwart eines Fremden benachrichtigt werden. Sie steigen von Teheran zu uns hinauf, die einen auf einem Maulesel, die anderen auf einem Klepper, wieder andere zu Fuß, gefolgt von Lastträgern, die schwere Ballen schleppen; vor den kühlen Veranden, im Schatten der Pappeln, breiten sie, um mich zu locken, ihre alten Teppiche, ihre seltenen Stickereien aus.

Donnerstag, 31. Mai.

Es ist gelungen, mir einen schlechten Wagen mit vier Pferden und einen Packwagen für mein Gepäck, mit abermals vier Pferden, zu verschaffen. Ich fahre durch die unfreundlichen Ebenen, unter den traurigen Wolken dahin, hinter denen die wunderbaren, die schreckeneinflößenden Berge verborgen liegen.

Freitag, 1. Juni.

Noch immer keine Bäume. Gegen Abend fahren wir in Kasbine ein, eine Stadt von zwanzigtausend Einwohnern, inmitten der Kornfelder gelegen, eine Stadt mit Fayencetoren, eine alte persische Hauptstadt, einst war sie sehr bevölkert, heute liegt sie in Trümmern da; in ihren, schon ein wenig europäischen Straßen sieht man die ersten Schilder mit russischen Buchstaben.

Sonnabend, 2. Juni.

Eins meiner Pferde ist über Nacht gestorben, in aller Eile muß ein neues gekauft werden. Meine beiden Kutscher sind betrunken, und sie spannen erst an, nachdem man sie mit Stockschlägen bedroht hat.

Immer weniger einsam erscheinen die Ebenen; die Wiesen sind mit Blumen übersät, ungezählte, schwarze Schafe weiden hier; die Kornfelder leuchten goldig, turkomanische Nomaden ernten dort. Der Wind ist nicht mehr so empfindlich, die Sonne nicht mehr so brennend, wir sind schon ein wenig von unserer gewöhnlichen Höhe herabgestiegen. Es ist wunderbar schön, so schön wie bei uns an hellen Junitagen. In der Mittagsstunde kehren die Luftspiegelungen noch einmal wieder, sie verdoppeln die Schafe auf den Wiesen und lassen die Hirten zu Riesen anwachsen.

Vor dem kleinen Dorf Kouine, wo wir für eine Nacht ausruhen werden, sehen wir endlich Bäume wachsen; große, mehr als hundertjährige Nußbäume werfen ihre Schatten auf die Wiesen, die mit ihren Esparsetten rosenrot daliegen. Und trotz des gewaltigen Zaubers der Wüsten läßt man sich doch von der Anmut dieser Landschaft rühren.

Sonntag, 3. Juni.

Alle meine Iraner sind betrunken. Meine neuen Diener, die ich in Teheran angeworben habe, sind betrunken. Meine beiden Kutscher sind noch betrunkener als am gestrigen Abend; sie haben ihre Mützen verkehrt herum aufgesetzt und fahren uns ebenso verkehrt in den Bergen umher. Vier Stunden lang wagen wir uns auf den sich dahinschlängelnden Pfaden vorwärts, wo uns Kamele und Maultiere den Weg versperren, und wo sich keine Felswand als Schutz gegen die Abgründe erhebt. Ich hatte die Angst vor dem Alkohol ganz vergessen, als ich mit meinen guten Tcharvadaren aus Mittelpersien reiste; aber jetzt sehe ich, daß mein neues Gefolge sich schon durch einen leisen Anflug europäischer Zivilisation auszeichnet.

Wir steigen immer mehr zu der normalen Durchschnittsfläche der Erde herab. Um die Mittagsstunde wird in einem paradiesischen Winkel, der schon ganz im Schutz gegen den zu scharfen Wind der Gipfel gelegen ist, haltgemacht. Diese Schlucht scheint unseren entwöhnten Augen einem irdischen Paradies zu gleichen. Große Feigenbäume, so gewaltig, so dicht belaubt wie die Banianenbäume Indiens, verzweigen sich und bilden über dem Wege ein Blättergewölbe; das Gras ist hoch und mit Kornblumen, mit rötlichen Kuckucksblumen übersät; die Granatbäume, die ihre wunderbare Blüte fast ganz beendet haben, streuen rote Korallen auf das Moos; ein sehr klarer Bach plätschert zwischen den hohen, lilagetönten Blumen. Dieser Ort muß im ganzen Lande bekannt sein, denn die verschiedensten Reisenden halten hier ihren Mittagsschlaf; auf dem weichen Teppich, den die Stengel der Gräser noch schwellender machen, sitzen Perser und Perserinnen, sie kochen ihren Tee, essen Früchte und Kuchen; die verschleierten Damen lüften mit einer Hand ihre weiße Maske und stopfen darunter Kirschen in den Mund; Tscherkessen mit Pelzmützen, mit einem langen silbernen Dolch, der gerade wie ein Daggert ist, sitzen abseits unter einer Eiche, und die Turkomanen hocken um eine Schüssel und greifen mit den Fingern nach dem gekochten Fleisch. Es gibt hier kein Dorf, keine Karawanserei; nichts als ein altes Lehmhäuschen, das dem Teehändler gehört, und dessen drei oder vier kleine Knaben eifrig bemüht sind, die Leute draußen im Freien, im kühlen Schatten zu bedienen. Alles geht so natürlich, so lustig zu, denn jeder ist von der Schönheit des Platzes, der entzückenden Lage bezaubert, man sieht hohe Herren, in Kaschmirgewändern eigenhändig aus dem klaren Bach ihren kupfernen Becher oder ihren Samovar füllen, und die Bettler, zerlumpte, halbnackte Leute, haben die schönen Blätter auf ihre Beinwunden geklebt und warten darauf, daß man ihnen die Überreste des Mahls reichen wird. Im Schatten der großen Feigenbäume, auf hölzernen, mit roten Teppichen bedeckten Bänken bringt man uns unter, und dort nehmen wir, nach persischer Sitte hockend, unser Mittagsessen ein.

Aber plötzlich ertönt ein furchtbarer Lärm hinter dem überhängenden Berg am Himmel: ein Gewitter, das wir nicht sehen konnten, das heimlich herangeschlichen ist. Und sofort pladdert es auf das Blätterdach herab; Regen, Hagel, Wasserströme, Sintflut.

Rette sich, wer kann; in dem kleinen, dunklen Loch des Teehändlers drängen sich so viele Leute, wie nur hineingehen, zusammen, alles im bunten Durcheinander mit den Tscherkessen, den Turkomanen, den zerlumpten Bettlern. Nur die Damen sind anstandshalber draußen geblieben. Es regnet in Strömen; ein schmutziges, mit Lehm vermischtes Wasser fließt durch die Risse des Daches auf uns herab; der duftende Rauch der Kalyan vereint sich mit dem Rauch der auf dem Boden stehenden Öfen, wo die Kessel der Teetrinker warm gehalten werden; man kann nicht mehr atmen; wir wollen uns dem Loch nähern, das als Tür dient...

Von hier aus sehen wir die Damen unter den Bäumen, unter den Teppichen sitzen, die sie wie Zelte ausgespannt haben; ihre durchnäßten Schleier kleben drollig an den Nasen fest; der niedliche Bach ist zum Strom angewachsen, er bedeckt sie mit Schmutz; sie haben ihre Babuschen, ihre Strümpfe, ihre Hosen ausgezogen, und während sie noch immer züchtig das Gesicht verhüllen, zeigen sie ihre hübschen, sehr rundlichen Beine; — und trotzdem sind sie guter Laune, denn man sieht, wie ein kindliches Lachen ihre durchnäßten Formen schüttelt...

Wir schlafen nachts in einem traurigen Weiler, am Ende einer Brücke, sie führt über eine wilde Schlucht, über einen reißenden Gießbach dahin. Und ein Chaos von Bergen umgibt uns: Alle Stufen, die wir vom Arabischen Meer erklommen haben, um nach Persien hinaufzugelangen, müssen wir natürlich auf dieser Seite hinabsteigen, wollen wir das Kaspische Meer erreichen.

Kaum sind wir in das kleine, unbekannte Häuschen eingetreten, so kehrt auch der Donner, die Sintflut zurück. Und gegen Ende der Nacht beunruhigt uns ein beständiger Lärm, ein schrecklicher Höllenlärm, er wird nicht durch das Gewitter verursacht, sondern kommt von unten, aus dem Innern der Erde, möchte man sagen. — Es ist der Fluß unter uns, der plötzlich dreißig Fuß gestiegen ist, und der jetzt in furchtbarer Wut die Felsen peitscht.

Montag, 4. Juni.

Wir brechen morgens, bei einem noch drohend bewölkten Himmel auf. Eine Karawane, die von Recht hinaufsteigt, trägt uns schlechte Nachrichten zu: weiter unten sind die Brücken gesprengt, ist die Straße aufgerissen; vierzehn Tage, so behaupten die Kameltreiber, könne ein Wagen nicht dort passieren.

Und solche Abenteuer gehören mit zu den alltäglichen Dingen in dieser wilden Gegend, wo man für große Kosten eine viel zu eingeschachtelt liegende Straße erbaut hat, ohne den Strömen, die in einer Stunde anschwellen können, genügenden Platz zu lassen. Der junge Erbprinz Persiens erzählte mir in Teheran, daß er in dieser Gegend von einem Unwetter überrascht worden sei und sich in Todesgefahr befunden habe; Blöcke, von denen der eine seinen Wagen in zwei Teile spaltete, fielen dicht wie Hagel von den Bergen herab, die Wasserfälle rissen sie mit sich.

Während der ersten vier Stunden fahren wir, ohne daß uns ein Unglück begegnet wäre, durch die traurige Gegend hindurch, die übrigens ebenso kahl ist wie die der hochgelegenen Ebenen. — Bis jetzt haben wir nur ausnahmsweise Bäume in den von der Natur bevorzugten Winkeln gesehen, wo sich etwas Dünger angehäuft hatte. — Aber nun versperrt ein ganzes Felsstück den Weg, über Nacht ist es gespalten und herabgestürzt. Persische Chausseearbeiter sind hier mit Stangen, Hebeln und Hacken tätig. Sie gebrauchen wenigstens einen Tag, so behaupten sie. Ich gebe ihnen eine Stunde und verspreche ihnen eine königliche Belohnung, wenn sie sich mit Eifer darüber hermachen: Die zu schweren Blöcke sollen sie auseinandersprengen, sollen sie bis an den Rand rollen und in die Abgründe hinabstürzen und Allah und Mohammed dabei um Hilfe anrufen. Kaum ist die Stunde verflossen, so haben sie auch ihre Arbeit beendet, und wir können passieren!

Nachmittags wagen wir uns auf gefährlichen Pfaden an den Abhängen eines senkrechten Berges vorwärts; von neuem grollt der Donner, setzt die Sintflut mit erschreckender Gewalt ein. Und bald sausen die Steine um uns herum, zuerst die kleinen, dann die großen, Blöcke, von denen ein einziger unsere Pferde zermalmen könnte. Wo Schutz suchen! Kein Haus in zwei Meilen weitem Umkreis, und außerdem, welche Dächer, welche Gewölbe könnten ähnlichen Stößen widerstehen? So laßt uns also hierbleiben und unser Schicksal erwarten.

Als das Unwetter sich gelegt hat und niemand getötet wurde, fahren wir in schnellem Tempo nach dem Meere zu hinab und erreichen allmählich ein feuchtes, baumreiches Persien; aber in keiner Weise gleicht dies dem Persien, das wir soeben verlassen haben. Und wir sehnen uns nach diesem anderen, dem großen, wirklichen Persien, wie es sich dort oben, hoch oben, schwermütig in seine alten Träume unter dem ewig gleichen Himmel einspinnt. Sogar die Luft, die Luft hier unten, die wir doch unser ganzes Leben lang eingeatmet haben, erscheint so drückend schwer und ungesund nach der belebenden Reinheit, in der wir uns zwei Monate aufhalten durften.

Und doch sind die Wälder, die Buchenwälder mit ihrem frischen Junilaub schön! Überall, wohin das Auge fällt, bedecken sie diese neuen Gipfel — die mehr als tausend Meter tiefer liegen als die wüsten Ebenen, aus denen wir kommen —, bedecken sie die Gipfel mit einem gleichmäßigen und wunderbar reichen Mantel. Nach dem Gewitter fällt ein leiser, ruhiger Regen auf dieses grüne Land. Alle Nebel, alle Wolken, die das Kaspische Meer heraufschickt, hält der riesengroße Backofen Irans zurück, und hier auf diesem schmalen Streifen verteilen sie sich und füllen ihn wie den Wald der Tropen mit schattigem Grün, während oben die weiten Ebenen strahlend und ausgedörrt wie immer bleiben. Wir erreichen abends ein Dorf, das zwischen Rüstern und blühenden Granatbäumen versteckt liegt; hier ist die Luft drückend, die Leute sehen abgemagert und blaß aus. Es regnet noch immer, sehr widerwillig und sehr teuer vermietet man uns einen Raum aus Lehm, wo der Fußboden aufgeweicht ist, und wo es fast ebenso regnet wie draußen. Außerdem wird uns mitgeteilt, daß eine Viertelmeile weiter die Brücke nachts durch den Strom mit fortgeschwemmt ist, und daß unsere Wagen nicht passieren können, — für morgen früh müssen wir zu fabelhaft hohem Preise Maultiere mieten. Eine Karawane, die durch den Fluß gewatet ist, zieht uns in einem seltsamen Aufzug entgegen, die Kamele sind bis an die Augen mit klebrigem Schmutz bezogen; sind zu unförmlichen, schuppigen Ungeheuern angewachsen, während die sie begleitenden Maultiere scheinbar durch Schlamm haben waten müssen. Und die Bauern tragen ungewöhnlich große Fische herbei, — fabelhafte Karpfen, phänomenale Forellen, die der angeschwollene Fluß auf den Ufern zurückgelassen hat.

Eine Stunde später herrscht Kampf und Blutvergießen unter meiner Dienerschaft, sie haben alle zu viel russischen Branntwein getrunken. Niemand ist da, der uns unsere Abendmahlzeit bereiten könnte. Von den Dorfbewohnern ist nichts zu erreichen. Mein armer Diener liegt fiebernd darnieder, und ich allein bin hier, um ihn zu pflegen und zu bedienen.

Und während der Weg durch die Wüsten des Südens, der allgemein als so gefährlich geschildert wird, ein Kinderspiel war, so erwartete mich das seltsamste Ungemach auf dieser alltäglichen Straße von Teheran, wo alle Welt passiert, aber wo die Perser, durch die Berührung mit den Europäern unverschämte Kerle, Trunkenbolde und Diebe geworden sind.

Dienstag, 5. Juni.

Bei aufgehender Sonne beginne ich mein Tagewerk, indem ich dem Kutscher die Stockschläge zuerteile, auf die er wirklich Anspruch zu machen hat. Dann kommt die Reihe an die Maultiervermieter, sie fordern heute noch einmal soviel, als wir am Abend vorher abgemacht hatten, ich schmeiße sie hinaus.

Eine Schar Dorfbewohner bietet mir dann an, im Laufe des Vormittags aus Felsen, Baumstämmen, Stricken und so weiter eine provisorische Brücke zu erbauen; meine leeren Wagen wollen sie hinüberrollen, und dann sollen unsere Pferde, unser Gepäck und wir selbst durch den Fluß waten. Trotz des hohen Preises gehe ich auf den Vorschlag ein. Und mit Balken, Schaufeln, Haken, wie zur Belagerung einer Stadt ausgerüstet, ziehen sie von dannen.

Um die Mittagsstunde ist alles fertig. Meine beiden abgeladenen Wagen gelangen scheinbar durch ein Wunder über das Gerüst hinüber, und so auch wir; auch die Gepäckträger und unsere Pferde erreichen schließlich das andere Ufer, nachdem sie sich ganz, wie die Karawane gestern abend, von oben bis unten mit Schlamm bespritzt hatten. Man lädt auf, man spannt an; die jetzt nüchternen Kutscher nehmen ihre Plätze ein.

Und bis zum Abend reisen wir durch das Reich der Bäume, durch die eintönige, grüne Nacht, in einem wirklichen Wald, bei feinem, anhaltendem Regen. Die Tropen kennen kaum ein schöneres Grün, als wie es hier in dieser feuchten, stets bewässerten Gegend wächst. Ulmen, Buchen, alle voll entwickelt, alle mit Efeu umrankt, sie stehen dicht gedrängt, vereinen ihre prächtigen, frischen, blattreichen Zweige zu einem Dach, legen sich wie ein einziger großer Mantel über die Berge; man sieht in der Ferne, wie die kleinen, gleichmäßigen Gipfel mit den abgerundeten Umrissen sich aneinanderreihen, wie sie alle mit dem dichten Grün bekleidet sind, gleichsam, als trügen sie einen grünen Schafpelz.

Plötzlich hat sich die Landschaft verändert, überraschend ist es, im äußersten Norden dieses hochgelegenen, kalten, ausgedörrten Persiens eine niedrige, feuchte, laue Zone zu finden, wo die Natur so ganz unvermittelt an die erschlaffende Atmosphäre eines Treibhauses erinnert!

Der sich durch die Wälder dahinschlängelnde, stets sich abwärts neigende Weg wird wie bei uns instand gehalten, wie man es in den sehr beschatteten Gegenden unserer Pyrenäen findet; aber die Reisenden und ihre Tiere bleiben asiatisch: Karawanen, Kamele, Maultiere mit perlenbesticktem Sattelzeug, verschleierte Frauen auf kleinen, weißen Eselinnen.

Und jetzt trifft man gelegentlich am Rande des grünen Weges mehrere Häuser, die gar nicht in diesen Ort hineinzupassen scheinen. Häuser, ganz aus runden Balken erbaut, wie man sie am Rande des Ural und in den Steppen Sibiriens trifft. Und auf der Schwelle der Türen zeigen sich Männer mit flachen Mützen, blond und rosig, und ihr blaues Auge scheint nach all den schwarzen Augen der Iraner gleichsam von einem nördlichen Nebel verschleiert zu sein; das benachbarte Rußland, das diese Wege erbaut hat, stellte hier überall Beamte an, um die Straßen beaufsichtigen und instand halten zu lassen.

Gegen Ende der Etappe befinden wir uns in gleicher Höhe mit dem Kaspischen Meer (das, wie man weiß, noch dreißig Fuß über dem Wasserspiegel der anderen Meere liegt), und in der Dämmerung machen wir vor einer alten, aus Buchenstämmen erbauten Karawanserei halt, inmitten einer sumpfigen, mit Seerosen bewachsenen Ebene, wo Frösche und Wasserschildkröten hausen.

Mittwoch, 6. Juni.

Ein dreistündiger Weg heute morgen führt stets durch Grün zwischen Feigen- und Nußbäumen, Mimosen und Farnkräutern hindurch, bis man schließlich die kleine Stadt Recht erreicht, die nicht einmal mehr einen persischen Anstrich zeigt. Vorbei mit den Mauern aus Lehm, den Terrassen aus Lehm, vorbei mit den regenlosen Gegenden; die Häuser von Recht sind alle aus Stein und Fayence erbaut, ihre Dächer sind alle mit römischen Ziegeln bedeckt und springen zum Schutz gegen die Regengüsse weit hervor. Überall auf den Straßen sieht man Wasserpfützen, die Luft ist gewitterschwül!

Noch eine Stunde bis nach Piré-Bazar, wo die große Straße, die fast einzige Straße Persiens, endet. Dort fließt ein Kanal zwischen dem überhängenden, blühenden Schilf dahin, er ist wie eine chinesische Arroyo mit Barken überladen. Dies ist der Verkehrsweg zwischen Iran und Rußland, und es wimmelt auf diesem schmalen Wasserstreifen von einem ganzen seeliebenden Völkchen; ungezählte Bootsvermieter halten Ausschau nach der Ankunft von Reisenden und Karawanen.

Wir müssen eine der großen Barken mieten, und dann geht's vorwärts; unsichtbare Leute, hinter hohen Gräsern versteckt, wandern zu Land voraus und ziehen uns an einem Strick nach sich; und so gleiten wir ruhig unter einem Zelt dahin, streifen das Grün des Ufers, kreuzen viele andere Barken, die der unsrigen ähnlich sind, und die, wie wir, gezogen werden; sie tragen Leute und Gepäck, und in diesem kleinen Schilfgäßchen muß man sich vor ihnen in acht nehmen.

Endlich öffnet sich ein See vor uns, sehr groß, sehr blau, liegt er zwischen den Inseln der Gräser und der Seerosen inmitten einer ungezählten Schar von Reihern und Kormoranen da. Das andere Ufer dort unten zeichnet sich nur als ein schmaler, grüner Streifen ab, darüber sieht man den Horizont der stillen Wasser, den Horizont des Kaspischen Meeres. — Und man könnte glauben, dies sei eine japanische Landschaft.

Man betritt das neue Ufer, wo wieder hohes Schilf aufragt, wo die Kormorane und Reiher in dichten Scharen auffliegen. Zwischen dem See und dem Meer, zwischen dem fast zu kühlen Grün der Bäume, in dem Orangenhain, liegt eine kleine Stadt; sie hat einen leisen türkischen Anstrich, scheint, von weitem gesehen, lächelnd und hübsch und taucht an beiden Enden ins Wasser. Am Eingang ragt ein schönes Lusthaus aus rosenroten und blauen Fayencen auf, der letzte Gruß Persiens, es nennt sich „die strahlende Sonne" — und dient Seiner Majestät dem Schah als Absteigequartier, wenn er sich auf seine Reisen nach Europa begibt.

Die kleine Stadt heißt Enzeli; in der Nähe gesehen ist es ein schrecklicher Haufen moderner Läden, die dem Reisenden geöffnet sind, ein Zufluchtsort für

Schurken und Lumpengesindel, weder Perser, noch Russen, noch Armenier, noch Juden, Leute von unbestimmbarer Nationalität, Leute, die die Grenze auszubeuten verstehen. Aber in den Gärten Enzelis blühen und duften Rosen, Lilien, Nelken, und die Orangenbäume wachsen voller Zuversicht am Ufer des Meeres, das keine Flut noch Ebbe kennt — wachsen inmitten des feinen Sandes, des ruhigen Gestades.

In diesem Enzeli müssen wir voller Ergebung auf ein russisches Schiff warten, morgen, die Stunde ist noch nicht festgesetzt, wird es uns nach Baku tragen. Von Baku braucht man nur über Tiflis durch Tscherkessien zu fahren, um in Batum anzugelangen, wo die Schiffe des Schwarzen Meeres die Reisenden nach Odessa oder nach Konstantinopel tragen, nach der Schwelle der großen europäischen Linien —, mit anderen Worten — hier ist der Endpunkt unserer Reise... Und abends, unter den Orangenbäumen des Ufers, beim leisen Wellenschlag des eingeschlossenen Meeres, werfe ich einen Blick zurück auf den Weg, den ich gegangen bin, und dort sehe ich noch einmal Persien liegen, das hohe, das wirkliche Persien, das Persien der Gebirgsregionen und der Wüsten. Über den Wäldern, über den schon sich verdunkelnden Wolken liegt es rosenrot da; noch für einen kleinen Augenblick leuchtet es in der Sonne auf, mich aber hüllt schon die Dämmerung ein. Von hier aus gesehen, bietet es uns denselben Anblick der endlosen Mauer, den es uns das erstemal bei unserem Aufstieg von dem Persischen Golf geboten; es ist weniger farbenprächtig, weil wir uns jetzt in den nördlichen Gegenden befinden, aber es hebt sich ebenso scharf in der selten klaren Luft von den anderen irdischen Gegenständen ab. Als wir von dem heißen Golf kamen, lag es vor uns, wir mußten es erklimmen, und es hielt alle seine ungeahnten Wunder für uns in Bereitschaft. Jetzt steigen wir hinab, nach einem Ritt von vierhundert Meilen durch die vielen Berge, über Spalten und Risse dahin. Es wird in der irdischen Entfernung und in der Vergangenheit der Erinnerung mehr und mehr verschwinden. Aber von all den Wundern, die unsere Augen erblickten, wird uns dieses am längsten vorschweben: Eine Stadt, in Trümmer zerfallen, dort oben in einer Oase von weißen Blumen, eine Stadt aus Lehm und aus blauer Glasur, unter den dreihundertjährigen Platanen, die in Staub zerfällt. Paläste aus Mosaik und aus wunderbaren Fayencen, die rettungslos zerbröckeln unter dem einschläfernden Plätschern der zahllosen kleinen, klaren Bäche, unter dem ewigen Gesang der Muezzine und der Vögel; — zwischen hohen, mit Glasur bekleideten Mauern, in alten Gärten voll blühender Rosen, mit Toren aus ziseliertem Silber, aus blassem Purpurrot; — das ist dies Ispahan des Lichts und des Todes, in die durchsichtige Luft der Bergesgipfel gehüllt.

Zeitfracht Medien GmbH
Ferdinand-Jühlke-Straße 7
99095 Erfurt, Deutschland
produktsicherheit@kolibri360.de